UN HÉROS DE LA DÉFENSE NATIONALE

—

VALENTIN

ET LES DERNIERS JOURS DU

SIÈGE DE STRASBOURG

NANCY. — IMPRIMERIE BERGER-LEVRAULT ET Cie

EDMOND VALENTIN

VALENTIN

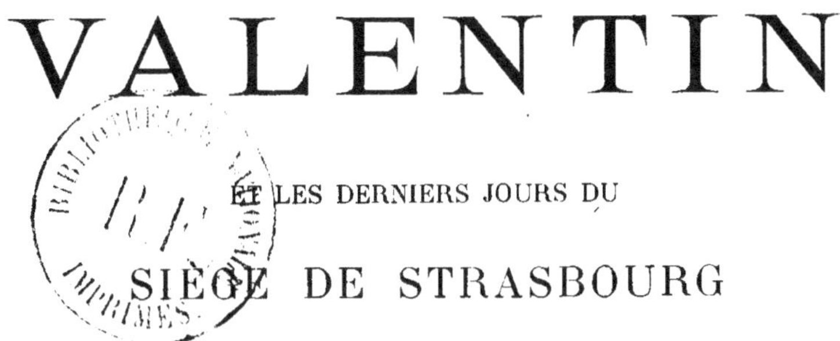

ET LES DERNIERS JOURS DU SIÈGE DE STRASBOURG

PAR

LUCIEN DELABROUSSE

AVEC UN PORTRAIT, UN AUTOGRAPHE ET DEUX CARTES

BERGER-LEVRAULT & Cie, LIBRAIRES-ÉDITEURS

PARIS | NANCY

5, Rue des Beaux-Arts, 5 | 18, Rue des Glacis, 18

1897

AVANT-PROPOS

L'ouvrage que nous présentons au public
est relatif à l'un des plus glorieux épisodes de
la guerre de 1870 : l'entrée du dernier préfet
français du Bas-Rhin, Edmond Valentin, dans
Strasbourg assiégé.

Ce récit, entièrement inédit, a été, ainsi qu'on
l'explique plus loin, rédigé d'après les renseignements donnés par Valentin lui-même et par
les personnes qui l'ont aidé dans sa périlleuse
et mémorable entreprise.

Nous l'avons fait précéder d'une « Vie d'Edmond Valentin », beaucoup plus développée
que l'étude biographique que nous avons publiée dans la *Revue alsacienne,* au mois de

janvier 1880, après la mort du héros de Strasbourg.

La troisième partie du volume, rédigée d'après des documents authentiques, dont plusieurs semblent avoir été ignorés par les historiens qui ont parlé de la guerre de 1870 en Alsace, retrace les derniers jours du siège de Strasbourg. Complétée par les documents qui figurent dans les Pièces justificatives, cette troisième partie démontre d'une manière éclatante que Valentin a eu bien raison de s'opposer jusqu'à la dernière minute à l'idée d'une capitulation de la forteresse alsacienne.

Les *Pièces justificatives et documents historiques,* qui terminent le volume, se subdivisent en cinq parties : 1° documents antérieurs à 1870 ; 2° documents relatifs à l'année 1870 ; 3° opinions sur la défense de Strasbourg ; 4° le Conseil d'enquête ; 5° documents concernant la période de 1871 à 1879.

Dans les documents de la première partie figurent l'acte de naissance d'Edmond Valentin, d'après les registres de l'Hôtel de ville de Strasbourg, et une intéressante lettre qui nous a été adressée par M. Cheneoix Trench, colonel directeur du collège d'artillerie de Woolwich, relative au séjour de Valentin à l'Académie royale militaire.

Parmi les documents de la deuxième partie, nous citerons le compte rendu de la manifestation patriotique en l'honneur de Strasbourg, faite à l'Alcazar de Paris le 1er septembre 1870; une dépêche du général de Palikao, dernier ministre de la guerre de l'Empire, au général Uhrich, et la réponse de ce dernier. Enfin deux extraits des procès-verbaux de la commission municipale de Strasbourg, dans lesquels il est question de la nomination de Valentin comme préfet du Bas-Rhin. Nous donnons ensuite, d'après le « journal » d'Auguste Stoss et d'autres renseignements, l'itinéraire suivi par Valentin, du 9 au 19 septembre 1870, depuis son départ de Colmar jusqu'à son entrée dans Strasbourg; la courte lettre adressée par Valentin à M. Raymond Signouret, seul récit véridique connu jusqu'à ce jour de l'odyssée du préfet de la République ; le décret du gouvernement de la Défense nationale et la proclamation de Valentin aux habitants de Strasbourg ; le texte de la capitulation de Strasbourg, et la protestation adressée par Valentin, de la prison d'Ehrenbreitstein, au Ministre plénipotentiaire des États-Unis d'Amérique à Berlin.

Les documents de la troisième partie contiennent des extraits d'une intéressante brochure publiée à Neuchâtel (en Suisse) au sujet de la défense de Strasbourg ; une lettre du général Uhrich à M. Humann, et deux passages très importants du *Siège de Strasbourg,* du capitaine de vaisseau Bergasse du Petit-Thouars ; enfin des extraits, relatifs au siège et à la capitulation de Strasbourg, d'ouvrages d'écrivains militaires estimés, le général Thoumas, le commandant Rousset, le capitaine de Bodenhorst et le capitaine Brunner. On pourra les rapprocher des citations de l'ouvrage du grand État-major prussien que nous avons reproduites dans la troisième partie du volume.

Dans les documents de la quatrième partie,

nous donnons l'Avis motivé du Conseil d'enquête relatif à la capitulation de Strasbourg.

Cet Avis motivé a soulevé, au moment où il a été publié, de vives protestations, tant de la part des personnes intéressées que de la part de la presse. Comme nous n'avons qu'un seul désir : celui d'éclairer un point, resté jusqu'à présent obscur, de l'histoire de la guerre de 1870, nous reproduisons, à la suite de l'Avis motivé du Conseil d'enquête :

1° Les principaux passages des observations présentées par le général Uhrich contre l'Avis du Conseil d'enquête ;

2° La protestation du Conseil municipal de Strasbourg ;

3° Les passages essentiels de la protestation de M. Saglio, ancien colonel commandant la garde nationale sédentaire de Strasbourg ;

4° Un extrait de la protestation faite par le journal *les Affiches de Strasbourg* au nom de la population de cette ville.

Enfin, les documents de la cinquième partie contiennent, outre l'acte de décès de Valentin,

*

les comptes rendus des obsèques du héros de Strasbourg et de l'inauguration du monument élevé à sa mémoire au cimetière du Montparnasse, ainsi que le texte des discours prononcés, dans ces deux circonstances, par MM. Victor Chauffour, Le Blond et Scheurer-Kestner, et de la poésie de M. Louis Ratisbonne.

Nous avons joint à ce volume le portrait d'Edmond Valentin d'après une photographie d'Étienne Carjat, un autographe de Valentin et deux cartes : l'une indiquant l'itinéraire suivi par Valentin à travers le Haut et le Bas-Rhin et le Grand-Duché de Bade, du 9 au 19 septembre ; l'autre reproduisant, d'après le très bel atlas qui accompagne l'*Histoire du siège de Strasbourg,* de M. Reinhold Wagner, et les indications de M. Adolphe Fruhinsholz, la région de Schiltigheim et du front nord de Strasbourg, par où Valentin a pénétré dans la forteresse.

INTRODUCTION

Edmond Valentin, le dernier préfet français du Bas-Rhin, est entré pendant la nuit du 19 au 20 septembre 1870, — il y a vingt-sept ans, — sous le feu de l'ennemi, dans Strasbourg assiégé. Le récit exact et complet de cette odyssée héroïque n'a jamais encore été publié. On ne la connaît que par une courte lettre de Valentin à M. Raymond Signouret, *reproduite dans les* Souvenirs du bombardement et de la capitulation de Strasbourg *de cet écrivain* [1].

Cette lettre, si éloquente dans sa simplicité, Valentin l'avait volontairement laissée incomplète. Ecrivant un an à peine après l'événement, il ne lui

---

1. Paul Raymond Signouret, *Souvenirs du bombardement et de la capitulation de Strasbourg*, récit critique de tout ce qui s'est passé dans cette ville du 25 juillet au 28 septembre 1870. Bayonne, Cazals, 1 vol. in-12. 1872.

avait pas convenu de faire connaître aux Allemands, devenus les maîtres de l'Alsace, tous les stratagèmes qu'il avait employés pour tromper la surveillance des assiégeants, et de leur livrer les noms de ceux qui l'avaient aidé dans sa périlleuse et mémorable entreprise. Il n'avait point voulu qu'ils fussent plus exactement renseignés qu'ils ne l'avaient été à Haguenau, le jour où ils s'étaient emparés du « journal » de son expédition, qu'il avait rédigé après son entrée à Strasbourg, et qu'il avait complété heure par heure jusqu'au moment de la capitulation, en y mettant des abréviations qui firent le désespoir du gouverneur général de l'Alsace, M. de Bismarck-Bohlen, de ses conseillers et du général de Werder lui-même.

Après la conclusion de la paix, Valentin, alors préfet du Rhône, fit réclamer, par la voie diplomatique, son « journal » au gouvernement allemand et finit par l'obtenir. Ces notes n'ont jamais été mises au net. J'ai vainement interrogé l'un des frères de Valentin; il n'a pu me dire ce qu'elles étaient devenues.

*
* *

Mais si le journal de Valentin a disparu pour la seconde fois, le récit authentique de son entrée dans

Strasbourg existe néanmoins. C'est celui qu'on trouvera plus loin.

Au mois d'avril de l'année 1872, j'ai écrit à Valentin, qui venait d'être remplacé comme préfet du Rhône et qui habitait alors Versailles, pour le prier de me donner des renseignements détaillés, non seulement sur son entrée à Strasbourg, mais encore sur les événements qui s'étaient passés du 20 au 27 septembre, entre la date de son entrée et celle de la capitulation de la forteresse. J'ajoutais que j'avais l'intention de publier ce récit.

La réponse de Valentin arriva peu de jours après. Voici le texte de sa lettre, que nous reproduisons également en fac-simile :

Versailles, 28 avril 1872.

Cher Monsieur,

Je vous donnerai très volontiers tous les renseignements que vous désirez avoir et si, mardi prochain, (vers midi) vous voulez venir ici avec notre ami Engelhard, nous en causerons à loisir en déjeunant.

Dans cette attente, agréez, cher Monsieur, l'assurance de mes sentiments très distingués.

Signé : Edm. VALENTIN.

Monsieur L. Delabrousse, Paris.

Versailles, 28 Avril 1872

Cher Monsieur,

Je vous donnerai très volontiers
tous les renseignements que vous
désirez avoir et si, mardi prochain,
(vers midi) vous voulez venir
ici avec notre ami Engelhard,
nous en causerons à loisir
en déjeunant.

Dans cette attente, agréez
cher Monsieur, l'assurance de mes
sentiments très distingués

John Valentin

Monsieur L. Alphonse
Paris

Le mardi 3o avril 1872, j'arrivai seul au rendez-
vous. M. Engelhard, qui avait eu un empêchement,
s'était excusé. Après le déjeuner, Valentin me con-
duisit dans le parc, où nous nous assîmes, et me
raconta, avec les plus grands détails, tout ce qui
s'était passé du 4 au 27 septembre, depuis la chute
de l'Empire jusqu'à la capitulation de Strasbourg.
Je m'étais muni d'un calepin. A mesure qu'il par-
lait, j'écrivais sur mes genoux ce qu'il disait.

Ce récit d'ailleurs ne devait être publié que quel-
ques années plus tard [1]. En 1879, après la mort de
Valentin, je fus sur le point de le faire paraître.
J'annonçai même cette publication dans l'étude bio-
graphique sur Valentin que la Revue alsacienne
donna au commencement de 1880 [2]. Mais, après y
avoir bien réfléchi, le directeur de la Revue alsa-
cienne, M. Eugène Seinguerlet, qui était l'un des
plus vieux amis de Valentin, fut d'avis qu'il conve-

---

1. Au mois de janvier 1875, à la veille de l'élection partielle
pour l'Assemblée nationale qui eut lieu dans le département de
Seine-et-Oise, le congrès républicain ayant porté son choix sur
Valentin, les amis de l'ancien préfet du Bas-Rhin et du Rhône
publièrent une courte brochure dans laquelle ils racontaient
la vie du candidat de la démocratie ; mais cette brochure était
presque aussi sobre de détails sur l'odyssée héroïque de 1870
que la lettre adressée par Valentin à M. Signouret en 1871. Elle a
été reproduite dans le journal *le XIXᵉ Siècle,* du 21 janvier 1875.

2. *Edmond Valentin,* par Lucien Delabrousse. — *Revue alsacienne* du mois de janvier 1880.

naît d'attendre encore. — *J'attendis. Puis M. Seinguerlet mourut, et, quelque temps après, la* Revue
alsacienne *cessa de paraître.*

*
* *

*Vingt-sept ans se sont écoulés depuis les événe-
ments de 1870. Les motifs qui, en 1871, avaient
porté Valentin à la réserve et devant lesquels nous
nous étions arrêtés, M. Seinguerlet et moi, en 1880,
n'existent plus à présent.*

*Dans ces derniers temps, j'ai eu la communi-
cation du « journal » d'Auguste Stoss, l'agent secondaire des ponts et chaussées que M. Philippe
Gauckler donna pour guide à Valentin à Colmar.
Ce « journal », rédigé en 1872, et l'itinéraire du
voyage, tracé par Stoss sur une carte allemande
dont le brave jeune homme avait fait l'acquisition
à Offenburg, m'ont servi à fixer certains points de
détail*[1].

*La plupart des personnes qui ont prêté aide et
assistance à Valentin en 1870 vivent encore au-*

---

[1]. M. Auguste Stoss, qui a montré tant de courage et de dévouement dans ce voyage, est aujourd'hui contrôleur des combustibles à la Compagnie des chemins de fer de Paris à Lyon et
à la Méditerranée, en résidence à Nîmes.

jourd'hui[1] *Je me suis mis en relation avec elles, et leurs souvenirs, aussi nets qu'il y a vingt-sept ans, m'ont permis de compléter mes notes de 1872 et de donner à mon récit plus de précision et d'authenticité.*

M. Scheurer-Kestner, vice-président du Sénat, a bien voulu me communiquer la partie de ses Mémoires inédits relative aux deux visites que Valentin lui a faites à Thann, les 7 et 8 septembre 1870. M. Philippe Gauckler, qui était en 1870 ingénieur des ponts et chaussées à Colmar, et qui, après avoir servi pendant le reste de la guerre dans l'armée du général Garibaldi en qualité de colonel d'état-major, est devenu directeur des chemins de fer de l'État, et a pris, il y a quelques années, sa retraite comme inspecteur général des ponts et chaussées, a lu en manuscrit la partie du récit relative au départ de Colmar et à la première arrestation de Valentin. J'ai communiqué de même à M. Édouard Gauckler, son frère, l'ancien maire de Wissembourg, aujourd'hui directeur de l'asile public d'aliénés de Cadillac, dans la Gironde[2], *les passages*

---

1. M. Bœll, avoué à Wissembourg, qui fut l'un des représentants du Bas-Rhin à l'Assemblée de Bordeaux, M. Lædlein, notaire à Schiltigheim, et le chauffeur Kohler sont décédés.

2. M. Édouard Gauckler était, au moment de la guerre, notaire à Wissembourg, maire de cette ville et membre du conseil

du récit qui concernent l'arrivée de Valentin à Wissembourg et son séjour dans cette ville. M. Albert Lange, qui, en 1870, était licencié ès lettres, et est aujourd'hui maître de conférences à la Sorbonne, m'a donné des renseignements très complets sur le départ de Wissembourg, le séjour à Bischwiller et l'arrivée à Schiltigheim. J'ai également fait appel aux souvenirs de Mme Gustave Ehrhardt, la vaillante femme qui a conduit Valentin de Bischwiller à Schiltigheim dans sa propre voiture, et à ceux de M. Adolphe Fruhinsholz. Ce dernier, qui est aujourd'hui à la tête d'une grande industrie de tonnellerie mécanique à Nancy, a, comme on le verra plus loin, donné asile à Valentin, à Schiltigheim, du 17 au 19 septembre 1870, et l'a accompagné jusqu'au moment où il a franchi la parallèle allemande.

*
* *

Enfin, en ce qui concerne la dernière partie de mon récit, celle qui est relative à l'entrée de Valentin dans Strasbourg et à sa présence dans la forteresse du 20 au 27 septembre, si MM. Louis Durr, Eugène Seinguerlet et Maurice Engelhard sont

---

général du Bas-Rhin. Retiré à Nancy après la guerre, il a été successivement conseiller municipal de cette ville, conseiller de préfecture et secrétaire général de la préfecture de Meurthe-et-Moselle.

morts, plusieurs amis de Valentin, qui lui ont en-tendu raconter cette partie de l'histoire de sa vie, vivent encore. Je citerai entre autres : M. Pabst, le peintre si justement apprécié; M. Antonin Du-bost, le sénateur de l'Isère, qui a été ministre de la justice; M. Moutard, l'inspecteur général des mines, examinateur à l'École polytechnique; M. Édouard Siebecker, le vigoureux écrivain; M. Charles Quentin, l'ancien directeur général de l'Assistance publique; M. Gerschel, qui fait depuis si longtemps partie de la Commission centrale de l'Association d'Alsace-Lorraine; M. Charles Goudchaux, qui a été le trésorier du comité formé pour l'érection d'un monument à Valentin; M. Derendinger, ce fils de l'Alsace qui compte parmi les anciens du parti répu-blicain. Ils attesteront tous que ce que j'ai écrit est en tous points conforme aux récits qu'ils ont en-tendus autrefois de la bouche d'Edmond Valentin.

D'ailleurs, au témoignage des amis de Valentin viennent s'ajouter d'autres témoignages, des témoi-gnages écrits, que nous avons reproduits, soit dans la troisième partie de ce volume, soit dans les Pièces justificatives et documents historiques qui le terminent. Ces témoignages irrécusables et déci-sifs émanent de la commission municipale de Stras-bourg, du général Uhrich et de Valentin lui-même. Ils éclairent d'une vive lumière les derniers jours de la défense de Strasbourg, et cette après-midi tragique du 27 septembre 1870 où, après que les drapeaux blancs eurent été hissés sur la Cathédrale, il se fit, selon l'expression d'un vaillant soldat, « un grand silence, comme celui qui suit la mort d'un être qui vous est cher [1] ».

Valentin est entré dans Strasbourg au péril de sa vie. Valentin a demandé que Strasbourg se défendît jusqu'à la dernière extrémité [2]. Si, dans l'histoire de la guerre de 1870, on rencontre beaucoup de tristes pages, on en trouve de belles aussi, et celle que nous donnons aujourd'hui au public comptera certainement parmi les plus belles et les plus glorieuses.

Août 1897.   *L. D.*

------

1. *Le Siège de Strasbourg,* par le capitaine de vaisseau Bergasse du Petit-Thouars.

2. Il l'a déclaré lui-même, alors qu'il était candidat à l'Assemblée nationale, dans une lettre qu'il a adressée, le 27 janvier 1875, au directeur du *Journal de Seine-et-Oise,* en réponse à une attaque de M. le baron Pron, dernier préfet de l'Empire dans le Bas-Rhin. Cette lettre se terminait ainsi : « Mon dernier acte comme préfet du Bas-Rhin, mes derniers efforts ont été consacrés à apaiser sa trop légitime effervescence (celle de l'héroïque population de Strasbourg), à l'annonce d'une capitulation qui lui paraissait, comme à moi-même, prématurée. »

VALENTIN

ET LES DERNIERS JOURS DU

SIÈGE DE STRASBOURG

PREMIÈRE PARTIE

VIE D'EDMOND VALENTIN

Edmond Valentin a été successivement officier de l'armée française, représentant du peuple à l'Assemblée législative, proscrit du Deux-Décembre, professeur à l'Académie royale militaire de Woolwich, en Angleterre, préfet des départements du Bas-Rhin et du Rhône, représentant à l'Assemblée nationale, sénateur de la troisième République.

Mais, avant tout, il a été un homme d'action dans la plus belle et la plus grande acception de ce mot. En 1870, il a pénétré, au péril de sa vie, dans Strasbourg assiégé par l'ennemi. En 1871, il a étouffé dans son germe l'insurrection communaliste de Lyon. Dans les deux circonstances, il a déployé une énergie rare et une admirable vaillance.

Toutefois, pour nous, ses contemporains, comme pour la postérité, l'acte le plus mémorable de la vie de Valentin, celui par lequel il a mérité d'être rangé au nombre des plus pures gloires de la patrie française, c'est son entrée dans Strasbourg assiégé. Nous publions plus loin le récit complet, authentique et entièrement inédit de cette odyssée héroïque.

Chez Valentin, le législateur, aussi, mérite l'attention. Que de contradictions, au premier abord, dans cette existence si remplie et tranchée avant l'heure! Comment s'expliquer que le « montagnard » de 1850 est devenu l'un des membres les plus prudents et les plus circonspects des assemblées de la troisième République? L'explication pourtant est bien simple; la contradiction est plus apparente que réelle.

I

Edmond Valentin est né le 27 avril 1822 à Strasbourg, sur la place d'Armes, à quelques pas de l'emplacement où devait être élevée, dix-huit ans plus tard, la statue de Kléber[1]. Il n'a point entendu murmurer le nom de la République à son berceau. A l'époque de sa naissance, son père était avocat à Strasbourg. Il acheta ensuite une charge d'avoué, et devint secrétaire des hospices. C'était un royaliste convaincu et un fervent catholique. Son zèle pour la cause du trône et de l'autel n'avait pas passé inaperçu à Strasbourg, où le gouvernement de la Restauration ne comptait pas de nombreux partisans, où l'antagonisme religieux était très marqué et où les souvenirs de la République et de l'Empire étaient très vivaces. Aussi, quand survint la Révolution de 1830, le père de Valentin fut-il contraint d'abandonner sa place de secrétaire des hospices. Peu après, il

---

1. M. Vapereau, l'auteur du *Dictionnaire des Contemporains,* le fait naître par erreur en 1823. La date erronée de 1823 est également inscrite sur le monument du cimetière du Mont-Parnasse. On trouvera plus loin, au n° 1 des *Pièces justificatives,* l'extrait des registres de l'état civil de Strasbourg relatif à l'acte de naissance de Valentin.

vendit sa charge d'avoué et se retira à Blodelsheim [1], dans le Haut-Rhin. Grâce à l'appui de personnes influentes, il réussit à se faire nommer
percepteur dans cette résidence. Sa famille était
nombreuse et ses ressources modiques. Ne pouvant envoyer son fils Edmond au collège, il dirigea
lui-même son éducation et l'éleva selon les habi-
tudes du dix-huitième siècle. De ces premières
études, Edmond Valentin garda un goût très prononcé pour les auteurs classiques. Horace, parmi
les latins, était son poète de prédilection.

Comment ce fils de royaliste devint-il un ardent
républicain? A l'âge de dix-sept ans, Edmond
Valentin était l'un des employés de la fabrique
de produits chimiques de Thann, appartenant à
M. Charles Kestner. Sa sœur aînée, Mlle Rose
Valentin, qui est morte supérieure générale des
couvents de Notre-Dame-de-Sion, dirigeait l'é-
ducation des deux filles aînées du grand industriel, dont l'une est devenue la femme du colonel
Charras, et dont l'autre a épousé M. Scheurer-

---

1. Blodelsheim, village de 1,316 habitants, dans l'arrondissement
de Colmar et le canton d'Ensisheim, situé non loin du Rhin et
sur la route de Strasbourg à Bâle. (Baquol et Ristelhueber, *Dictionnaire topographique, historique et statistique du Haut et
du Bas-Rhin,* 3e édition, Strasbourg, Salomon, 1865, 1 vol. in-8°,
p. 61.)

Kestner, aujourd'hui vice-président du Sénat.
M. Charles Kestner a été l'un des chefs les plus
vénérés de la démocratie alsacienne. C'est sans
doute à son foyer que le jeune Edmond Valentin
fut initié aux principes républicains.

Mais son tempérament ardent s'accommodait
mal d'un travail de bureau. Dès qu'il eut atteint
l'âge fixé par la loi, il s'engagea dans le 7ᵉ bataillon de chasseurs à pied. C'était en 1840. Le
9 octobre 1848, il obtenait l'épaulette de sous-
lieutenant, et passait au 6ᵉ bataillon sans avoir
subi aucune punition depuis son entrée au service. Dans tout le cours de son existence agitée, il
conserva toujours cette correction d'attitude et
ce profond sentiment du devoir.

Pendant les loisirs que lui avait laissés la vie
de garnison, il s'était épris de la doctrine pha-
lanstérienne et avait lu les livres de M. Victor
Considérant et de Mᵐᵉ Gatti de Gamond. L'impression qu'il en ressentit fut profonde. C'est de
là que lui vinrent les idées de tolérance mutuelle
et de conciliation entre républicains qu'il professa
sous l'Empire et après l'Empire. Il était l'adver-
saire des transformations violentes, et il n'avait
pas foi dans le succès des entreprises nées de la
force.

II

La Révolution de 1848 avait été saluée avec joie par le jeune sous-officier de chasseurs. Mais à peine proclamée, la République avait été assaillie par les partis monarchiques. La réaction travaillait ouvertement à la revanche de Février. Edmond Valentin était alors en garnison à Metz. Bien qu'au mois de mars 1848, il eût beaucoup contribué à faire rentrer dans le devoir des soldats mutinés qui, depuis trois jours, parcouraient la ville[1], il fut brusquement mis en disponibilité. Son crime, c'était d'avoir assisté en uniforme à une réunion publique. Il se rendit à Strasbourg. Une grande irritation régnait alors chez les républicains strasbourgeois contre l'Assemblée législative et le gouvernement du Président Louis Bonaparte. Des poursuites avaient été dirigées contre les démocrates les plus influents de la ville, sous prétexte de coopération à l'affaire du 13 juin 1849, mais le jury de la Moselle venait d'acquitter M. Küss et ses amis. Valentin reçut d'eux le meilleur accueil. Le moment était venu

---

1. Voir au n° 2 des *Pièces justificatives,* une lettre du général de Chabron relative à cet incident.

de procéder aux élections rendues nécessaires par l'option du représentant Commissaire pour le Rhône, et par la déchéance des représentants Kopp, Boch, Beyer, Anstett, qui avaient pris part à la manifestation parisienne. Proposée au congrès républicain par M. Küss, la candidature de Valentin fut accueillie avec transports, et, le 10 mars 1850, le sous-lieutenant de chasseurs fut élu, le troisième de la liste, représentant du Bas-Rhin, en même temps que MM. Gérard, Vidal, Laboulaye et Hochstuhl. Il obtint 55,161 voix, sur 137,534 électeurs inscrits et 97,491 votants[1].

Lorsque Valentin arriva à Paris, la majorité royaliste de l'Assemblée législative allait couronner son œuvre de réaction par le vote de la loi du 31 mai contre le suffrage universel. L'existence de la République était menacée, les républicains étaient en butte aux plus violentes persécutions ; quoi d'étonnant que Valentin ait pris rang parmi les plus chauds défenseurs de la République ?

La première fois qu'il se fit entendre dans l'Assemblée, ce fut le 6 avril 1850. Une violente pression venait d'être exercée sur les soldats qui

---

1. Voir au *Moniteur* du 21 mars 1850, la vérification de ses pouvoirs (séance du 20 mars.)

avaient voté aux dernières élections. Valentin, en uniforme de sous-lieutenant, monta à la tribune. La droite hacha son discours d'interruptions. Le président Dupin exerça contre lui sa verve railleuse[1]. Cet accueil assurément n'était pas fait pour réconcilier Valentin avec le parti des *Burgraves*.

---

1. Valentin commença par dire qu'il faisait appel à la justice de ses collègues, « parce que la justice est le droit de chacun, en même temps qu'elle est le devoir de tous ». Ce début ayant été accueilli par des marques d'approbation, il parla ensuite de sa vie de soldat, de son insuffisance comme orateur, et il continua ainsi : « Mais ce que je sais, ce dont j'ai la conscience certaine, c'est que je n'apporterai jamais au milieu de vous qu'une parole honnête et convaincue; c'est que la pensée qui dictera cette parole sera toujours une pensée loyale, et que toute affirmation que je produirai à cette tribune pourra défier toute espèce de démenti et subir l'épreuve du plus rigoureux contrôle. »

Dans son livre : *La Présidence de l'Assemblée législative* (p. 194), M. Dupin rapporte en ces termes un incident qui se produisit ensuite :

« ..... Long exorde pour réclamer l'attention.

« UNE VOIX. Au fait !

« M. VALENTIN. Écoutez donc sans étouffer mes expressions. (*Oh! oh! Marques d'impatience.*)

« M. LE PRÉSIDENT. Silence dans les rangs! (*Hilarité.*)

« Le silence s'établit, et M. Valentin achève son discours. »

Valentin ayant parlé ensuite de la « légèreté imprudente » avec laquelle le ministre de la guerre avait démenti des faits attestés par un très grand nombre de témoins, M. de la Moskowa l'interrompit en ces termes : « Quittez votre uniforme si vous voulez tenir ce langage! » ce qui lui attira cette riposte de Valentin : « Je m'honore de le porter, parce que je l'ai toujours, de mon côté, porté de manière à l'honorer. »

La partialité révoltante que le président Dupin
montrait en toute occasion contre la gauche avait
indigné le jeune représentant du Bas-Rhin. Peut-
être devinait-il dans ce vaniteux personnage le
président du 2 décembre 1851, dont la lâcheté est
restée proverbiale et que le poète des *Châtiments*
a cloué pour jamais au pilori de l'histoire [1]. Pendant cette période, Valentin subit de fréquents
rappels à l'ordre pour s'être élevé contre l'into-
lérance de la majorité et du président [2]. Il était

----

1.   Sa voix aigre sonnait comme une calebasse ;
     Ses quolibets mordaient l'orateur au cœur chaud.
          (*Châtiments*, livre II, VI. L'autre président.)

2. Notamment dans la séance du 13 juin 1850, à propos du
rappel à l'ordre infligé la veille par le vice-président Léon Fau-
cher au représentant Miot, qui avait prononcé ces paroles :
« Lorsque le droit est violé, l'insurrection est le plus saint des
devoirs. » A l'occasion de la lecture du procès-verbal, Valentin
réclama contre le rappel à l'ordre de M. Miot. Le président
Dupin lui déclara qu'il le rappellerait à l'ordre lui-même s'il disait la même chose. Valentin, insistant, fut frappé d'un rappel
à l'ordre.

Mais il avait pu auparavant faire entendre à la majorité quelques dures vérités. Laissons parler le *Moniteur* :

« M. EDMOND VALENTIN..... Ce n'est pas pendant que M. Callet
occupait la tribune, que je me suis permis une interruption ;
c'est à l'instant où M. le président venant de déclarer que l'insurrection était, dans tous les cas, une chose exécrable et digne
de tout le mépris et de la réprobation des honnêtes gens, et au
moment où cette doctrine, émise par M. le président, recevait
sur tous les bancs où siègent les membres de la majorité, l'approbation la plus énergique, la plus éclatante, la plus enthou-

d'ailleurs en bonne compagnie : MM. Baudin, Émile de Girardin, Victor Schœlcher, Testelin, Jules Favre étaient, comme lui, voués aux inter-

---

siaste, que je me suis levé pour répondre à des interpellations parties de la droite, et pour protester en disant : Soyez sincères, et songez à ce que vous avez fait hier, et à ce que vous feriez encore demain.

« Voix a droite. Qu'est-ce que cela veut dire ?

« M. Edmond Valentin. Cela veut dire que j'ai été surpris, et que j'ai pu trouver étrange une approbation aussi énergique donnée à la réprobation absolue dont le président avait frappé l'insurrection, lorsque cette approbation était accordée, d'une part, par les glorificateurs de l'insurrection victorieuse qui, en 1830, a renversé la monarchie de droit divin, et, d'autre part, par les descendants et les héritiers d'hommes qui ont attaqué par les insurrections les plus redoutables, les plus persistantes, et pendant une suite d'années, le pouvoir le plus légitime, le plus respectable qui ait jamais été appelé à présider aux destinées d'un pays.

« Voix a droite. Lequel ?

« M. Edmond Valentin. Celui de la Convention nationale ! (*Vives réclamations à droite. — Agitation.*) »

A la séance du 21 novembre 1850, Valentin eut encore une altercation très vive avec le président Dupin. Cette séance était consacrée à la discussion des interpellations de MM. Maigne, Gambon, Dussoubs et Michel (de Bourges) au ministre de l'intérieur pour le régime appliqué aux détenus politiques. Les orateurs de la gauche prétendirent qu'un factionnaire de Belle-Isle-en-Mer avait tiré un coup de fusil sur des prisonniers qui venaient prendre l'air à une fenêtre garnie d'épais barreaux. Le ministre de l'intérieur, M. Baroche, répondit que ce factionnaire n'avait fait feu qu'après avoir plusieurs fois sommé les prisonniers de se retirer de la fenêtre, et que, d'ailleurs, son coup de fusil n'avait atteint personne. Valentin élevant une protestation contre les paroles du ministre, le président Dupin l'apostropha en ces

ruptions, aux sarcasmes et aux sévérités du président Dupin.

Valentin, qui était au courant des tentatives

---

termes : « Monsieur Valentin, ce n'est pas à vous à juger du mérite de cette question. » Cette observation fut accueillie, à droite, par une hilarité prolongée, et, à gauche, par de violents murmures. Lorsque la discussion eut été close par le vote de l'ordre du jour, Valentin qui avait demandé la parole pour un fait personnel, prit très vivement à partie le président. « Soyez consciencieux! » lui dit-il, pendant qu'à droite des voix nombreuses criaient : A l'ordre! à l'ordre! Mais, sans se déconcerter, Valentin poursuivit en ces termes :

« M. Edmond Valentin. Eh bien, je dis, Messieurs, et l'Assemblée, je l'espère, le comprendra, que cette apostrophe de M. le président Dupin me donne le droit de dire, en premier lieu et en thèse générale, que M. le président paraît avoir oublié à mon égard que je ne siège dans cette enceinte qu'en vertu.....

« M. le président. Vous n'avez pas le droit de donner des leçons au président; c'est à moi à vous en donner, parce que vous le méritez de nouveau. (*Approbation à droite. — Rumeurs à gauche.*)

« M. Edmond Valentin..... que je ne siège dans cette enceinte qu'en vertu de mon titre de représentant, et que toute autre position disparaît devant celle-là.

« A gauche. *Très bien! très bien!*

« En second lieu, ce n'est pas M. le président, sans doute, qui veut m'apprendre ce que c'est qu'une consigne, ni la manière dont on l'exécute.

« M. le président. Ce que je puis vous apprendre, c'est à respecter l'Assemblée dans la personne de son président. (*Très bien!*)

« M. Edmond Valentin. C'est précisément parce que je sais avec quelle rigueur les consignes doivent s'exécuter, que je suis en droit de dire que la plus lourde responsabilité pèse sur les auteurs de ces consignes, lorsque, comme dans la circonstance

faites en vue d'un coup d'État, ne laissait échapper aucune occasion de diriger de vives attaques contre la politique de l'Élysée. Le 26 juin 1850, l'ordre du jour de l'Assemblée portait la discussion de crédits extraordinaires qui comprenaient une dépense pour le palais de l'Élysée. Le ministre des finances, M. Hippolyte Passy, expliqua, pour justifier cette dépense, que ses collègues du ministère et lui croyaient « que le Président de la République pourrait être attaqué jusque dans le palais que lui affectait la Constitution ». Ces paroles soulevèrent de bruyantes réclamations à gauche. L'orateur s'étant interrompu un instant, un membre de la droite se leva pour compléter ou pour expliquer l'assertion qu'il avait émise. Ce que voyant, le président Dupin dit à ce membre : « Non ! non ! taisez-vous, il faut laisser les interruptions prendre leur caractère habituel ! » Valentin, qui se tenait au pied de la tribune, répliqua : « Ce n'est pas digne d'un président de dire cela ! » Il fut rappelé à l'ordre.

Avant le vote sur l'ensemble du projet de loi,

actuelle, elles revêtent un caractère d'inhumanité et de barbarie. (*Assez ! assez !*)

« M. LE PRÉSIDENT. Vous pouviez demander la parole pour exposer vos doctrines, mais vous n'aviez pas le droit d'interrompre. »

Valentin s'expliqua sur le rappel à l'ordre. « J'ai eu le tort, dit-il, de m'associer aux interruptions qui se produisaient à ce moment de toutes parts; ce tort, je le reconnais; mais, quant à la pensée qui a dicté mes paroles, je la crois juste et je la maintiens. » De nombreuses voix, à droite, demandèrent un vote de censure contre Valentin. Le président déclara que, puisque M. Valentin avait répété l'outrage, puisqu'il y persistait, l'Assemblée allait être consultée sur l'application de la censure. M. Émile de Girardin, représentant du Bas-Rhin, demanda la parole pour combattre la censure. Après un discours de M. Théodore Bac, la censure, mise aux voix, fut adoptée. Ce vote comportait, pour celui qui en était l'objet, l'obligation de sortir de la salle et de n'y point reparaître pendant les trois séances suivantes. Valentin sortit immédiatement de la salle.

Toutefois, pendant le discours de M. Bac, il s'était produit un incident qui eut de graves conséquences. Valentin ayant fait une observation, un membre de la droite lança ces mots : « C'est une lâcheté de la part de M. Valentin! » Valentin répondit aussitôt : « Venez donc me dire cela ici! » A quoi un représentant, allié à la famille Bonaparte, M. Clary, répondit : « Je m'en gênerais bien! » Le compte rendu du *Moniteur* ayant omis les paroles de M. Clary, ce dernier adressa à M. Hippolyte Prévost, chef du service sténographique de l'Assemblée, une lettre [1] qui fut insérée dans le numéro du 28 juin de l'organe officiel, à la suite du compte rendu de la séance du 27.

Une rencontre était devenue inévitable. Les témoins furent, du côté de M. Clary, le général de Gramont et M. Aymé; du côté de Valentin, M. Schœlcher et le capitaine Bruckner, représentants de la gauche.

La rencontre eut lieu le 30 juin au matin, à Versailles. Valentin fut atteint d'un coup d'épée qui lui traversa la cuisse [2].

---

1. Voici le texte de cette lettre :

« Monsieur,

« Permettez-moi de vous dire combien je suis sensible au motif qui a pu vous faire passer sous silence, au *Moniteur,* ma réponse à M. Valentin; mais vous devez comprendre aussi qu'une provocation comme la sienne ne pouvait rester sans réponse en pareille circonstance.

« Veuillez donc, Monsieur, reproduire *textuellement* mes paroles, qui sont celles-ci : « Je m'en gênerais bien ! »

« Agréez, Monsieur, l'assurance de ma considération distinguée.

« *Le Représentant du peuple,*
« *Signé :* J. CLARY. »

2. Voir le *Moniteur* du 1er juillet 1850, et Émile Colombey, *Histoire anecdotique du duel* dans tous les temps et dans tous les pays. Bruxelles, Collection Hetzel. 1 vol. in-18 s. d., p. 188.

Il est à remarquer que, quelques jours auparavant, le 21 juin,

III

Néanmoins, en plus d'une circonstance, le fougueux montagnard fit preuve de clairvoyance. Nous citerons, notamment, les observations qu'il présenta, dans les séances des 27 juillet 1850 et 15 avril 1851 [1] pour dénoncer les persécutions auxquelles se trouvaient en butte les officiers attachés aux institutions républicaines, preuve évidente d'une conspiration contre la République; et, le discours, d'une portée plus générale, qu'il prononça, le 29 juillet 1851, dans la discussion d'une proposition relative à la prorogation de l'Assemblée, discours dans lequel, relevant les menaçantes paroles du Président de la République au banquet de Dijon, il ajouta que les circonstances étaient graves, et qu'on en pou-

---

Valentin avait pris la parole dans la discussion de la proposition de loi de MM. Gavini et Failly relative au duel entre représentants.

1. Dans la séance du 15 avril 1851, Valentin et, après lui Charras, signalèrent à l'Assemblée le fait extrêmement significatif de la mise en retrait d'emploi du capitaine Pleigner. Alors qu'il était lieutenant au 46e de ligne, M. Pleigner avait, le 31 octobre 1836, arrêté à la caserne de la Finckmatt le prince Louis Napoléon Bonaparte, chef de la conspiration militaire de Strasbourg.

vait prévoir de plus graves encore pour l'avenir. Cependant, la scène du banquet de Dijon, la révocation du général Changarnier, les cris séditieux proférés à la revue de Satory, enfin la circulaire du ministre de la guerre Saint-Arnaud aux généraux de l'armée de Paris avaient donné à réfléchir aux chefs de la majorité parlementaire. Ils commençaient à s'apercevoir qu'en travaillant à détruire la République, ils avaient préparé les voies au césarisme. Déjà M. Thiers avait prononcé sa prophétique parole : « L'Empire est fait ! »

La proposition des questeurs, qui avait pour objet la défense de l'Assemblée, fut présentée le 6 novembre 1851 et discutée le 17. On se rappelle ces émouvants débats. Une partie de la gauche croyait à un complot de la majorité en faveur du rétablissement de la royauté. MM. Crémieux et Jules Favre se prononcèrent contre la proposition. M. Michel (de Bourges), qui parla dans le même sens, fit entendre de magnifiques paroles terminées par la fameuse invocation à la sentinelle invisible [1]. On vota. La proposition fut

—————

1. Voici le passage le plus marquant du discours de M. Michel (de Bourges) :

« ..... Il s'agit de périls théoriques. Savez-vous quand vous les avez découverts ? Vous les avez découverts le 4 novembre,

repoussée. Mais, tandis que la plupart des autres
représentants républicains appartenant à l'armée,
le général Cavaignac, le colonel Charras, les ca-
pitaines Bruckner, Milotte et Tamisier, avaient
voté pour la proposition, Valentin, comme
MM. Crémieux, Jules Favre et Michel (de
Bourges), émit un vote contraire[1].

Quelques jours après, lors du coup d'État du
2 Décembre, il fut compris au nombre des seize

---

lorsqu'on a proposé de retirer la loi du 31 mai. Voilà le péril; le
péril, c'est que la monarchie est menacée, c'est que la République commence à être inaugurée, voilà le péril. (*Bruyante
adhésion et applaudissements à gauche.*)

« Vous avez peur de Napoléon Bonaparte, et vous voulez
vous sauver par l'armée! L'armée est à nous, et je vous défie,
quoi que vous fassiez, si le pouvoir militaire tombait dans vos
mains, de faire un choix qui fasse qu'aucun soldat vienne ici
pour vous, contre le peuple.

« A GAUCHE. *Très bien! très bien!*

« M. MICHEL (DE BOURGES). Non, il n'y a point de danger, et je
me permets d'ajouter que s'il y avait un danger, il y a aussi une
sentinelle invisible qui vous garde; cette sentinelle, je n'ai pas
besoin de la nommer, c'est le peuple. » (*Vifs applaudissements
à gauche. Mouvements divers dans les autres parties de l'Assemblée.* — M. Michel (de Bourges), en retournant à sa place,
est accueilli par une nouvelle salve d'applaudissements de la
gauche.)

1. C'est à tort que M. Eugène Ténot, dans son livre *Paris en
décembre 1851*, et après lui M. Vermorel, dans ses *Hommes de
1851*, ont présenté Valentin comme ayant voté en faveur de la
proposition des questeurs. Valentin, le 17 novembre 1851, a été
l'un des 408 représentants qui l'ont repoussée.

représentants que le ministre de l'intérieur, M. de Morny, avait donné l'ordre de saisir morts ou vifs. C'étaient les généraux Changarnier, Bedeau, de Lamoricière, Cavaignac, le Flô, le colonel Charras, le capitaine Cholat, le lieutenant Valentin, et MM. Thiers, Baze, Greppo, Martin Nadaud, Baune, Lagrange, Miot et Roger (du Nord).

Comme on redoutait particulièrement Valentin, à cause de son énergie bien connue, la police eut soin de s'assurer d'abord de la complicité de son concierge et de la servante. Cette dernière livra la double clef de l'appartement qu'occupait, rue du Bac, n° 23, le représentant du Bas-Rhin. Voilà pourquoi le commissaire Dourlens et les agents qui l'accompagnaient purent s'emparer de Valentin, qui dormait profondément, et se réveilla aux mains de deux agents de police, dont l'un le tenait aux épaules et l'autre aux pieds[1]. Valentin fut écroué à Mazas, dans une cellule voisine de celle où avait été enfermé l'auteur de l'*Histoire du Consulat et de l'Empire*. C'est de cette prison que datent ses premiers rapports personnels avec

---

[1]. Nous donnons aux *Pièces justificatives,* n° 3, le très intéressant et véridique récit de l'arrestation de Valentin qu'a publié M. Victor Schœlcher dans son *Histoire des crimes du Deux-Décembre.*

M. Thiers. De Mazas, il fut transféré à la prison de Sainte-Pélagie, où il resta jusque dans les premiers jours de janvier[1].

IV

Expulsé du territoire français à la suite d'un décret rendu, le 9 janvier 1852, par le Président Louis-Bonaparte[2], et conduit à la frontière en voiture cellulaire, Valentin se réfugia d'abord à Bruxelles[3]. Il manifesta l'intention d'aller à Gand

---

1. Le *Moniteur universel* du 6 janvier 1852 contient, dans ses Faits divers (p. 28, col. 3), l'entrefilet suivant emprunté au journal *la Patrie* : « Dimanche (4 janvier) sont sortis de Sainte-Pélagie les anciens représentants MM. Joret, Huguenin, Teilhard-Latérisse et Paulin Durieu. Il y reste encore MM. Besse, Benoît, Burgard, Belin, Colfavru, Chaix, Cholat, Dufraisse, Duprat (Pascal), Delbetz, Faure, Greppo, Gambon, Lafon, Lagrange, Laboulaye, Latrade, Madet, Nadaud, Perdiguier, Richardet, Racouchot, Renaud, Thouret (Antony), Valentin.

« Le colonel Forestier est détenu dans la même prison.

« M. Baune est toujours à Mazas. »

2. Voir le texte de ce décret aux *Pièces justificatives,* n° 4.

3. Victor Hugo, dans l'un des volumes des *Actes et Paroles, Pendant l'Exil ;* Edgar Quinet, dans son *Livre de l'Exilé* et dans sa *Correspondance,* et Mme Edgar Quinet ont donné d'intéressants détails sur la vie des proscrits français que le Coup d'État du 2 décembre 1851 avait jetés sur le sol de la Belgique. Ils furent très durement traités. « On nous interne comme des

pour y donner des leçons aux élèves de l'Université de cette ville. Mais bientôt, sur la demande officielle qui lui en fut faite par le gouvernement français, le ministère du roi Léopold interdit à Valentin le séjour de la Belgique.

Valentin passa en Angleterre, où les proscrits trouvaient un asile sûr, et s'établit, comme maître de français, dans la petite ville d'Exeter. Ses res-

---

prisonniers de guerre, chacun dans un point d'où il n'est pas permis de sortir », écrivait Edgar Quinet (*Correspondance*, tome Ier, p. 6) à son ami M. Alfred Dumesnil, le 28 janvier 1852, en recevant la nouvelle que le gouvernement belge lui assignait Bruges comme lieu de résidence.

Quinet obtint cependant de rester à Bruxelles. Avec lui se trouvaient dans cette ville plusieurs représentants, MM. Victor Hugo, Charras, Madier de Montjau, Bancel, Fleury, Baune, Versigny, Dussoubs, Agricol Perdiguier, Emile Deschanel. Edmond Valentin, qui avait été arrêté le 2 décembre au matin et conduit à Mazas, puis transféré à Sainte-Pélagie, n'y arriva que plus tard, vers le 10 ou le 11 janvier. Dans les premiers temps, les proscrits allaient les uns chez les autres, surtout chez Victor Hugo et chez Edgar Quinet. « On sortait ensemble, dit Mme Edgar Quinet dans son livre *Edgar Quinet depuis l'exil*, on allait aux nouvelles ; pour tous, cette sanglante aventure semblait momentanée ; les galeries Saint-Hubert, l'embarcadère de la place des Nations étaient le rendez-vous général des *réfugiés*, comme on les appelait. C'était un rassemblement, un fourmillement continuel ; le grand Alexandre Dumas se trouvait souvent au milieu des groupes, les dépassant de sa haute taille : il semblait faire les honneurs de Bruxelles à ces hôtes inattendus. Et pour beaucoup d'entre eux la maison hospitalière du boulevard Waterloo devint un centre parisien, on en racontait des choses fantastiques

sources étaient épuisées. Il eut à subir les plus cruelles privations. Pendant quelque temps, il ne vécut que de pain et de pommes de terre. Mais on peut lui rendre ce témoignage que, même au milieu des plus pénibles épreuves, il ne se laissa jamais aller au désespoir; il avait une telle force de caractère, que ses compagnons d'exil ne connurent la détresse qu'il avait éprouvée qu'à la

---

comme de la grotte de Monte-Cristo. Victor Hugo, logé avec ses fils en face de l'Hôtel de Ville, réunit aussi autour de lui une cour brillante, et continua, pendant tout son séjour à Bruxelles, ses réceptions de la place Royale, qui n'excluaient ni l'aimable camaraderie, ni la prodigieuse fécondité de travail. » (Mme Edgar Quinet, *Edgar Quinet depuis l'exil*, Paris, Calmann-Lévy, 1 vol. in-18, p. 5.)

C'est à Bruxelles que Victor Hugo écrivit *Napoléon le Petit*, qui parut dès le commencement de 1852, dans cette ville, et l'*Histoire d'un crime*, qui ne fut publiée qu'en 1877. Aussitôt après la publication de *Napoléon le Petit*, un représentant belge, nommé Faider, qui appartenait à la magistrature et agissait à l'instigation du ministère, proposa une loi « qui décrétait des pénalités contre la pensée libre et déclarait sacrés et inviolables en Belgique tous les princes, crimes compris. » (Victor Hugo, *Pendant l'Exil*, Paris, Hetzel et Quantin, 1 vol. in-8°, p. 49.) Victor Hugo dut chercher un autre asile. Il se réfugia à Jersey, au commencement du mois d'août 1852. A peu près à la même époque, Edmond Valentin, expulsé de Belgique, débarquait en Angleterre. Tandis que MM. Edgar Quinet, Bancel, Emile Deschanel restaient à Bruxelles, M. Charras allait à La Haye. Depuis longtemps déjà, M. Ledru-Rollin et M. Louis Blanc habitaient Londres. (Voir aux *Pièces justificatives*, n° 5, le *Proscrit*, par Edgar Quinet et Victor Hugo.)

veille du jour où il quitta Exeter. Tout en enseignant le français, Valentin apprit si bien l'anglais, qu'au bout de dix-huit mois il obtint, grâce aux sollicitations de ses amis, une place de professeur au collège privé presbytérien de Saint-Colomban, près de Dublin. Le travail auquel il fut astreint était très assujettissant; mais il avait, du moins, maintenant, son existence assurée !

Après six ans de séjour en Irlande, Valentin revint en Angleterre. Sur la recommandation d'un lord irlandais, qui l'avait apprécié à sa valeur, il fut chargé du cours d'histoire militaire à l'Académie royale de Woolwich, où l'avaient précédé trois autres proscrits du Coup d'État, Alsaciens comme lui : les représentants Cassal et Savoye et le publiciste Th. Karcher. Jouissant d'un traitement convenable, il put, désormais, à l'époque des vacances, satisfaire son goût pour les voyages. Il alla plusieurs fois en Italie. Pendant tout le temps où l'accès du territoire français lui fut interdit, il s'établit chaque année, pendant quelque temps, sur la rive badoise en face du village alsacien de Blodelsheim, puis à Kehl[1], où le rejoignaient ses

---

1. Il habitait à Kehl l'hôtel de « la Poste ». C'est dans ce même hôtel qu'il fut conduit, le 12 septembre 1870, après son arrestation à Marlen, pour y subir l'interrogatoire du général allemand.

amis de Strasbourg, enfin à Heidelberg, où il retrouvait ses anciens collègues de l'Assemblée législative : le colonel Charras et le capitaine Bruckner, comme lui expulsés de France, et un de ses
amis de Strasbourg, également exilé, M. Eugène
Seinguerlet. Une fois même, au risque d'être arrêté et transporté à la Guyane, il franchit la frontière et alla voir à Paris sa sœur Rose, la supérieure générale des couvents de Notre-Dame-de-
Sion.

Pendant les dix années que Valentin passa à
l'Académie royale militaire de Woolwich (de 1860
à 1870), il fréquenta beaucoup Ledru-Rollin, qui
habitait Londres, et fut même admis dans son in-
timité. Le grand tribun, proscrit à la suite de la
manifestation du 13 juin 1849, s'était de tout
temps employé à dissiper les préventions que
nourrissaient les uns à l'égard des autres ceux à
qui les événements politiques avaient successivement fait prendre le chemin de l'exil, depuis le
25 août 1848 jusqu'au 2 décembre 1851. C'était
sous l'empire de cette pensée d'union que, le 8 février 1857, Ledru-Rollin avait prononcé, sur la
tombe de Stanislas Worcell, les paroles suivantes :

« Ici, au récit de telles vies, nous sentons bien
que, si nous différons sur les moyens, nous n'a-
vons au fond qu'un même but : le culte du grand,

du beau, du vrai, le bonheur du genre humain. Frères, que l'empire de la nécessité, que le besoin de la victoire fassent donc ce que fait l'empire de la mort, qu'ils nous rallient, nous unissent pour la lutte, sur le champ de bataille, comme nous sommes ralliés et unis dans ce champ de repos ; n'ayant qu'une émulation : celle du sacrifice et du dévouement ; qu'un cœur : tout entier à la Patrie, à la République, à l'Humanité. »

De ces fortes et éloquentes paroles, Valentin fit la règle de sa conduite. L'amnistie de 1859 lui avait rouvert les portes de la patrie. Il alla régulièrement passer ses vacances à Paris. Il fréquentait les bureaux de rédaction du *Temps,* de l'*Avenir national* et du *Réveil,* où il aimait à rencontrer MM. Peyrat, Charles Delescluze, Leclanché, Charles Quentin, et ses compatriotes, MM. Nefftzer et Eugène Seinguerlet. Dans ses conversations, il insistait avec la plus grande énergie sur la nécessité de l'union des républicains contre l'Empire. Il prédisait la chute de ce gouvernement funeste ; mais un secret instinct l'avertissait que l'homme qui avait fait le Deux-Décembre entraînerait la patrie elle-même dans sa chute.

V

Ce fut avec une inexprimable angoisse que Valentin apprit la déclaration de guerre à la Prusse.

Il accourt aussitôt à Paris. Il va porter au ministre de la guerre une lettre pleine de patriotisme, dans laquelle il demande à rentrer comme volontaire au 6ᵉ bataillon de chasseurs à pied, où il avait servi comme officier en 1849. Le ministre la laisse sans réponse[1].

Après Frœschwiller, Valentin est convaincu que, pour sauver la France, il devient nécessaire de renverser le gouvernement dont la faiblesse et l'incapacité paralysent la défense. Le 9 août, nous le trouvons sur la place du Palais-Bourbon, frémissant, prêt à envahir le Corps législatif. Malheureusement, la foule qui l'entourait ne comprenait pas alors qu'on ne pourrait lutter efficacement contre l'envahisseur tant que l'Empire serait debout, parce que, fatalement, il continuerait de faire ce qu'il faisait depuis le début de la guerre : sacrifier la défense du pays à des préoccupations dynastiques. Si, ce jour-là, comme le de-

______

1. Voir plus bas, *Deuxième partie,* ch. I, le texte de cette lettre.

mandait Valentin, au lieu d'un simple changement de ministère, il y avait eu un changement de gouvernement, l'armée de Châlons aurait été ramenée sous Paris, et la France n'aurait pas subi le désastre de Sedan. Un surcroît de douleur venait de s'ajouter à la douleur de Valentin. Strasbourg, où il était né, Strasbourg qui l'avait, par un vote presque unanime, envoyé à l'Assemblée nationale, Strasbourg était assiégé, bombardé; sa cathédrale était en flammes, sa bibliothèque était réduite en cendres!

Valentin avait retrouvé à Paris un de ses amis les plus chers, M. Maurice Engelhard, bâtonnier des avocats de Strasbourg. M. Engelhard avait quitté cette ville au lendemain de la bataille de Frœschwiller, alors que personne ne songeait à un bombardement. Il avait été chargé par ses amis républicains d'aller signaler aux députés de la gauche du Corps législatif l'abandon dans lequel le gouvernement impérial laissait la ville de Strasbourg.

Les deux amis ne se quittèrent plus. Ils furent ensemble à la grande manifestation qui eut lieu, le 1er septembre, dans la salle de l'Alcazar, en l'honneur de Strasbourg [1]. Le 4 septembre, une

---

1. Voir *Pièces justificatives,* nos 8 et 9.

poussée de la garde nationale les sépara sur le pont de la Concorde, mais ils se retrouvèrent quelques heures après à l'Hôtel de ville, où la République venait d'être proclamée. Le soir, avec MM. Clémenceau, Charles Quentin et un autre dévoué républicain, ils accompagnèrent au Luxembourg M. Floquet, adjoint au maire de Paris, et l'aidèrent à mettre les scellés sur la porte de la salle des séances du Sénat[1].

VI

C'est à l'Hôtel de ville que le lendemain, 5 septembre, Valentin et M. Engelhard adressèrent au gouvernement de la Défense nationale une lettre dans laquelle ils demandaient d'être envoyés tous deux en mission en Alsace. Nous publions plus loin le récit complet, authentique et entièrement inédit de cette odyssée héroïque qui a rendu le nom de Valentin immortel comme ceux des héros de notre grande Révolution.

Le préfet de la République n'avait échappé aux balles prussiennes et françaises que pour être

---

1. Voir plus bas, *Deuxième partie,* ch. I, le récit de cette expédition.

témoin de la chute de cette ville à laquelle l'attachaient tant de souvenirs. Il apporta, du moins, à la population de Strasbourg des nouvelles de Paris et de la France, réveilla les courages abattus, rendit un instant l'espoir à ceux qui avaient cessé d'espérer. Et quand tout fut fini, quand les drapeaux blancs eurent été hissés, par ordre du général Uhrich, sur les tourelles de la cathédrale, Valentin put se rendre ce témoignage que son arrivée avait retardé de huit jours la reddition de la forteresse [1].

Le voilà prisonnier de guerre au mépris de la capitulation [2]! Cette violation du droit des gens était un hommage à sa vaillance. L'ennemi craignait de le voir mettre, sur un autre théâtre, son sang-froid et son indomptable courage au service du gouvernement de la Défense nationale.

Que l'on suppose un instant Valentin entrant, non point dans Strasbourg, mais dans Metz, dissipant d'un mot les récits mensongers répandus par le maréchal Bazaine, faisant appel, au nom de la République, au patriotisme des officiers et des soldats, leur montrant au loin l'héroïque cité parisienne qui subissait le choc de l'ennemi. Qui

---

1. Voir plus bas, *Deuxième partie,* ch. VII.
2. Voir *Deuxième partie,* ch. VIII.

sait ce qui fût arrivé? Qui sait si Bazaine eût pu continuer sa criminelle intrigue jusqu'au dénouement? Qui sait si le sort de la guerre n'eût pas été changé?

Pour n'avoir plus à redouter Valentin, les Allemands l'enfermèrent dans la forteresse d'Ehrenbreitstein [1]. C'est là que le héros de Strasbourg apprit successivement la capitulation de Bazaine à Metz, le désastre du Mans, et enfin l'armistice. Paris avait ouvert ses portes, la France était définitivement vaincue. Le pont-levis d'Ehrenbreitstein pouvait s'abaisser devant Valentin.

VII

En revenant d'Ehrenbreitstein pour se rendre à Bordeaux, Valentin s'arrêta à Lyon, où le préfet, M. Challemel-Lacour, épuisé de fatigue, le retint et proposa à la délégation de Bordeaux de le désigner comme son successeur. Gambetta, ministre de l'intérieur, signa, le 4 février 1871, l'arrêté nommant Valentin préfet du Rhône [2].

---

1. Voir la *Deuxième partie*, ch. VIII.

2. Le texte de cet arrêté n'a été inséré ni dans le *Moniteur universel*, ni dans le *Recueil officiel des Actes du gouvernement*

La délégation du gouvernement de la Défense
nationale rendit en même temps un public hommage au dernier préfet français de Strasbourg en
nommant, par trois décrets du 4 février 1871,
Valentin, chef de bataillon à titre d'ancienneté,
colonel dans l'armée auxiliaire et chevalier de la
Légion d'honneur[1].

Mais les événements se précipitent. M. Jules
Simon arrive à Bordeaux, porteur des ordres du
gouvernement de Paris; MM. Garnier-Pagès,
Eugène Pelletan et Emmanuel Arago vont l'y
rejoindre pour faire cesser la résistance de la délégation. Gambetta, désavoué, résigne ses pouvoirs, le 6 février. Valentin envoie aussitôt par
dépêche sa démission à M. Jules Simon, en la
motivant sur la retraite de Gambetta. M. Emmanuel Arago, qui avait pris, sur ces entrefaites,
l'intérim du ministère de l'intérieur, répond que
le gouvernement ne peut accepter cette démission, et fait appel au patriotisme de Valentin en
lui demandant de conserver ses fonctions. Valentin, néanmoins, renouvelle sa démission. Mais
les élections du 8 février, les élections « du jour

de la Défense nationale. Mais il a été affiché sur les murs du
département, et publié dans le *Progrès*, de Lyon, du 8 février.
Nous le donnons aux *Pièces justificatives*, n° 41.

1. Voir, *Deuxième partie,* ch. VIII, le texte de ces décrets.

de malheur », comme les a si bien qualifiées
M. Beulé, ont lieu, et M. Thiers est appelé, par
l'Assemblée nationale, aux fonctions de Chef du
pouvoir exécutif de la République française.

Vingt ans auparavant, dans la matinée du 2 décembre 1851, M. Thiers, alors chef de la majorité
réactionnaire de l'Assemblée législative, avait été,
à Mazas, le voisin de cellule du jeune représentant
montagnard qu'il retrouvait, en 1871, à la tête
de la préfecture du Rhône.

Quelques semaines après, l'insurrection du 18
mars était triomphante à Paris. Le 22 mars, la
garde nationale des faubourgs s'emparait de l'Hôtel de ville de Lyon, qui était alors le siège de
la Préfecture du Rhône. La Commune était proclamée et une commission communale établie. Elle
essaya d'entrer en pourparlers avec les autorités
régulières. Le maire, M. Hénon, et le préfet Valentin, se refusèrent à toute transaction. Valentin
fut gardé prisonnier par les émeutiers. Mais la
commission, abandonnée par ses propres partisans, résigna son mandat dans la nuit du 24 au
25 mars. Cependant, le dimanche 30 avril, une
insurrection locale éclata à la Guillotière, au moment même où la population lyonnaise se rendait
aux urnes pour élire son conseil municipal. Les
troupes montraient de l'hésitation. Valentin se

mit aussitôt à leur tête, avec son secrétaire particulier, M. Bœgner, aujourd'hui préfet du Loiret,
et le procureur de la République, M. Andrieux,
et marcha droit aux barricades. Elles furent enle-
vées, mais une balle atteignit le préfet du Rhône
à la jambe et la traversa de part en part.

Le soir même, la proclamation suivante fut
affichée sur les murs de la ville :

Habitants de Lyon !

Une poignée de malfaiteurs, insensibles aux cala-
mités qui frappent notre malheureux pays, osent lever,
au milieu de vous, l'étendard hideux de l'anarchie,
troubler la paix de notre cité, envahir vos comices, et
prétendent vous entraver dans l'exercice le plus noble
de vos droits de citoyens.

Leur criminelle audace ne restera pas impunie.

Vous tous qui voulez maintenir la France debout, je
n'ose plus, hélas ! dire glorieuse et grande ; vous tous
qui voulez épargner à son drapeau de nouvelles et
ineffaçables souillures, rangez-vous autour de moi,
prêtez-moi votre concours.

C'est un fils dévoué de la République qui vous y
convie.

*Le Préfet du Rhône, commissaire extraordinaire
de la République,*

Signé : Edmond VALENTIN.

Le gouvernement régulier était resté maître de Lyon. Hélas! cette victoire, c'est sur des Français qu'elle avait été remportée! Valentin, dont le sang avait coulé dans la lutte, eût, sans hésitation, donné tout son sang si ce sacrifice eût pu prévenir l'explosion de la guerre civile. Autant il avait montré de décision pendant la bataille, autant il usa de modération après la victoire. Il n'était pas de ceux qui s'acharnent à poursuivre les vaincus. Le dernier coup de canon tiré, il n'eut plus qu'une préoccupation : ramener la paix dans la cité.

Aussi quand, quelques mois après, sous les menaces de la droite, le ministre de l'intérieur, M. Casimir Perier, l'enleva à la préfecture du Rhône, les regrets de la population lyonnaise l'accompagnèrent dans sa retraite de Versailles[1]. Valentin n'éleva pas une parole de protestation. Il ne voulut pas compromettre par un mouvement d'humeur le pouvoir déjà fort ébranlé de M. Thiers. Le président de la République l'invita à dîner au palais de l'Élysée. En dépliant sa serviette, Valentin trouva l'ampliation d'un décret qui le nom-

---

1. Le décret qui nommait M. Pascal préfet du Rhône, en remplacement de Valentin, est du 24 janvier. Il a été publié dans le *Journal officiel* du 26 janvier 1872.

mait trésorier-payeur général du Loiret. Du regard, M. Thiers sollicitait un remerciement. A son grand étonnement, Valentin déclara qu'il ne pouvait accepter la compensation qui lui était offerte. M. Thiers, qui n'avait pas eu l'occasion, paraît-il, de rencontrer souvent un pareil désintéressement dans le cours de sa longue carrière, en exprima hautement sa surprise sur le moment même, puis, le soir, devant les personnes réunies dans ses salons. C'est alors qu'il nomma Valentin, qui n'était que simple chevalier, commandeur de la Légion d'honneur [1].

Quelques mois plus tard, Valentin reçut un autre témoignage d'estime, auquel il se montra d'autant plus sensible qu'il venait du pays où il avait passé ses années d'exil, de l'Angleterre. Par une décision, datée du mois d'août 1872, le conseil supérieur de l'Académie royale militaire de Woolwich doubla le chiffre de sa pension d'ancien professeur, en considération de l'éclat qu'il avait jeté sur l'Académie par sa conduite héroïque [2]

----

1. Le décret qui nomme Valentin commandeur de la Légion d'honneur, « pour services rendus pendant l'invasion et à Lyon dans la journée du 30 avril 1871, » est du 2 février; il a été publié dans le numéro du *Journal officiel* du 7 février 1872.

2. Voir aux *Pièces justificatives*, n° 6, une lettre du colonel Cheneoix Trench, directeur du Collège d'artillerie de Woolwich, relative au séjour de Valentin à l'Académie royale militaire.

VIII

Rentré dans la vie privée, Valentin songea à se rendre utile à ses compatriotes de l'Alsace et de la Lorraine. « On était, dit M. Eugène Seinguerlet [1], au lendemain de l'option. Il s'agissait de rapatrier en France des milliers d'Alsaciens et de Lorrains qui avaient abandonné le doux sol natal, la terre vénérée des aïeux pour rester Français. Valentin s'y employa, avec une activité qui ne s'est pas démentie un seul instant, dans l'*Association générale d'Alsace-Lorraine* et dans la *Loge d'Alsace-Lorraine*. C'est alors qu'il devint membre du grand conseil de l'ordre de l'*Orient de France*. » Plus tard, en 1877, il présida la commission de répartition chargée de distribuer aux victimes des inondations du Rhin, en Alsace, les souscriptions recueillies en France à leur intention.

Valentin, cependant, continuait de suivre avec attention la marche des événements politiques. Au mois d'avril 1873, il se prononça hautement en faveur de la candidature de M. de Rémusat [2]. Il

---

1. Dans la *Revue alsacienne* de novembre 1879.

2. Voir aux *Pièces justificatives*, n° 42, le texte de la lettre de Valentin en faveur de la candidature de M. de Rémusat.

fut élu, deux ans après, le 7 février 1875, représentant par les électeurs de Seine-et-Oise[1], et entra
dans l'Assemblée nationale à l'heure où l'on votait
la Constitution. Il vota comme ses collègues de la
gauche, sans se dissimuler que l'œuvre à laquelle
il coopérait était imparfaite et qu'il faudrait la re-
viser dans peu de temps. Mais le souvenir des
fautes de 1848, le spectacle toujours présent à sa
mémoire de l'Empire courbant la nation française
sous son joug, l'affolement des populations à la
fin de la guerre, toutes ces considérations l'avaient
porté à la prudence.

Cependant, sa règle de conduite était restée la
même. Autrefois il prêchait l'union contre l'Empire ; aujourd'hui il recommandait l'union pour
maintenir la République. Bien certainement, il
n'aurait jamais consenti à abandonner une seule
de ses convictions ; mais il croyait bien faire en
suivant les conseils de sagesse et de modération

---

1. Voir *aux Pièces justificatives*, n° 43, la circulaire électorale de Valentin, et, n° 2, la lettre du général de Chabron au
sujet de cette élection. — Sur 142,552 électeurs inscrits, et
103,910 votants, Valentin obtint, le 7 février 1875, 56,226 voix.
Son concurrent impérialiste, M. le duc de Padoue, en recueillit
42,217, et un autre concurrent, M. de Kératry, 4,123. Les voix
diverses furent au nombre de 124, et les bulletins blancs ou
nuls, au nombre de 1,220. L'élection de Valentin fut validée à la
séance du 8 mars 1875. (Voir le *Journal officiel* du 9 mars.)

que M. Thiers donnait au parti républicain. Il faut
dire aussi que l'ancien Président de la République
avait, dès longtemps, par l'aménité de son accueil
et par la vivacité de son esprit, exercé une grande
séduction sur Valentin.

Tel Valentin avait été à l'Assemblée nationale,
tel il fut au Sénat, où l'envoyèrent, le 30 janvier
1876, les électeurs du Rhône[1]. Les ministres du
16 mai le trouvèrent au premier rang de leurs
adversaires. Le 16 juin 1877, le Sénat venait de
recevoir communication du message par lequel
le maréchal de Mac-Mahon, Président de la République, lui faisait connaître son intention de
dissoudre la Chambre des députés et lui demandait son avis conforme. Valentin, à cette heure
où la République était menacée, sentit revivre en
lui les ardeurs et les colères du « montagnard »
de 1850. Dans un virulent discours, que la droite
accueillit par des clameurs, il dénonça ce gou-

---

1. La liste où figurait Valentin comprenait en outre les noms
de MM. Jules Favre, Chavanne et Millaud. Ces quatre candidats
adressèrent aux électeurs une longue circulaire, qui paraît avoir
été l'œuvre de Jules Favre. (Voir la *Biographie complète des
trois cents sénateurs*, par trois journalistes, Paris, Dentu, 1876,
1 vol. in-18, p. 171.) Le 30 janvier, M. Jules Favre fut élu par
183 voix, et Valentin par 175 voix ; mais MM. Chavanne et Millaud furent battus par MM. Mangini et Perret, candidats de la
nuance centre gauche.

vernement qui avait provoqué « la réprobation universelle de l'opinion publique, non seulement en France, mais à l'extérieur et dans l'Europe entière ». Le 22 juin, il fut l'un des 230 sénateurs qui se prononcèrent contre la dissolution de la Chambre des députés[1]. Il estimait qu'un ordre du jour de flétrissure n'était point une répression suffisante des actes de ceux qui avaient conduit le pays à deux doigts de la guerre civile et peut-être de la guerre étrangère[2].

IX

Valentin est mort le 31 octobre 1879. Ce fut avec une vive émotion et une profonde tristesse que la France apprit que l'héroïque préfet de Strasbourg n'était plus. La cause de sa mort fut bientôt connue. Valentin s'était tiré deux coups de revolver au cœur. Comment celui qui, après le 2 Décembre, avait supporté si courageusement la misère la plus poignante, était-il arrivé à cette

---

1. Elle fut votée par 249 voix contre 230.

2. Voir aux *Pièces justificatives*, n° 44, le rapport présenté par Valentin au Sénat sur la proposition de loi relative à l'enseignement de la gymnastique.

extrémité du suicide? Certains journaux ont in-
sinué que Valentin avait des dettes et qu'il s'était
tué en voyant qu'il ne pourrait tenir ses engagements. C'était une calomnie. Valentin n'avait pas
de créanciers. En 1872, il avait refusé le poste de
trésorier-payeur général à Orléans, qui lui était
offert par M. Thiers, c'est-à-dire une véritable
fortune. Il jouissait d'une modeste aisance. Nulle
vie n'était plus réglée et plus simple que la sienne.
Du temps où il habitait Versailles, il avait l'habitude de dîner plusieurs fois par semaine à Paris;
il passait le reste de la soirée au Cercle républicain de la rue Vivienne, ou en visite chez des
amis. Tous les salons républicains lui étaient ouverts, et il les fréquentait beaucoup. Cet homme
d'action et cet homme de travail était aussi un
homme du monde.

Valentin avait le nez aquilin, les yeux noirs et
couverts d'épais sourcils, le teint coloré, les mous-
taches et la barbiche noires; de taille moyenne,
mais fortement charpenté, vif d'allures, au geste
prompt, au regard perçant, il appelait l'attention.
En le voyant passer, son petit manteau à collet
de velours sur le bras, on se disait : voici un
soldat ! En apercevant la rosette de la Légion
d'honneur à sa boutonnière, on devinait qu'elle
devait être la récompense d'une action d'éclat.

A l'époque des vacances parlementaires, Valentin avait coutume d'aller passer quelque temps en Angleterre, auprès de ses anciens collègues de l'Académie royale militaire de Woolwich. Mais cette année, il avait été à Royan avec un de ses frères.

En revenant, il avait dû s'arrêter à Tours et se mettre au lit. Sa santé, autrefois si robuste, s'était altérée dans ces derniers mois. Le 31 octobre, dans l'après-midi, il avait fait, avec un de ses plus anciens amis, M. Maurice Engelhard, une longue promenade; ils étaient allés ensemble au pavillon de Flore pour voir la nouvelle installation du conseil municipal, dont M. Engelhard faisait alors partie, et ils avaient poussé ensuite jusqu'au boulevard de la Madeleine. Durant le trajet, Valentin s'était plaint à plusieurs reprises de malaise, mais il n'avait tenu aucun propos de nature à faire croire à une résolution extrême. Il était cinq heures quand Valentin prit congé de son ami. A six heures et demie, sa bonne le trouvait mort sur le parquet de son appartement de la rue de Madame, n° 43 [1].

Un pli cacheté était sur la cheminée; il contenait un chèque au nom de la servante. Valentin

---

1. Voir aux *Pièces justificatives,* n⁰ˢ 45 et 46, l'acte de décès et la lettre de faire-part du décès de Valentin.

n'avait pas voulu laisser sans ressources cette pauvre fille, qui était entrée à son service depuis quelques jours seulement.

Ce sont les seules lignes que Valentin ait écrites après avoir pris la résolution de se donner la mort. Pour les causes de ce suicide, on est donc réduit aux conjectures. L'explication la plus plausible est celle qu'ont donnée à cette époque les amis qui ont approché Valentin de plus près. Ils pensaient que cet homme si vaillant et si énergique avait lutté tant qu'il avait cru la République en péril, mais que le jour où il avait vu les efforts des ennemis de la démocratie impuissants, il s'était senti un grand vide au cœur, et avait mis en pratique la maxime que Jean-Jacques Rousseau a placée sous la plume de Saint-Preux : « Quand notre vie est un mal pour nous et n'est un bien pour personne, il est... permis de s'en délivrer[1]. »

Un homme tel que Valentin ne disparaît pas de la scène sans laisser derrière lui un grand vide. Vivant, nous l'avons aimé et admiré ; mort, son souvenir nous est aussi cher que s'il fût tombé, en 1870, sous les balles allemandes.

---

1. Jean-Jacques Rousseau, *La Nouvelle Héloïse,* Partie III, lettre XXI.

DEUXIÈME PARTIE

CHAPITRE PREMIER

La déclaration de guerre à la Prusse. — Lettre de Valentin au ministre de la guerre. — La journée du 9 août 1870. — La manifestation à l'Alcazar, de Paris, en l'honneur de Strasbourg. — La Révolution du 4 septembre. — Les scellés mis sur la salle des séances du Sénat de l'Empire. — Le décret du 5 septembre nommant Valentin préfet du Bas-Rhin. — Arrivée de Valentin à Mulhouse. — Il délègue ses pouvoirs à M. Maurice Engelhard.

Edmond Valentin, l'héroïque préfet de Strasbourg en 1870, avait été, nous l'avons dit, envoyé à l'Assemblée législative par les électeurs du Bas-Rhin. Proscrit au Deux-Décembre, il était, en 1870, chargé, depuis dix ans, du cours d'histoire militaire à l'Académie royale de Woolwich. Il accourut en France dès que la guerre fut déclarée à la Prusse, et alla porter au ministre de la guerre de l'Empire la lettre suivante, que celui-ci laissa sans réponse :

16 juillet 1870.

Monsieur le Ministre,

Au moment où le drapeau se déploie en face d'un ennemi qui rêve ouvertement l'humiliation et le démembrement de la patrie, l'oubli des discordes civiles s'impose à tous les Français.

Je viens en conséquence vous demander de m'autoriser à rentrer, comme simple volontaire, dans les rangs du 6e bataillon de chasseurs à pied où je servais comme officier au moment de mon élection à l'Assemblée législative.

Signé : Ed. VALENTIN.

Quelques jours après, la France était envahie. Les désastres succédaient aux désastres : après Wissembourg, Frœschwiller et Forbach ; puis Strasbourg assiégé, bombardé, et sa cathédrale en flammes, et sa bibliothèque en cendres ; enfin la capitulation de Sedan !

Valentin, cependant, ne désespéra pas du salut de la patrie. Tous ceux qui l'ont approché à cette lugubre époque ont gardé un ineffaçable souvenir de sa clairvoyance, de son indomptable énergie, et aussi cette belle humeur au milieu du danger qui est l'un des traits caractéristiques de notre race.

Dès le commencement des hostilités, il était demeuré convaincu que, pour sauver la France, il fallait renverser d'abord le gouvernement qui, après avoir déchaîné la guerre, avait, par sa faiblesse et son incapacité, paralysé la défense. Le 9 août, après nos premières défaites, on l'avait vu, sur la place du Palais-Bourbon, au premier rang de la foule qui voulait se porter sur le Corps législatif, et sa douleur fut grande lorsqu'il vit s'évanouir cette unique occasion de salut.

A la fin du mois d'août, lorsqu'à la nouvelle du bombardement de Strasbourg un long frémissement courut à travers la France, avec M. Tachard, député au Corps législatif, avec ses amis, MM. Maurice Engelhard, bâtonnier des avocats de Strasbourg, Edouard Siebecker, Erckmann ; avec MM. Louis Ratisbonne et Alfred Marchand, tous fils de l'Alsace, Valentin fut l'un des promoteurs de la grande réunion tenue le 1ᵉʳ septembre, dans la salle de l'Alcazar de Paris, sous la présidence de l'illustre Victor Schœlcher[1], dans laquelle deux mille personnes protestèrent contre les actes de vandalisme de l'armée prussienne, et à la suite de laquelle la statue de Strasbourg, sur la place

---

1. Le père de M. Victor Schœlcher était né à Fessenheim, petit village du Haut-Rhin.

de la Concorde, fut entourée d'une foule émue,
et couverte de fleurs et d'emblèmes patriotiques [1].

Le 4 septembre, Valentin fut l'un des premiers
à envahir le Corps législatif et à proclamer la
République à l'Hôtel de ville. Bien tard dans la
soirée, M. Charles Floquet, nommé adjoint au
maire de Paris, partit de l'Hôtel de Ville pour
mettre les scellés sur la porte de la salle des
séances du Sénat, au Luxembourg. Il était accompagné de MM. Valentin, Clémenceau, Charles
Quentin, Maurice Engelhard, et d'un autre citoyen dont nous ne connaissons pas le nom.
Reçu par le général de Montfort, gouverneur du
Palais, et par le grand référendaire, M. Ferdinand
Barrot, il présenta à ce dernier l'ordre d'apposi-
tion des scellés, signé de M. Eugène Pelletan,
membre du gouvernement de la Défense nationale. « Nous cédons à la force », répondit d'un
ton emphatique M. Ferdinand Barrot. « Mais c'est
vous qui avez la force », répliqua Valentin, en
souriant, et en montrant deux escadrons de gen-
darmes à cheval, rangés dans la cour, après quoi
les scellés furent apposés [2].

---

1. Voir aux *Pièces justificatives,* n° 9, le compte rendu de
cette manifestation patriotique, d'après le journal *le Temps* du
2 septembre 1870.

2. Étienne Arago, ancien maire de Paris, *l'Hôtel de ville au*

Le gouvernement qui venait d'être renversé aux acclamations de Paris et de la France n'avait rien fait pour secourir Strasbourg. Valentin, lui, ne cessait de penser à la malheureuse Alsace. Le 5 septembre, du cabinet occupé la veille encore par M. Chevreau, préfet de l'Empire, à l'Hôtel de ville, Edmond Valentin et son ami M. Maurice Engelhard adressèrent au gouvernement de la Défense nationale une lettre, écrite par M. Engelhard, par laquelle ils demandaient tous deux d'être envoyés en mission en Alsace. Ils furent aussitôt reçus par Gambetta, ministre de l'intérieur. Gambetta annonça à Valentin qu'il était nommé préfet du Bas-Rhin, et rédigea séance tenante le décret, qui fut publié le lendemain 6 septembre par le *Journal officiel,* et qui était conçu en ces termes :

Le gouvernement de la Défense nationale décrète :

ARTICLE Ier. — M. Edmond Valentin est nommé préfet du département du Bas-Rhin, et le gouvernement s'en rapporte à son énergie et à son patriotisme pour aller occuper son poste.

ART. 2. — M. Maurice Engelhard est nommé maire

---

4 septembre et pendant le siège. (Paris, Hetzel. 1 vol. in-18, p. 28-29.) — M. Charles Quentin était l'un des deux citoyens dont M. Étienne Arago n'a pas donné les noms.

de la ville de Strasbourg, et chargé par le gouvernement d'aller porter aux vaillants Strasbourgeois et à
l'héroïque garnison les remerciements émus de la
France, de la population de Paris et du gouvernement
de la République.

ART. 3. — Le Ministre de l'intérieur est chargé de
l'exécution du présent décret.

Fait à l'Hôtel de ville de Paris, le 5 septembre 1870.

Signé : Général TROCHU,   GARNIER-PAGÈS,
Emmanuel ARAGO,   GLAIS-BIZOIN,
CRÉMIEUX,   PELLETAN,
Jules FAVRE,   PICARD,
FERRY,   ROCHEFORT,
GAMBETTA,   Jules SIMON.

La publicité donnée à une mission aussi difficile et aussi périlleuse était une faute. C'était
signaler MM. Valentin et Engelhard à l'attention
de l'ennemi, qui tenait toute la campagne entre
Benfeld et Strasbourg et avait entouré la forteresse alsacienne d'un cercle de feu.

MM. Valentin et Engelhard partirent le 6 septembre au soir pour Mulhouse. M. Erckmann,
l'un des célèbres auteurs de l'*Histoire d'un Cons-
crit de 1813* et de *Madame Thérèse*, voyagea avec
eux dans le même coupé de chemin de fer. L'é-
crivain patriote, qui avait raconté avec tant de
talent les invasions du commencement du siècle,
allait, lui aussi, dans son pays natal, l'Alsace,

pour voir de plus près les effets de cette nouvelle
invasion qui s'annonçait comme devant être plus
terrible encore que les deux précédentes. MM. Valentin et Engelhard arrivèrent le 7 septembre au
matin à Mulhouse, où ils descendirent à l'hôtel
Romann, dont l'un des propriétaires, M. Georges
Romann, était le parent de M. Engelhard. Déjà
le télégraphe, et, après lui, le *Journal officiel*,
avaient annoncé leur mission qui fut aussitôt
connue de l'ennemi. Leur signalement fut donné
aux avant-postes prussiens. La maison de campagne que M. Engelhard possédait près de Lin-
golsheim, le Molkebronn, où il y avait un poste
prussien depuis le commencement du siège de
Strasbourg, fut fouillée de fond en comble dans
l'espoir qu'on trouverait dans quelque tiroir un
portrait qui eût permis de s'assurer plus facilement de la personne du nouveau maire de Strasbourg.

Certains que l'ennemi était sur ses gardes, les
deux amis se rendirent compte que ce serait
de leur part une folie que d'essayer de franchir
ensemble les lignes allemandes. Valentin dit à
M. Engelhard : « Je suis soldat ; j'ai une mission
spéciale à remplir auprès du général Uhrich [1] ;

---

1. Le général Uhrich était le commandant supérieur de la
6e division militaire et de la place de Strasbourg.

je pars seul; et, si je réussis à entrer dans Strasbourg, je vous donnerai les indications nécessaires pour que vous puissiez m'y rejoindre. »
Presque tout le département du Bas-Rhin était
au pouvoir de l'ennemi. Cependant la ville de
Schlestadt, siège d'une sous-préfecture[1], restait
aux Français, et les cantons de Marckolsheim et
de Villé, qui l'avoisinaient, avaient à peu près
échappé à l'invasion. Il y avait donc lieu, Valentin
parti pour Strasbourg, de pourvoir à l'administration de la portion non occupée du département. Il
était également nécessaire de prendre des mesures pour appeler sous les drapeaux les jeunes
gens du Bas-Rhin. Valentin donna en conséquence à M. Engelhard la délégation suivante[2]:

RÉPUBLIQUE FRANÇAISE

Le préfet du Bas-Rhin, soussigné, délègue tous ses
pouvoirs au citoyen Maurice Engelhard, maire de Stras-

---

1. Le sous-préfet de l'Empire à Schlestadt, M. Peloux, relevé
de ses fonctions après le 4 Septembre, ne fut pas remplacé.

2. L'arrivée des troupes allemandes avait été si soudaine que
beaucoup de jeunes gens du Bas-Rhin, appelés sous les drapeaux, n'avaient pu rejoindre le lieu de convocation. Plusieurs
d'entre eux, cependant, franchissant les avant-postes ennemis,
s'étaient rendus dans le Haut-Rhin, où le bureau de recrutement,
faute d'instructions, leur avait fait un assez mauvais accueil.
Dès son arrivée à Schlestadt, où il établit le siège de la préfec-

bourg, pendant toute la durée de l'investissement de la place de Strasbourg.

Mulhouse, le 7 septembre 1870.

Signé : Ed. VALENTIN.

---

ture du Bas-Rhin, M. Maurice Engelhard fit cesser cet état de choses. Il ordonna l'ouverture d'un bureau d'enrôlement à Schlestadt. Il adressa en même temps à la jeunesse du Bas-Rhin (notamment aux jeunes gens de la classe de 1870 et à ceux de 18 à 20 ans, — voir les *Murailles d'Alsace-Lorraine*, p. 213) un énergique appel, et, à sa voix, plusieurs milliers de jeunes gens accoururent pour combattre l'envahisseur. D'autres circulaires, signées de son nom (voir les *Murailles*, p. 212) et affichées dans les localités occupées par l'ennemi, rappelèrent aux administrations municipales que, malgré l'invasion, leurs devoirs envers la patrie française étaient les mêmes qu'auparavant. Il rétablit les services de la poste, et fit rompre les barrages et rentrer dans les fortifications de Strasbourg les eaux que l'ennemi avait détournées. Il ne se passait pas de jour qu'il ne signalât à la délégation du gouvernement de la Défense nationale établie à Tours, la situation de Strasbourg et n'insistât sur la nécessité d'envoyer le corps d'armée de Belfort faire une diversion utile aux assiégés. Il dirigea en même temps une expédition de gardes généraux et de gardes forestiers vers les Vosges pour faire sauter les tunnels que le maréchal de Mac-Mahon avait oubliés lors de sa retraite de Frœschwiller à Saverne, et qu'on savait à peine gardés. Malheureusement une récente apparition de francs-tireurs venait de donner l'éveil aux Allemands, et lorsque l'expédition arriva, elle trouva le grand tunnel fortement occupé par l'ennemi.

CHAPITRE II

Les deux amis, en arrivant à Mulhouse, espé-
raient qu'ils pourraient entrer dans Strasbourg,
grâce au concours de leur hôte, qui était un
vieux républicain et un ardent patriote. Mais
M. Romann n'était en mesure de leur donner que
de vagues indications. D'autre part, les espions
allemands étaient nombreux à Mulhouse, comme
dans toute l'Alsace, et il importait d'échapper à

leur attention. Il fut donc convenu, entre M. Romann et ses hôtes, qu'on ferait passer Valentin
pour malade, et que M. Engelhard serait censé
veiller à son chevet.

Valentin, cependant, qui tenait à accomplir sa
mission, et qui ne pouvait supporter l'idée de
rester inactif à Mulhouse, partit, dès le même
jour, pour Thann, où se trouvait le gendre de
son ancien patron, M. Scheurer-Kestner, aujour-
d'hui vice-président du Sénat, de qui nous tenons
ces détails. Il fit appel à sa vieille amitié, et lui
dit : « Je ne veux pas me faire tuer ; cela ne
servirait à rien et m'empêcherait de remplir la
mission que le gouvernement de la République
m'a confiée ; ce que je veux, c'est entrer à Strasbourg, et j'y entrerai ; mais il faut que vous m'y
aidiez. Veuillez y réfléchir. » M. Scheurer-Kestner
promit qu'il y réfléchirait, et Valentin retourna à
Mulhouse.

Il revint le lendemain matin, 8 septembre, à
Thann, cette fois avec un plan tout arrêté. Sur
la route départementale de Strasbourg à Flex-
bourg, du côté ouest de la ville, vers les Vosges,
tout près du village d'Eckbolsheim, et à trois kilomètres environ de Strasbourg, se trouvait une
ancienne « Chartreuse » transformée en filature.
Elle appartenait à M. Edouard Stehelin, beau-

frère de M. Scheurer-Kestner, et l'un des frères
de Valentin était employé dans cet établissement.
Valentin pensait que, par Colmar, Schlestadt,
Barr et Obernai, il pourrait gagner la « Chartreuse », et, de là, se jeter dans Strasbourg.
M. Scheurer-Kestner lui représenta l'extrême
difficulté d'arriver jusqu'à la « Chartreuse », car
l'ennemi tenait toute la campagne à partir de
Schlestadt, et l'impossibilité de franchir les lignes
allemandes entre la « Chartreuse » et Strasbourg.
Il conclut très nettement que ce projet était té-
méraire et inexécutable.

Mais, avec un mouvement d'humeur, Valentin
lui répondit : « Faites-moi grâce, mon cher ami,
de vos objurgations. Elles sont inutiles; elles ne
sont pas de nature à m'arrêter, et elles m'exas-
pèrent. Aidez-moi, avec ou sans conviction, peu
m'importe! mais aidez-moi! »

Il n'y avait plus à discuter. M. Scheurer-Kestner
remit à Valentin deux lettres de recommandation :
l'une de M. Stehelin au directeur de la « Chartreuse », car, très probablement, le frère de Valentin avait quitté cet établissement, qui était
fermé; l'autre pour son cousin, M. le docteur
Faudel, de Colmar, où Valentin ne connaissait
personne. Puis, sans perdre de temps, il fit conduire Valentin à Colmar dans sa voiture. En

quittant M. Scheurer-Kestner, le préfet de la République lui donna l'accolade et lui dit d'une voix anxieuse : « Pourvu que j'arrive encore à temps ! »

Parvenu à Colmar assez tard dans l'après-midi du 8 septembre, Valentin se rendit directement chez M. le docteur Faudel. Celui-ci lui désigna l'homme qui pouvait le mieux l'aider dans sa difficile entreprise. C'était M. Philippe Gauckler, ancien élève de l'École polytechnique, ingénieur des ponts et chaussées en résidence à Colmar, et chargé de la direction des travaux du Rhin. Dans la première quinzaine du mois d'août, M. Philippe Gauckler avait accompagné le général d'artillerie Barral jusqu'à Strasbourg[1], et était revenu ensuite à Colmar, en franchissant pour la seconde fois les lignes ennemies. Un chef de division de la préfecture, qui était l'ami du docteur Faudel, M. Dietrich, alla chercher l'ingénieur à son domicile et l'amena, vers onze heures du soir, dans la partie la plus retirée du Champ-de-Mars. Là M. Philippe Gauckler se trouva en présence de M. le docteur Faudel et d'une autre personne qui était Valentin.

—————

1. Le général Barral et M. Philippe Gauckler, entrèrent à Strasbourg, par la citadelle, le 13 août.

Le courageux ingénieur promit aussitôt tout son concours au préfet du Bas-Rhin [1]. Sans plus tarder, il fit faire chez un imprimeur de la ville des cartes de visite au nom de J. Derwent et les remit à Valentin [2]. Pendant ce temps Mme Faudel, la femme du docteur, cousait dans la manche de la chemise de flanelle de Valentin l'ampliation, signée de Gambetta, du décret du 5 septembre qui l'avait nommé préfet du Bas-Rhin. Elle lui remettait également la gourde d'eau-de-vie au moyen de laquelle il put, quelques jours après, ranimer ses forces défaillantes au moment de franchir la parallèle prussienne et de pénétrer dans Strasbourg à la nage.

Le départ de Valentin pour Thann et Colmar

1. M. Philippe Gauckler, qui avait été nommé chevalier de la Légion d'honneur pour avoir contribué à l'organisation de l'Exposition universelle de 1867, s'est rendu, au mois d'octobre 1870, à l'armée du général Garibaldi, où il a rempli les fonctions de colonel d'état-major. Une manœuvre, qu'il a commandée, a beaucoup aidé au succès de la bataille de Dijon. Promu au grade d'officier de la Légion d'honneur, à la fois pour avoir aidé le général Barral à entrer dans Strasbourg et pour avoir contribué au gain de la bataille de Dijon, M. Philippe Gauckler est devenu inspecteur général des ponts et chaussées et directeur des chemins de fer de l'État. Il a pris sa retraite il y a quelques années.

2. L'une de ces cartes est en la possession de M. Scheurer-Kestner, qui la conserve précieusement. Elle lui a été donnée, à Lyon, le 23 mars 1871, par Valentin « en souvenir de son voyage à Thann et à Colmar. »

avait été si précipité, que le préfet de la République n'avait pu emporter un passeport demandé par M. Romann à M. Strohl, consul des États-Unis d'Amérique à Mulhouse, au nom de J. Derwent, citoyen américain. M. Romann le lui envoya, le 9 septembre au matin, à Colmar, par une personne de confiance.

Cependant, M. Philippe Gauckler avait résolu de donner pour guide à Valentin un jeune homme de vingt et un ans, qui était attaché à son service en qualité d'agent secondaire de deuxième classe des ponts et chaussées, Auguste Stoss[1]. Né au village d'Obenheim, situé entre Schlestadt et Strasbourg, et employé aux travaux de la carte du Rhin, le jeune Stoss connaissait très bien cette contrée, et tout spécialement les environs immédiats de Strasbourg.

Dans les derniers jours du mois d'août son chef, M. Philippe Gauckler, avait chargé un conducteur des ponts et chaussées et lui d'une mission de confiance à Strasbourg. Il s'agissait d'avertir, au moyen de feux électriques établis au sommet de

---

1. M. Auguste Stoss a suivi son chef, M. Philippe Gauckler, à l'armée des Vosges, et a fait la campagne en qualité de sous-lieutenant d'état-major. Il est aujourd'hui contrôleur des combustibles de la Compagnie des chemins de fer de Paris à Lyon et à la Méditerranée, en résidence à Nîmes.

la cathédrale, les francs-tireurs qui étaient du
côté des Vosges des sorties de la garnison de
Strasbourg, et aussi de porter au général Barral
l'uniforme, les épaulettes et les décorations qu'il
avait laissés à Colmar. Munis de ces objets com-
promettants qu'on avait enfermés dans des sacs,
les deux hommes, qui s'étaient avancés jusqu'à
deux kilomètres de la citadelle, avaient dû rebrousser chemin après avoir constaté l'impossibilité de pénétrer de ce côté dans la forteresse.

Toutefois, malgré la confiance qu'il lui inspirait, M. Gauckler ne jugea pas à propos de ren-
seigner Auguste Stoss sur la personnalité de celui
dont il devait être le guide et le compagnon de
route. Cet homme était, lui dit-il, un riche Américain, qui, à tout prix, voulait entrer dans Strasbourg, où il avait une mission importante à
remplir. Il lui recommanda de se montrer à son
égard plein de dévouement, d'être extrêmement
prudent en toute circonstance, ajoutant qu'il
attachait lui-même une importance capitale au
succès de ce voyage. « J'en conclus, écrivit plus
tard le jeune Stoss dans son « journal de voyage »,
que mon futur compagnon devait être un personnage diplomatique, ou quelque riche commer-
çant ou industriel ayant des intérêts considérables
engagés dans la ville. » Et, pendant les huit jours

qu'ils vécurent ensemble, allant à pied, en voiture, ou en chemin de fer, couchant sur la même
botte de paille ou dans la même chambre d'hôtel,
arrêtés deux fois, conduits d'un poste à un autre,
jamais l'incognito de Valentin ne fut levé pour son
jeune guide. Ce dernier s'aperçut bien un jour que,
tout Américain qu'il était, son compagnon comprenait un peu l'allemand; mais celui-ci lui expliqua que la chose allait de soi puisque sa famille était d'origine alsacienne. Aussi, lorsqu'ils se
quittèrent à Wissembourg, le 16 septembre, c'est
encore au riche Américain, bienveillant mais quel-
quefois trop préoccupé et songeur au gré d'un
jeune homme de vingt ans, qu'Auguste Stoss fit
ses adieux. Ce n'est que quelques jours plus tard,
en lisant dans un numéro du *Courrier du Bas-
Rhin*, apporté par un réfugié strasbourgeois, le
récit de l'entrée de Valentin dans la forteresse,
qu'il devina que « son Américain » pouvait bien
avoir été le préfet de la République, et ce n'est
qu'après être revenu à Colmar, et avoir rendu
compte à M. Philippe Gauckler de sa mission,
qu'il apprit de celui-ci, tout joyeux de la réussite
de cette difficile entreprise, que son mystérieux
compagnon de voyage n'était autre que cet héroïque Edmond Valentin dont toute l'Alsace ac-
clamait le nom désormais illustre.

Mais n'anticipons pas sur les événements. Poussant la prudence aussi loin que possible, M. Gauckler donna rendez-vous à Auguste Stoss en dehors de Colmar. C'est là que, le 9 septembre, il le mit en relations avec son futur compagnon de voyage, le prétendu riche Américain. Une voiture attendait à quelques pas; elle devait conduire les deux voyageurs jusqu'à Schlestadt. A tout hasard, Auguste Stoss s'était muni d'un certificat du principal du collège de Schlestadt, où il avait fait ses études, et dont la date de 1869 avait été changée en celle de 1870. Cette pièce lui servit en plus d'une circonstance.

Il était près de quatre heures de l'après-midi lorsque M. Gauckler prit congé des deux voyageurs, et que la voiture partit. Durant le trajet, Valentin, qui s'exprimait en français, parla à son jeune compagnon de ses voyages en Amérique, en Angleterre, en Belgique, dans le grand-duché de Bade; il lui remit une carte de visite à son nom, et lui fit voir ensuite son passeport, qui portait le même nom que celui de la carte de visite, le nom de J. Derwent. Cette mise en scène avait pour objet de persuader au guide que son compagnon de route était bien réellement Américain, comme le lui avait dit M. Gauckler. Auguste Stoss n'en douta pas un seul instant. « L'allure et les manières distinguées de mon compagnon, le dédain qu'il montrait pour l'or », a-t-il écrit dans son « journal de voyage, » me confirmèrent dans la pensée que j'avais affaire à un riche Américain. »

Les deux voyageurs quittèrent leur voiture à Schlestadt. Ils dînèrent à l'hôtel du « Lion rouge », puis se mirent en route. Il était près de sept heures du soir. Schlestadt était en état de guerre. Pour éviter une surprise de l'ennemi qui se trouvait non loin de là, on fermait les portes de la ville à la tombée de la nuit. Valentin, nous l'avons dit, avait eu d'abord la pensée de franchir les lignes allemandes du côté des montagnes, près de Barr, et d'aller à la « Chartreuse » d'Eckbolsheim. Mais il avait abandonné ce projet, M. Gauckler ayant émis l'avis qu'il était préférable de tenter le passage du côté du Rhin.

Valentin et son guide se dirigèrent donc sur Müttersholtz. Ils y trouvèrent un ancien condisciple de Stoss au collège de Schlestadt, M. Sigwalt, qui leur apprit que la route était sûre jusqu'à Bindernheim. Après avoir traversé ce dernier village, ils rencontrèrent, à quelques pas, le canal du Rhône au Rhin qui aboutit à Strasbourg. Il faisait nuit close. Tout le monde dormait aux alentours. Les deux voyageurs suivirent la rive gauche du canal. Leur projet était de gagner la commune d'Obenheim, dont Stoss était originaire, où habitaient ses parents, et d'y passer la nuit. Tout alla bien d'abord.

Mais la pluie se mit à tomber. Ils traversaient un petit bois qui touchait à l'écluse de Friesenheim, lorsqu'une voix allemande, dure et impérieuse, se fit entendre dans le silence de la nuit : « *Wer da ?* — Qui est là ? » Stoss répondit, également en allemand : « *Freund !* — Ami ! » et les deux voyageurs se trouvèrent en présence de quatre uhlans qui, ayant leur poste d'observation à l'écluse même, s'étaient réfugiés sous un arbre pour se garantir de la pluie. Ils tentèrent vainement d'obtenir la permission de continuer leur route. Les uhlans avaient des ordres formels ; il leur était enjoint d'arrêter quiconque voyageait la nuit. Deux d'entre eux restèrent à l'écluse ; quant aux deux autres, ils emmenèrent Valentin et son compagnon au village de Booftzheim, où se trouvait le détachement dont ils faisaient partie.

Ils y arrivèrent à minuit. L'école des garçons avait été transformée en corps de garde. Quelques bottes de paille étaient dans un coin ; les uhlans permirent à leurs prisonniers de s'y étendre en attendant le jour. Les deux voyageurs, harassés de fatigue par cette longue marche, ne tardèrent pas à s'endormir profondément. Alors les soldats allemands, à qui ces deux prisonniers paraissaient suspects, imaginèrent une ruse dont l'effet, ils le pensaient du moins, devait être infaillible : ils les réveillèrent plusieurs fois en sursaut, en leur demandant vivement leurs noms, et ce qu'ils étaient venus faire à l'écluse de Friesenheim. Mais Valentin resta muet, et Auguste Stoss se borna à donner son nom, celui de son compagnon, et à dire qu'ils allaient tous deux à Obenheim.

Dès que le jour parut, ils se levèrent, se débarbouillèrent à la pompe de l'école, et furent conduits à l'auberge où se trouvaient les officiers. Le capitaine adjudant-major (*Rittmeister*), qui commandait le détachement, les interrogea. A ses questions : « Qui êtes-vous ? d'où venez-vous ? où allez-vous ? » Auguste Stoss répondit qu'il accompagnait son oncle, nouvellement arrivé d'Amérique et qui ne parlait que l'anglais, chez ses parents, lesquels habitaient à quatre kilomètres de là, le village d'Obenheim ; qu'il venait du collège de Schlestadt, et que le principal de ce collège lui avait permis d'aller passer deux jours dans sa famille en compagnie de son oncle. Quant à l'observation qui lui fut faite qu'il était interdit de voyager la nuit, Stoss répondit que son compagnon et lui ignoraient cette défense. En même temps, il remit au commandant des uhlans son certificat du collège de Schlestadt, et Valentin, toujours muet, exhiba le passeport qui le désignait sous le nom de J. Derwent, citoyen américain.

Cet interrogatoire, qui avait lieu devant l'auberge, ne tarda pas d'éveiller l'attention des habitants de Booftzheim. Ils vinrent voir de quoi il s'agissait. Le propriétaire de l'auberge, M. Maurer, et la plupart d'entre eux connaissaient Stoss et le déclarèrent. Le chef du détachement n'était cependant qu'à demi convaincu. Il savait, comme tous les officiers allemands qui se trouvaient aux avant-postes, la mission donnée à Valentin par le gouvernement de la République française, et il avait reçu l'ordre de redoubler de vigilance pour l'empêcher de pénétrer dans le territoire occupé. Après un moment de réflexion, il déclara à Stoss qu'il ne pouvait autoriser son compagnon et lui à continuer leur route, qu'il était nécessaire qu'ils obtinssent un laisser-passer du colonel (*Oberst*). Ce colonel était à Benfeld, chef-lieu du canton, petite ville de près de trois mille habitants, située sur l'Ill, le chemin de fer de Bâle à Strasbourg, la route impériale de Lyon à Strasbourg et la route départementale de Rhinau à Barr, qui précisément passait par Booftzheim.

Auguste Stoss, sur les indications de son compagnon, loua une voiture dans laquelle Valentin et lui prirent place. Le capitaine adjudant-major de Booftzheim les fit accompagner par une escorte d'une trentaine de uhlans, dont quelques-uns partirent en avant pour porter à Benfeld les pièces relatives à l'arrestation, et dont les autres entouraient la voiture ou la suivaient à quelque distance. On arriva ainsi à Benfeld, le 10 septembre, à dix heures du matin.

Le colonel, entouré de ses officiers, accueillit très poliment les deux prisonniers et les fit même asseoir. L'interrogatoire qu'il leur fit subir fut à peu près le même que celui auquel on les avait déjà soumis à Booftzheim. Il tenait surtout à s'assurer que le plus âgé des deux était bien Américain, comme il le prétendait. Il lui parla donc en anglais, et Valentin lui répondit dans cette langue avec la plus remarquable aisance. Il commença par lui montrer son passeport, puis il lui dit qu'il avait des parents à Strasbourg et qu'il voulait à tout prix savoir s'ils étaient vivants ou morts. Il montrait tant de calme et d'assurance, il parlait l'anglais avec tant de facilité et un si pur accent que le colonel crut ce qu'il lui disait. Cet officier lui fit observer qu'il ne pourrait s'avancer plus loin en Alsace à cause des opérations militaires dont cette région était le théâtre ; « mais, ajouta-t-il, si vous ne voulez pas rester ici et y attendre les événements, je vous donnerai un laisser-passer pour le grand-duché de Bade et l'Allemagne ».

Valentin accepta le laisser-passer, et la voiture qui l'avait amené repartit dans la direction de Rhinau. Un seul uhlan l'accompagnait. Il était chargé de faire connaître au capitaine adjudant-major de Booftzheim la décision prise, par le colonel de Benfeld, à l'égard des deux prisonniers. Valentin et son compagnon s'arrêtèrent à Booftzheim et y déjeunèrent. Tout en déjeunant, Valentin fit part à son compagnon de ses nouveaux projets. N'ayant pu réussir à pénétrer dans Strasbourg, il avait le dessein de se rendre en Belgique, et de passer de là en Angleterre, puis de retourner en Amérique. Il demandait à Stoss de l'accompagner, tout au moins jusqu'à la frontière belge, afin de lui servir d'interprète dans les pays allemands qu'ils avaient à traverser. Stoss accepta. Il avait trouvé, en revenant à Booftzheim, son père, qui y était accouru tout ému en apprenant que son fils avait été arrêté par les Allemands, et qui avait témoigné d'une grande joie à la nouvelle qu'il était rendu à la liberté. Il voulut l'emmener avec lui à Obenheim, mais Auguste Stoss lui déclara qu'il ne quitterait pas « son Américain » avant de l'avoir conduit à la frontière belge.

Le bonhomme retourna à Obenheim pour rassurer le reste de la famille, et la voiture conduisit Valentin et Auguste Stoss jusqu'au pont de bateaux qui venait d'être établi sur le Rhin, à Rhinau. Un uhlan les accompagna jusque-là et ne les quitta que lorsqu'il les vit engagés sur le pont.

CHAPITRE III

Arrivés sur la rive badoise, et désormais complètement libres, Valentin et son compagnon se dirigèrent sur le premier village badois, Kappel. Tout près de là, un peu à droite, se trouvait Ettenheim, où le duc d'Enghien avait été arrêté, en 1803, par ordre du premier consul Bonaparte. Ils visitèrent le château où avait habité le malheureux duc, puis, à cinq heures de l'après-midi, partirent pour Lahr, où ils descendirent à l'hôtel du « Bœuf rouge » et où ils résolurent de passer la nuit.

Un événement venait de se produire qui avait rendu un peu d'espoir à Valentin. Les délégués du

comité de secours formé en Suisse accomplis-
saient, à ce moment-là même, leur mission d'humanité à Strasbourg[1]. Ils avaient obtenu le libre
passage de convois de Strasbourgeois qui devaient passer par Lahr. Valentin aperçut en arrivant un de ses amis de 1848, M. Auguste Bircklé,
qui le reconnut également. Ils ne s'abordèrent
pas néanmoins. Le lendemain matin, dimanche
11 septembre, Valentin, qui voulait être libre,
conseilla à son guide de se promener dans la
ville et d'y faire divers achats. Puis il se dirigea
vers l'hôtel du « Soleil », où était descendu
M. Bircklé. L'entrevue fut émouvante. M. Bircklé
raconta à Valentin les péripéties du siège, lui
donna des détails sur la situation de Strasbourg,
lui dit que la forteresse, bien que bombardée de
jour et de nuit, pouvait tenir encore, mais ne lui
dissimula pas qu'il était presque impossible, à
l'heure actuelle, d'y entrer.

En quittant M. Bircklé, Valentin, sur ses indi-

---

1. Ces délégués, M. le docteur Römer, président de la commune de Zurich; M. O. de Buren, colonel fédéral, président de
la commune de Berne; M. G. Bischoff, secrétaire du canton de
Bâle-Ville, et M. Hans de Watenwyl, officier fédéral, étaient
partis, munis de l'autorisation du conseil fédéral suisse, pour
faire sortir de Strasbourg les vieillards, les femmes et les enfants.
Grâce à eux, environ deux mille personnes purent quitter la
ville.

cations, alla rendre visite à un habitant de la ville, qui avait pris part au mouvement républicain de 1848 en Allemagne, et qui, à ce titre, était considéré comme un homme sûr et de bon conseil. Mais, dès que ce dernier sut quel personnage il avait devant lui, il devint tout pâle et manifesta les signes de la plus vive terreur. Valentin comprit qu'il ne pourrait tirer de lui aucune indication et rentra à son hôtel. « Il avait, a écrit Auguste Stoss dans le « journal » de son voyage, l'air d'un homme extrêmement préoccupé et ne parlait presque pas. Je fus assez intrigué de cette attitude. »

A deux heures de l'après-midi, les deux voyageurs prirent à Lahr le train qui se dirigeait vers Bühl, Rastatt et Karlsruhe. Ils descendirent à Achern et y passèrent la nuit à l'hôtel de « la Couronne » (*Herzoghôtel*). Achern est une petite ville du grand-duché de Bade, située au pied des premiers contre-forts de la Forêt-Noire, presque en face de Strasbourg. De là on voyait distinctement la forteresse alsacienne entourée de flammes, et au-dessus de laquelle s'élevaient des nuages de fumée[1]. Le canon grondait sans inter-

---

1. Un correspondant d'Offemburg écrivait, le 31 août, au journal *la Badische Landeszeitung* : « La canonnade est si violente devant Strasbourg, que les vitres en tremblent ici. »

Le correspondant militaire du même journal lui adressait, à la

ruption. Sur le conseil de Valentin, Auguste Stoss se procura une carte de la région, et, le soir même, les deux voyageurs la consultèrent avec le plus grand soin. Valentin disait à son compagnon que les conversations qu'il avait eues à Lahr avec quelques réfugiés strasbourgeois lui avaient persuadé qu'il n'était pas impossible de pénétrer dans Strasbourg, qu'en conséquence il revenait à son premier projet. Il faisait entièrement nuit. Strasbourg paraissait enveloppé d'un cercle de feu. A la lueur des obus et des bombes, on se rendait compte que le principal effort de l'armée assiégeante venait de Kehl et de Schiltigheim, c'est-à-

date du 9 septembre, les renseignements suivants : « *Devant Strasbourg*. Vers minuit, un fort incendie en ville illumina les environs, et, à plusieurs lieues, on apercevait parfaitement la cathédrale. Nos batteries tiraient environ quatre coups par minute sur la forteresse. On expérimentait aujourd'hui deux mortiers monstres de 170 quintaux qui lancent des bombes de 2 quintaux, lesquelles avec leur mèche enflammée ressemblaient à des boules de feu; elles traversaient l'air en sifflant bruyamment, pour s'élever de 900 à 1000 pieds en décrivant une immense courbe, et éclataient quinze secondes après le tir; on les entendait parfaitement tomber et éclater à deux lieues de distance.

« Dans la matinée, la canonnade devint terrible; on comptait 21 coups à la minute. Environ 400 pièces tiraient sur la ville et la citadelle. Tous les jours notre tir obtient de meilleurs résultats, et il est remarquable par sa précision et sa force.

« Qu'on y songe, nous envoyons en moyenne 7000 projectiles chaque jour sur un emplacement relativement restreint qui brûle régulièrement toutes les nuits. »

dire des côtés est et nord de la ville. Valentin résolut donc de tenter le passage du côté du sud-est, à une petite distance de Kehl.

Les deux voyageurs partirent d'Achern le 12 septembre au matin, et se dirigèrent vers le village de Marlen, situé tout au bord du Rhin, un peu au sud de Kehl. Pour y arriver, ils traversèrent, tantôt en voiture, tantôt à pied, les villages de Bischoffsheim, de Linx, de Bodersweier, puis obliquèrent sur Willstett, en laissant Kork un peu à leur gauche, et arrivèrent enfin par Eckartsweier à Marlen. En face, de l'autre côté du Rhin, se trouvait le village français du Neuhoff, un peu plus loin, à droite, le polygone, puis le chemin de fer de Strasbourg à Kehl, et la citadelle.

Le village de Marlen était entouré de bois. Au bord du Rhin se trouvait une auberge isolée. Les deux voyageurs y entrèrent et s'y attablèrent. Stoss lia conversation avec l'aubergiste, lui dit que son compagnon et lui étaient des Strasbourgeois réfugiés dans le pays de Bade qui avaient besoin de rejoindre leurs familles à Strasbourg. Il conclut en lui proposant une récompense de cinquante francs s'il leur trouvait un batelier qui les porterait à l'autre bord du fleuve. L'aubergiste parut d'abord effrayé et objecta qu'on s'exposait à recevoir des balles des deux côtés. Puis, se ra-

visant, et paraissant alléché par la récompense,
il promit de faire ce qu'on lui demandait et ga-
rantit que l'entreprise serait couronnée de succès.
Le bourgmestre de Marlen, ajouta-t-il, était son
beau-frère et, en cas de besoin, il les aiderait dans
leur entreprise. La traversée devait être effectuée
à la tombée de la nuit.

Pour ne pas éveiller de soupçons, les deux
voyageurs sortirent de l'auberge et se promenè-
rent le long du Rhin. Mais à peine avaient-ils fait
quelques pas que l'aubergiste avertit son beau-
frère, le bourgmestre, lequel donna l'éveil au chef
du poste allemand établi au bord du Rhin. Au
moment où Valentin et son compagnon mettaient
le pied dans le bateau, une patrouille survint qui
les arrêta.

Le chef de la patrouille annonça aux deux prisonniers qu'ils allaient être conduits à Kehl, auprès du général qui commandait les troupes de
siège de ce côté. Comme ils étaient fatigués et
que Kehl se trouvait encore à quelque distance,
ils louèrent une voiture pour les y transporter.
Les fantassins badois y montèrent à leur suite et,
pendant le trajet, leur firent subir toutes sortes de
vexations. Les deux prisonniers persistant à garder le silence, ils se mirent à célébrer dans le plus
grossier langage la chute prochaine de la forteresse

alsacienne. Valentin ne laissa rien voir des sentiments qui l'agitaient. Son jeune compagnon ob-
serva la même réserve. Enfin, la voiture arriva à
Kehl. Il était plus de huit heures du soir. Le général et son état-major étaient établis à l'hôtel de
« la Poste ». Les deux prisonniers y furent conduits. C'était précisément à cet hôtel que Valentin,
proscrit de France, avait l'habitude de descendre
tous les ans avant l'amnistie de 1859, et c'était là
que ses amis de Strasbourg venaient le voir et
s'entretenir avec lui de leurs communes espérances. Il était donc bien connu du propriétaire
et des personnes de la maison. Heureusement
l'hôtel était rempli d'officiers, et les personnes
qui connaissaient Valentin se trouvaient occupées
dans d'autres salles. On mena aussitôt les deux
prisonniers au général, lequel fit à Valentin et à
son compagnon les mêmes questions qui leur
avaient déjà été adressées lors de leur première
arrestation : « Qui êtes-vous ? D'où venez-vous ?
Que veniez-vous faire ici ? Où vouliez-vous aller ?
Avez-vous des papiers sur vous ? » Valentin
exhiba le passeport qui lui avait été délivré par le
consul des États-Unis à Mulhouse et qui le désignait comme citoyen américain, ainsi que le laisser-passer du colonel des uhlans de Benfeld. Il
dit ensuite qu'il était le correspondant d'un grand

journal américain, qu'il avait été chargé par les propriétaires de ce journal de suivre les péripéties du siège de Strasbourg, et qu'il avait loué un bateau à l'aubergiste de Marlen pour se rendre compte, sur la rive gauche même, de l'état de la citadelle.

Le général de Kehl fut, comme l'avait été le colonel de Benfeld, convaincu que le voyageur qu'on lui avait amené était véritablement Américain.

« Vous ne pouvez rester ici, lui dit-il, les projectiles français tombent encore de temps à autre dans Kehl, et vous risqueriez votre vie en vous aventurant en dehors de Kehl, du côté de la citadelle. » Puis il mit cette mention sur le passeport de Valentin et les papiers de son guide : « *Haben sich so gleich als möglich aus dem Kreisen der Truppen zu begeben.* » Elle peut être traduite ainsi : « Ont à se retirer aussi promptement que possible du rayon d'opérations des troupes. » Et il ajouta, avec une nuance de menace : « Si vous êtes encore arrêtés dans les mêmes circonstances, on vous fera visiter la forteresse de Rastatt. »

Il n'y avait pas à insister. Bien qu'il fût neuf heures du soir, les deux voyageurs, rendus à la liberté, remontèrent dans la voiture qui les avait amenés de Marlen à Kehl et se firent conduire à

Willstett, en suivant la route qui passe par Neumühl et Kork, et qui aboutit à Offemburg. Leur
voiturier, qui pensait avoir bien gagné sa journée,
était presque complètement ivre. Valentin et Stoss
durent plus d'une fois s'emparer des rênes pour
éviter de culbuter avec cheval et voiture dans les
fossés de la route. Il était bien tard lorsqu'ils arrivèrent, mourant de faim, à Willstett, où ils descendirent à l'hôtel de « l'Aigle » (*Adler*), puis y
soupèrent et y passèrent la nuit.

CHAPITRE IV

Graves réflexions. — Valentin veut traverser le Rhin à la nage.
— Il se décide à franchir la ligne d'investissement du côté de
Schiltigheim. — Auguste Stoss fait l'acquisition de la carte
sur laquelle il a tracé l'itinéraire suivi par Valentin. — La vue
de Strasbourg bombardé et en flammes. — Les blasphèmes
des voyageurs badois. — Valentin à la Hub. — Il repart, le
14 septembre, pour Karlsruhe. — Le consul des États-Unis lui
refuse un passeport pour l'Alsace. — Désespoir de Valentin.
— Il prend la résolution d'aller à Wissembourg sans passeport. — La traversée du Rhin à Maximiliansau. — Entrevue
de Valentin et de M. Edouard Gauckler, maire de Wissembourg, frère de l'ingénieur de Colmar. — Valentin est reconnu
par MM. Edouard Gauckler et Bœll. — Valentin au cercle
de Wissembourg et à l'hôtel de « l'Ange ». — Le plan de
MM. Gauckler et Bœll. — M. Albert Lange s'offre à conduire
Valentin à Schiltigheim. — Les passeports aux noms de
MM. Bœll et Lange. — Valentin se sépare de l'agent des ponts
et chaussées Auguste Stoss.

Quoiqu'il fût accablé de fatigue, Valentin dor-
mit peu cette nuit-là. L'insuccès de cette nouvelle tentative lui inspirait de graves réflexions.
Désormais son passeport, qui l'avait tant servi
jusque-là, ne pouvait plus que le compromettre,
puisqu'il portait l'injonction de sortir du rayon
d'opérations de l'armée allemande. Il ne fallait pas
non plus songer à renouveler sur un autre point
de la région la tentative de Marlen, car son com-

pagnon et lui étaient connus des troupes échelon-
nées sur la rive droite en face de Strasbourg. Il
eut un instant l'idée de retourner au bord du Rhin
et de passer le fleuve à la nage. Mais ce projet
était impraticable et il dut y renoncer. C'est le seul
moment où le jeune Auguste Stoss, qui n'était
pas initié à son secret, trouva l'Américain, à qui il
servait de guide, nerveux et excessivement irri-
table.

Valentin, qui ne voulait à aucun prix abandonner
son projet, se décida alors à percer la ligne d'investissement par le nord, du côté de Schiltigheim.
Le 13 septembre au matin, toujours accompagné
du jeune Stoss, il quitta Willstett et se dirigea à
pied sur Offemburg, en passant par les villages
de Sand, Griefsheim, Bühl. A Offemburg, ils déjeunèrent à l'hôtel du « Bœuf ». Après le déjeuner, tandis que Valentin jetait un coup d'œil sur
les journaux qui se trouvaient à sa portée, Stoss
fit l'acquisition d'un plan de Strasbourg et de la
carte de la région Fribourg-Karlsruhe, celle précisément sur laquelle il a tracé plus tard l'itinéraire du voyage de Valentin. Ce dernier ne savait
pas encore comment il exécuterait le plan qu'il
avait conçu et qui consistait à forcer la ligne d'investissement du côté nord de la place, ni même
sur quel point il franchirait le Rhin. Il avait ouï-

dire, dans l'une des localités qu'il venait de traverser, que quelques réfugiés strasbourgeois, sortis de la ville à la suite de la démarche des délégués suisses, s'étaient rendus à la Hub, petite station de bains située à proximité de la ligne d'Offenburg à Karlsruhe. Peut-être trouverait-il parmi eux une personne de connaissance qui pourrait lui donner d'utiles renseignements, pour le passage du Rhin d'abord, ensuite pour le reste de son voyage. Il prit donc le train, le 13 septembre à deux heures, toujours accompagné du jeune Stoss.

Le temps était superbe. Mais, dans le lointain, le canon tonnait sans interruption, et, lorsqu'on jetait les yeux du côté de l'ouest, on apercevait la flamme des incendies allumés dans Strasbourg par les obus prussiens. A côté de Valentin et de Stoss, dans le même compartiment de chemin de fer, il y avait un officier allemand et des Badois qui poussaient des hourras à la vue de cette œuvre de dévastation et de mort. C'est en ayant sous les yeux ce terrible spectacle et en entendant ces odieux blasphèmes que Valentin, le cœur serré, traversa les gares de Windschlæg, Appenweier, Renchen, Achern, et arriva finalement à la gare d'Ottersweier, qui dessert la station de bains de la Hub. Le renseignement qu'il avait recueilli était inexact. Il n'y avait pas de réfugié strasbourgeois à la Hub. Valentin et son compagnon durent toutefois passer la nuit dans cette localité. Le lendemain, 14 septembre, après avoir pris un bain froid dans l'établissement, ils regagnèrent la gare d'Ottersweier et montèrent dans le train qui, par Buehl, Steinbach, où fut tué Turenne, Oos, embranchement de la petite ligne de Baden-Baden, Rastatt, la forteresse badoise, Ettlingen, devait les conduire à Karlsruhe, chef-lieu du grand-duché de Bade. Ils descendirent à l'hôtel du Jardin vert (*Grünenhof*), situé à côté de la gare de Karlsruhe, y soupèrent et y couchèrent.

Le lendemain, Valentin alla trouver le consul des États-Unis de Karlsruhe, auquel il se présenta comme un journaliste américain désireux de visiter les champs de bataille de la présente guerre, ceux de Wissembourg et de Wœrth, et à qui il demanda de lui délivrer un passeport pour l'Alsace. Le consul des États-Unis répondit qu'il regrettait infiniment de ne pouvoir accéder à sa demande, mais qu'il avait l'ordre formel de ne délivrer aucun passeport à destination de l'Alsace. Valentin rentra dans sa chambre d'hôtel très attristé. Il parcourait depuis six jours le Bas-Rhin et le grand-duché de Bade, et toutes ses tentatives pour approcher de Strasbourg avaient échoué les unes après les autres. Cependant le temps pressait. Les Allemands, dans leurs propos qu'il entendait à chaque instant, et les feuilles allemandes dans leurs récits, annonçaient que le siège de Strasbourg touchait à son terme, et que bientôt le général de Werder serait maître de la forteresse.

Valentin se rappela alors que l'ingénieur de Colmar, qui l'avait tant aidé au début de son voyage, avait à Wissembourg un frère, M. Édouard Gauckler, qui était tout à la fois notaire, maire de cette ville et membre du conseil général du Bas-Rhin. Sa résolution fut prise bien vite. Il irait à Wissembourg sans nouveau passeport. Valentin et Stoss prirent donc à Karlsruhe la ligne de chemin de fer qui conduit à Maximiliansau, au pont du Rhin. Les voyageurs qui sortaient du train devaient traverser le pont du Rhin à pied sous l'œil de la police allemande. Par mesure de prudence, Valentin se sépara de son compagnon; l'un et l'autre se mêlèrent aux groupes de voyageurs. Ce n'est que de l'autre côté du pont que le jeune homme rejoignit Valentin. Ils marchèrent côte à côte, avec l'allure de voyageurs que le hasard seul a mis en présence l'un de l'autre, jusqu'au train qui était formé sur la rive gauche du Rhin. Ils traversèrent Langenkandel, rejoignirent la ligne de Landau et arrivèrent ensuite sans encombre à Wissembourg. Ils venaient de décrire, dans leur voyage depuis Kehl, une courbe elliptique autour de Strasbourg, et se trouvaient à présent à cinquante-neuf kilomètres de la forteresse.

La ville de Wissembourg était occupée par un corps de trois mille Bavarois. Valentin recommanda à son jeune compagnon de se montrer très prudent dans ses discours et dans ses démarches. A l'hôtel de « l'Ange », où ils étaient descendus, ils évitèrent de se rencontrer à la table d'hôte avec les officiers allemands et prirent leurs repas à part.

Valentin se rendit sans plus tarder chez le maire, M. Édouard Gauckler. Ce dernier étant momentanément absent, il vit M. Gauckler le père, qui était alité à la suite d'une blessure reçue lors du bombardement de Wissembourg par l'armée allemande, le 4 août, et s'entretint quelques instants avec lui. Mis au courant de cette conversation par son père, dès son retour, M. Édouard Gauckler, avant d'aller voir le prétendu Américain qui lui était adressé par son frère l'ingénieur de Colmar, et cherchait les moyens d'entrer dans Strasbourg, se rendit chez un de ses amis, M. Bœll, avoué près le tribunal de première instance, et qui, plus tard, aux élections du 8 février 1871,

devint l'un des députés du Bas-Rhin à l'Assemblée de Bordeaux. Ils décidèrent d'aller ensemble
à l'hôtel de « l'Ange », et, dès qu'ils y furent arrivés, ils demandèrent à parler au voyageur américain. Celui-ci se présenta aussitôt. MM. Gauckler
et Bœll lui proposèrent de faire un tour de promenade avec eux, ce à quoi il consentit. « Nous
lui posâmes, a écrit M. Édouard Gauckler à l'auteur de ce récit, différentes questions. De ses réponses il résulta clairement que le voyageur que
nous avions devant nous était M. Valentin ; mais
son nom ne fut pas prononcé. »

La conviction était faite, en effet, dans l'esprit
du maire de Wissembourg et de M. Bœll. M. Gauckler avait vu Valentin à Strasbourg, en 1850, à
l'époque où il avait été élu représentant du Bas-
Rhin à l'Assemblée législative, et les traits du
prétendu Américain rappelaient ceux de l'ancien
sous-lieutenant de chasseurs. Quant à M. Bœll, il
avait été mêlé au mouvement républicain de la
fin de l'Empire. Ami de l'ancien représentant du
peuple Cassal, il avait suivi avec le plus vif intérêt
toutes les phases du différend qui s'était élevé
entre celui-ci et son ancien collègue de l'Assemblée législative, comme lui professeur à l'Académie royale militaire de Woolwich, Edmond
Valentin, différend qui s'était terminé par un duel ;

enfin il s'était rencontré par hasard, deux ou trois ans auparavant, à Bâle, avec le même Valentin, dont les traits étaient restés dans sa mémoire. Or, le voyageur américain descendu à l'hôtel de « l'Ange », et qui voulait à tout prix pénétrer dans Strasbourg, ressemblait à s'y méprendre à ce Valentin qu'il avait aperçu à Bâle, et à qui le gouvernement de la Défense nationale, en le nommant préfet du Bas-Rhin, avait donné la mission périlleuse d'entrer dans la forteresse.

M. Gauckler et M. Bœll ne purent pas d'ailleurs immédiatement échanger leurs impressions au sujet du prétendu Américain. Ils le conduisirent au cercle de la ville, où l'on ne recevait pas d'Allemands, et le mirent en rapport avec quelques-unes des personnes présentes, notamment avec M. Bardy, président du tribunal civil de Wissembourg, et ancien représentant du Haut-Rhin à l'Assemblée constituante de 1848. Bientôt après, Valentin et Stoss rentrèrent à l'hôtel de l'Ange pour y souper, puis regagnèrent leur chambre et se mirent au lit. Ils s'étaient déjà couchés lorsqu'on frappa à la porte de la chambre. Le jeune Stoss s'imagina qu'on venait les arrêter pour la troisième fois. Mais à peine la porte eut-elle été ouverte que Valentin se trouva en présence de M. Gauckler et de M. Bœll. Ce dernier lui dit, de

manière à être entendu également de Stoss :
« Soyez rassuré à présent ; nous avons trouvé
une solution. Dormez tranquille, et soyez chez
M. Gauckler demain, à huit heures du matin. »

Le lendemain, 16 septembre, les deux voyageurs furent debout dès les premières lueurs du
jour. A huit heures précises, ils étaient rendus au
domicile de M. Gauckler. Voici le plan qu'avait
imaginé le neveu de M. Bœll, M. Albert Lange,
âgé alors de vingt-huit ans, et licencié ès lettres.
M. Albert Lange était le fils d'un pasteur protes-
tant de Schiltigheim, décédé depuis quelques années. Il connaissait très bien cette localité où
s'était écoulée sa jeunesse et où vivaient les nombreux amis de son père. Dès le premier moment,
il s'était mis à la disposition de son oncle et de
M. Gauckler pour servir de guide au voyageur
américain qui n'avait pas dit son vrai nom, mais
que M. Bœll et le maire de Wissembourg sa-
vaient être Valentin, le préfet de la République.
Le 16 au matin, M. Bœll s'était donc rendu, avec
son neveu, chez le « commandant des étapes » et
lui avait demandé, pour lui et pour M. Lange,
deux passeports qui devaient leur permettre
d'aller prendre soin de leurs affaires de famille à
Schiltigheim. Les passeports furent délivrés sans
trop de difficultés. M. Lange garda le sien, et

celui de M. Bœll fut remis à Valentin. Quant à M. Bœll, il resta enfermé chez lui pendant les deux jours qui suivirent, pour laisser croire à la police allemande qu'il était bien réellement parti en voyage.

Valentin se sépara alors du courageux agent des ponts et chaussées qui lui servait de compagnon de route depuis Colmar, qui avait partagé ses fatigues et ses périls, et qui, en ce moment encore, était persuadé qu'il avait accompagné un Américain. Il lui mit dans la main une pièce d'or de cent francs, et, après l'avoir remercié du concours qu'il lui avait prêté, il ajouta : « Jeune homme, je suis content de vous ; travaillez bien, et vous arriverez. Lorsque je verrai de nouveau votre ingénieur, je vous recommanderai à lui, et si plus tard vous avez besoin d'un appui, vous pourrez vous adresser à moi. »

CHAPITRE V

Une voiture attendait tout attelée sur la route
de Haguenau. M. Lange était parti en avant.
M. Gauckler et Valentin le suivirent à quelque
distance. Tout à coup, ces deux derniers se trouvèrent en présence d'un ancien collègue de Valentin, M. Westercamp, comme lui l'un des représentants du Bas-Rhin à l'Assemblée législative
de 1849. Ils ne s'étaient pas vus depuis longtemps ; néanmoins ils se reconnurent tout de
suite. M. Westercamp, au comble de l'émotion,
laissa tomber les bras en prononçant ces simples
mots : « Monsieur Valentin ! » Le préfet de la
République, après lui avoir jeté un coup d'œil
dont il comprit la signification, alla à lui, et ils se

séparèrent après avoir tout simplement échangé quelques paroles affectueuses. C'était la première fois que le nom de Valentin avait été prononcé devant eux depuis que le préfet du Bas-Rhin s'était mis en relation avec le maire de Wissembourg.

Il était près de dix heures du matin. Valentin et M. Albert Lange prirent congé de M. Edouard Gauckler et montèrent dans la voiture. Ils suivirent la route qui, par Soultz, se dirige sur Haguenau. Ils eurent soin de contourner cette dernière ville, où le gouverneur général allemand de l'Alsace-Lorraine, M. de Bismarck-Bohlen, avait établi sa résidence, et où ils auraient pu être remarqués, et se dirigèrent sur Bischwiller. Valentin savait que son secret était connu de M. Lange comme il l'avait été de MM. Édouard Gauckler et Bœll. Pendant le trajet, il raconta à son nouveau compagnon les incidents qui avaient marqué son voyage depuis son départ de Mulhouse jusqu'à ce jour.

A leur arrivée à Bischwiller, ils quittèrent leur cocher. M. Albert Lange connaissait plusieurs personnes dans cette ville. Il fit descendre Valentin à l'hôtel du « Bœuf rouge », où ils résolurent de passer la nuit. Valentin resta confiné dans sa chambre, pendant que M. Albert Lange allait visiter les amis de sa famille. L'un

d'eux, M. Adrien Heimpel, filateur à Bischwiller,
se mit aussitôt à sa disposition. Il avait épousé la
sœur de M. Gustave Ehrhardt, brasseur à Schiltigheim, et Mme Gustave Ehrhardt, la femme de
son beau-frère, habitait depuis quelques jours chez
lui avec ses enfants. Elle était la fille d'un vieux
républicain, M. Louis-Guillaume Hatt, ancien
brasseur et ancien commandant du 3e bataillon
de la garde nationale de Strasbourg en 1848.
M. Adrien Heimpel, qui connaissait le patriotisme
et l'énergie de la jeune femme, lui confia le secret qu'il tenait lui-même de M. Albert Lange :
« M. Valentin, le préfet de la République, lui
dit-il, après avoir fait plusieurs tentatives infructueuses pour pénétrer dans Strasbourg, est arrivé
à Bischwiller où il se tient caché. Il est en compagnie de M. Albert Lange, un de nos amis. Nous
avons pensé que vous n'hésiteriez pas à lui prêter
votre voiture qui est ici, et à l'accompagner vous-
même jusqu'à Schiltigheim. Je ferai, moi, l'office
de cocher. » Mme Gustave Ehrhardt « n'essaya
point de se dérober à ce qu'elle considérait comme
un honneur autant qu'un devoir[1] », mais elle

---

1. Ce sont les expressions dont s'est servie Mme Gustave Ehrhardt dans une lettre qu'elle m'a fait l'honneur de m'écrire et
où elle donne le récit du voyage de Valentin depuis Bischwiller
jusqu'à Schiltigheim.

voulut garder pour elle seule la responsabilité de l'acte qu'elle allait accomplir, et il fut bien entendu que son mari, M. Gustave Ehrhardt, et ses frères, qui se trouvaient à Schiltigheim au milieu de l'armée assiégeante, ignoreraient le nom et la qualité de l'hôte qu'elle allait leur amener. Pour eux, Valentin devait être simplement M. Bœll, l'oncle de M. Albert Lange.

Le lendemain, 17 septembre, un peu après huit heures du matin, la voiture de Mme Ehrhardt s'arrêta devant l'hôtel du « Bœuf rouge ». Valentin et M. Albert Lange en sortirent et montèrent aussitôt dans la voiture. M. Adrien Heimpel et M. Albert Lange s'assirent sur le devant ; Mme Gustave Ehrhardt et Valentin prirent place sous la capote. Les officiers allemands qui se promenaient devant l'hôtel ne se doutèrent pas que la voiture qui s'éloignait portait le préfet de la République. Les quatre voyageurs suivirent la route qui, par Hœrdt, Reichstett, Hœnheim et Bischheim mène à Schiltigheim. Dès qu'ils furent en pleine campagne, Valentin, relevant la manche de sa chemise de flanelle, montra à Mme Gustave Ehrhardt l'ampliation, cousue à l'intérieur par Mme Faudel, du décret qui le nommait préfet du Bas-Rhin : « Je vous montre cette pièce, dit-il en souriant, afin que vous n'ayez, Madame, aucun doute sur mon identité. » Puis la conversation continua, très gaie de part et d'autre. Valentin raconta à Mme Gustave Ehrhardt son voyage et comment, par l'entremise de M. Bœll et de M. Albert Lange, il avait eu la possession d'un passeport rédigé au nom de l'avoué de Wissembourg.

Une première fois ils furent arrêtés à Reichstett. Pendant que M. Adrien Heimpel se rendait à la mairie afin de faire viser les passeports par l'autorité militaire allemande, la voiture où étaient restés Valentin, Mme Gustave Ehrhardt et M. Albert Lange fut l'objet de l'attention de deux officiers. Mais ils s'occupèrent moins des voyageurs qu'elle contenait que du beau cheval percheron qui y était attelé. Tandis que Valentin, par prudence, se dissimulait de son mieux au fond de la capote, et que M. Albert Lange jouait à l'indifférent sur son siège, les deux officiers examinaient l'animal sous toutes ses faces. Ils échangeaient leurs impressions à haute voix, et parlaient même de réquisitionner la superbe bête pour leur usage particulier. Heureusement M. Heimpel revint sur ces entrefaites avec ses papiers en règle, et la voiture repartit avant que les deux officiers se fussent mis d'accord sur ce qu'il convenait de faire du cheval.

Les quatre voyageurs furent de nouveau arrêtés à Hœnheim, où étaient établis les premiers travaux d'approche de l'armée qui assiégeait Strasbourg. Mais la jeune femme, qui était douée d'autant de présence d'esprit que de courage, répondit à toutes les questions avec tant de calme et d'à-propos, qu'après avoir examiné leurs papiers, on les autorisa à achever leur voyage. Ils arrivèrent à Schiltigheim vers onze heures du matin.

CHAPITRE VI

Schiltigheim est un grand village, distant de
deux kilomètres à peine de Strasbourg, et situé
sur une colline d'où l'on domine la ville. La route

de Strasbourg à Lauterbourg le traverse. C'est à Schiltigheim que, selon les historiens de l'Alsace, l'empereur Julien défit les Germains en l'an 357 de notre ère. C'est de Schiltigheim encore qu'au moment où nous sommes, partaient les parallèles qui enserraient la forteresse du côté du nord. Des barricades se dressaient dans les principales rues de ce village naguère si paisible. Les obus de la place y avaient allumé de nombreux incendies et tué un certain nombre d'habitants. Pour se garantir contre les sorties de la garnison, les Allemands avaient construit un épaulement du côté du sud, et mis les maisons en état de défense [1].

La voiture qui conduisait Valentin, M. Albert Lange, M. Adrien Heimpel et Mme Gustave Ehrhardt s'arrêta devant la maison de la vaillante

---

1. *La Guerre franco-allemande de 1870-71*, rédigée par la section historique du grand État-major prussien, sous la direction du feld-maréchal de Moltke, traduction Costa de Serda, de l'état-major français, Berlin et Paris. 5 vol. in-8°. — 1re partie, 2e vol., p. 1258 et 1271.

Le même ouvrage donne la description suivante de la partie de Schiltigheim la plus rapprochée de la forteresse : « L'extrémité sud de Schiltigheim est à portée de fusil des remparts; les maisons en étaient généralement d'une construction peu solide, les clôtures le plus souvent en bois. En avant de la lisière sud du village, on ne trouvait plus que les caves de quelques grandes brasseries. » (P. 1258.)

femme, qui était située au commencement du village, du côté de Bischheim. Mme Gustave Ehrhardt présenta à son mari les deux voyageurs qu'il ne connaissait pas : M. Bœll (c'était Valentin) et son neveu, M. Albert Lange. M. Gustave Ehrhardt voulut les garder à dîner [1], mais ils s'excusèrent en disant qu'ils avaient une pressante affaire de famille à traiter chez le notaire, M. Lædlein, qui demeurait à deux ou trois cents mètres de là, au milieu du village, et partirent à pied dans cette direction. Mme Gustave Ehrhardt, comme bien l'on pense, n'avait pas essayé de les retenir; mais son mari, qui n'était et ne devait être au courant de rien, ne s'expliquait pas pourquoi sa femme avait montré si peu d'empressement, et lui adressa à ce sujet des reproches qu'elle accepta d'ailleurs avec la plus grande philosophie.

Après avoir vu M. Lædlein, Valentin et M. Albert Lange rencontrèrent dans la rue un brasseur ami de la famille Lange, M. Philippe Rosenstiehl, qui fit au préfet de la République un accueil très cordial, et l'assura de tout son concours, en ajoutant que, s'il le fallait, il lui donnerait asile dans ses caves, qui formaient un véritable laby-

---

1. En Alsace, le dîner a lieu à midi, et le souper entre sept et huit heures du soir.

rinthe, et où les Allemands ne pourraient jamais le découvrir. Après l'avoir remercié, Valentin, guidé par M. Albert Lange et M. Lædlein, se rendit à l'estaminet Müller, où il fut mis en relations avec le beau-père du propriétaire, M. Fruhinsholz. Son fils, M. Adolphe Fruhinsholz, avait la direction de cet établissement en l'absence de son beau-frère M. Müller.

C'est à l'estaminet Müller que le général de Werder et son état-major prenaient habituellement leurs repas. Loin de s'alarmer de ce voisinage, Valentin s'en réjouit, pensant avec raison qu'au cas où sa présence serait signalée à Schiltigheim, personne ne s'aviserait de le chercher dans la maison où le commandant en chef des troupes de siège passait une partie de ses journées. Après qu'ils eurent dîné à l'estaminet même, M. Lange fit observer à Valentin que sa longue chevelure noire et bouclée et le costume qu'il portait pourraient attirer l'attention des officiers allemands et le faire découvrir. Sans plus tarder, le jeune licencié ès lettres, s'armant d'une paire de ciseaux, fit tomber les cheveux du préfet de la République, puis le revêtit d'une blouse de garçon brasseur et le coiffa d'une casquette de soie.

A la tombée de la nuit, M. Albert Lange prit congé de Valentin. Le soir même, il repartit

pour Bischwiller avec Mme Gustave Ehrhardt et
M. Adrien Heimpel[1]. On avait persuadé à M. Gustave Ehrhardt que l'oncle de M. Albert Lange, le
soi-disant M. Bœll, était resté à Schiltigheim pour
terminer ses affaires avec le notaire, M. Lædlein.
Il n'apprit que plus tard l'acte courageux de sa
femme et les dangers qu'elle avait courus. Quant
aux trois voyageurs, ils se demandèrent avec
anxiété, pendant le trajet de Schiltigheim à Bischwiller, quel serait le dénoûment de l'odyssée de
Valentin. M. Albert Lange quitta Bischwiller le
lendemain, 18 septembre, et arriva le même jour
à Wissembourg[2], où il fit à son oncle, M. Bœll,
et à M. Édouard Gauckler le récit de son
voyage[3].

---

1. Le *Journal officiel* du 16 janvier 1881 contient un décret,
en date du 12 janvier, par lequel, sur la proposition du grand
chancelier de la Légion d'honneur, est nommé chevalier de l'ordre
national de la Légion d'honneur : M. Heimpel (Adrien), négociant ;
services exceptionnels à la défense de Strasbourg.

2. M. Albert Lange, qui a fait preuve, dans ces circonstances,
de beaucoup de courage et d'une grande présence d'esprit, est
aujourd'hui maître de conférences à la Sorbonne. Il a été, sur la
proposition de M. Gréard, vice-recteur de l'Académie de Paris,
nommé chevalier de la Légion d'honneur par un décret en date
du 30 juillet 1894, publié dans le *Journal officiel* du 2 août suivant, et ainsi motivé : « M. Lange (Albert), professeur d'allemand
au lycée Louis-le-Grand, maître de conférences à la Sorbonne ;
23 ans de services. *Brillante conduite pendant la guerre de 1870.*»

3. Après la capitulation de Strasbourg et l'arrestation de Va-

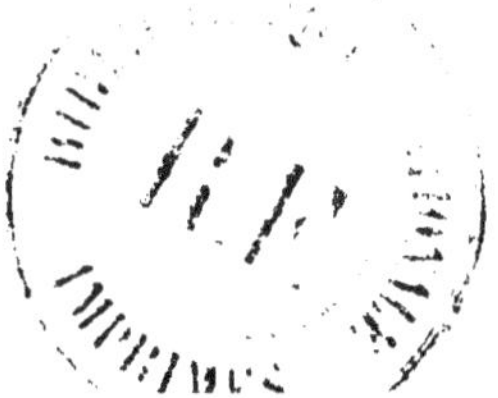

Lorsqu'il apprit le nom du voyageur qui avait pris son repas à l'estaminet Müller, M. Fruhinsholz le père, qui était un vieillard de soixante-huit ans, manifesta une vive émotion et conseilla au préfet de la République de chercher ailleurs un asile plus sûr. Valentin, qui craignait d'exposer de bons Français aux vengeances de l'ennemi, songea alors à tenter le passage du côté de la montagne, à Eckbolsheim. Il sortit dans cette pensée de l'estaminet, mais le fils du vieillard, M. Adolphe Fruhinsholz, qui l'avait rejoint, lui persuada d'abandonner ce projet et de revenir à la maison de son beau-frère dès que la nuit serait venue. Valentin y revint en effet. M. Adolphe Fruhinsholz, à l'insu de son père, alla le chercher, le guida dans les ténèbres et l'installa dans sa chambre à coucher, située au premier étage de la maison, et où personne d'autre que lui ne pénétrait, car toute la famille logeait alors dans la cave voûtée de l'établissement.

C'est dans cette chambre que Valentin passa

----

lentin, les Allemands s'étant emparés du « journal » du préfet de la République, firent une enquête à l'effet de rechercher les personnes dont les noms figuraient dans cet écrit et qu'ils soupçonnaient d'avoir prêté leur concours à Valentin. MM. Édouard Gauckler, Bœll, Albert Lange et Heimpel furent interrogés. Mme Gustave Ehrhardt ne fut pas inquiétée.

deux jours et deux nuits, séparé à peine par un mince plancher de la salle où les officiers prussiens prenaient leurs repas. Il lui arriva d'entendre le général en chef de Werder demander d'une voix impérieuse si l'on n'avait pas remarqué la présence d'étrangers dans le village.

M. Adolphe Fruhinsholz[1] venait en cachette apporter sa nourriture à Valentin et même prendre ses repas avec lui. Lorsque le préfet de la République se montrait plus sombre que d'habitude, M. Adolphe Fruhinsholz montait une bouteille de pomard qu'ils buvaient ensemble et qui avait le don de dérider Valentin[2]. Le courageux et dévoué jeune homme répétait à Valentin qu'il fallait prendre patience encore, l'assurant que, de son

---

1. Valentin ignorait à ce moment que M. Adolphe Fruhinsholz était marié et père de deux enfants.

2. Valentin avait conservé le souvenir de cette attention de son hôte. Quelques jours après, lorsqu'il écrivit son « journal » à Strasbourg, le nom de Pomard se trouva une ou deux fois sous sa plume. Après la capitulation de Strasbourg et l'arrestation de Valentin, les Allemands s'emparèrent de ce « journal ». Le gouverneur général de l'Alsace-Lorraine, M. de Bismarck-Bohlen, le général en chef de Werder et leur entourage se donnèrent une peine infinie pour découvrir, à Schiltigheim, ce M. Pomard qui avait facilité à Valentin l'entrée de la forteresse. Le préfet de la République, qu'ils interrogèrent, s'amusa beaucoup de leur méprise. Ce Pomard, en effet, n'était point un nom d'homme, mais celui d'un cru célèbre.

côté, il cherchait les moyens de lui faciliter l'accès de la forteresse. Il le menait au grenier, d'où l'on jouissait d'une vue très étendue et qui, par cela même, avait déjà été visité par les obus de la place. A l'aide d'une longue-vue, et en prenant d'ailleurs les plus grandes précautions pour n'être point aperçus, ils examinaient les environs. Deux batteries, distantes l'une de l'autre de trois cents mètres à peu près, étaient installées, l'une à la hauteur de la brasserie Schützenberger, l'autre au bâtiment appelé la ferme Voltaire, qui avait été incendié[1]. Elles étaient reliées par une parallèle, où s'abritaient de nombreux soldats allemands. Non loin de la parallèle, et orientés dans la même direction, on voyait la propriété de M. Turban et le jardin de la propriété de M. Emmerich, qui occupaient le penchant de la colline et s'avançaient vers les deux batteries allemandes. M. Adolphe Fruhinsholz interrogea le jardinier de M. Emmerich, nommé Joseph Lorentz, et apprit de lui que tous les jours, après huit heures du soir, les soldats quittaient la parallèle pour aller chercher une ration de café aux batteries. Tout près de la tranchée, du côté de Schiltigheim,

---

1. Voltaire avait fait un assez long séjour dans cette maison, en 1753, à son retour de Prusse.

on voyait une haie de jardin assez épaisse ; au delà, vers Strasbourg, un champ de pommes de terre, puis un champ de maïs ; plus loin, à environ sept cents mètres de distance, les glacis de la place. A droite de cette plaine, la petite route de Schiltigheim à Strasbourg. A gauche, la courbe de l'Aar, qui forme l'île appelée Wacken, à la pointe de laquelle, faisant face à Schiltigheim, s'élèvent la tannerie de M. Herrenschmidt et une fabrique de cuirs. Dans le fond, vers le Contades, un autre bras de l'Aar, qui reçoit une ancienne dérivation de la Bruche servant de déversoir aux fossés de la face nord-ouest de la place, et forme avec elle l'île Jars ; en face, enfin, la lunette 56, qui protège le Contades et la ville [1].

La résolution de Valentin fut prise aussitôt que M. Adolphe Fruhinsholz lui eut transmis le renseignement du jardinier Lorentz. Il profiterait du court moment où la parallèle était abandonnée pour passer en cet endroit. M. Adolphe Fruhinsholz lui donnait pour guide un homme courageux et sûr, le chauffeur de son établissement, attaché à la maison depuis de longues années, et qui se nommait Kohler. Il avait dit à Kohler qu'un de ses amis, dont le fils faisait partie de la

---

1. *La Guerre franco-allemande,* 1re partie, 2e vol., p. 1259.

garnison de Strasbourg, venait d'apprendre que
cet enfant était blessé ou mort, et qu'il voulait,
malgré les dangers d'une telle entreprise, pénétrer dans la forteresse pour s'assurer de la vérité
par lui-même. M. Adolphe Fruhinsholz avait ajouté
que Kohler lui rendrait, à lui aussi, un grand service en consentant à servir de guide à son ami.
Le chauffeur, bien qu'il fût père de famille, avait
immédiatement accepté.

Le 19 septembre, après huit heures du soir,
Valentin sort de l'estaminet Müller. M. Adolphe
Fruhinsholz l'accompagne à une certaine distance,
puis, pour ne pas attirer l'attention des Allemands, se sépare de lui. En le quittant, le préfet
de la République lui donne une poignée de main
et lui dit : « Adieu, ou plutôt au revoir, dans des
jours meilleurs [1]. » Accompagné du chauffeur

---

1. M. Adolphe Fruhinsholz, resté en Alsace après la guerre,
dirigeait à Schiltigheim une importante industrie de tonnellerie
mécanique. Le 6 juillet 1885, à la distribution des récompenses
d'une exposition de produits industriels, il fut décoré. Déjà la
maison dont il était le chef avait obtenu vingt-cinq premiers prix
à des expositions précédentes. M. de Freycinet, ministre des
affaires étrangères, en attachant sur la poitrine de M. Adolphe
Fruhinsholz la croix de la Légion d'honneur, lui adressa les paroles suivantes : « Aux yeux des Allemands vous êtes décoré
comme industriel ; mais, dans la pensée du gouvernement et de
tous vos amis, vous êtes décoré pour services signalés rendus

Kohler, Valentin traverse la propriété de M. Turban, à côté du jardin de M. Emmerich, et se glisse avec mille précautions jusqu'à la haie. Ils attendent le départ des soldats. Bientôt la lueur des pipes leur apprend que les soldats s'éloignent et que le passage est libre. Kohler passe promptement au cou de Valentin la gourde qui lui avait été donnée, à Colmar, par Mme Faudel et que M. Adolphe Fruhinsholz avait eu soin de remplir de bon kirsch. Puis les deux hommes s'avancent en rampant. Ils se glissent dans la parallèle, remontent ensuite du côté opposé, et, arrivés au haut de l'ouvrage, gagnent en courant le champ de pommes de terres dans lequel ils se jettent à plat ventre. Les glacis de la place sont encore à environ sept cents mètres !

Valentin et son guide restent d'abord blottis dans le champ ; puis, voyant qu'ils n'ont pas été remarqués, ils se mettent à ramper dans la direc-

---

pendant la guerre. » Une oreille indiscrète entendit peut-être ces paroles. Ce qui est certain, c'est que l'écho en arriva jusqu'à Strasbourg. Aussi, bien qu'on se fût abstenu de mentionner cette décoration au *Journal officiel*, M. Adolphe Fruhinsholz, dès le lendemain de son retour à Schiltigheim, fut-il mandé chez le commissaire de police. Ce fonctionnaire lui signifia la défense de porter la décoration française. M. Adolphe Fruhinsholz prit alors la résolution de transporter le siège de son industrie à Nancy, où il est établi depuis 1888.

tion de la place. Mais, bientôt, le mouvement des
tiges de pommes de terre et de maïs, agitées par
leur passage, attire l'attention des soldats allemands. De la batterie de la ferme Voltaire, les artilleurs, s'imaginant que la garnison de Strasbourg
tente une sortie, lancent des obus dans cette direction. La place répond. La mitraille passe au-
dessus de Valentin et de son guide, qui continuent
de ramper. Puis ce sont des feux de mousqueterie.
Le vacarme est assourdissant.

Peu à peu, cependant, le tir des Allemands dé-
vie. Il est dirigé maintenant vers la petite route
de Schiltigheim à Strasbourg. Valentin s'en aperçoit et oblique à gauche du côté du Contades.
Il continue à ramper dans cette direction. Il est
seul à présent. Kohler est retourné à Schiltigheim[1]. Ses mains et ses genoux sont meurtris;

---

1. Au moment de se séparer de Kohler, Valentin lui avait
glissé dans la main un billet de banque de cent francs. Ce billet
faillit amener la perte du chauffeur. Aperçu par les sentinelles
prussiennes comme il revenait vers Schiltigheim, il essuya, sans
être atteint, plusieurs coups de feu et fut arrêté sous l'inculpa-
tion d'espionnage. Les espions, on le sait, étaient fusillés sans
autre forme de procès. Conduit au poste, il y fut fouillé. Par
bonheur, les Prussiens négligèrent de déplier son mouchoir dans
lequel était caché le billet de banque. Kohler simula l'ivresse,
selon le conseil que lui avait donné au moment de partir
M. Adolphe Fruhinsholz. Les Prussiens le gardèrent en prison,
et le capitaine Erhardt, accompagné de six hommes, alla à

ses forces faiblissent. De temps en temps il s'arrête, pour reprendre haleine, et porte à sa bouche
la gourde de kirsch attachée à son cou.

Enfin, au bout de trois quarts d'heure, il arrive
à l'Aar. Il prend un instant de repos, puis se jette
à l'eau. Arrivé au bord opposé, il s'embourbe dans
la vase, s'embarrasse dans les roseaux, et, ne
pouvant se guider à cause des épaisses ténèbres
qui l'environnent, il est obligé de rebrousser chemin et de revenir à son point de départ. Il est

---

l'estaminet Müller interroger M. Adolphe Fruhinsholz et toutes
les personnes de la maison. On lui répondit que Kohler avait
soupé, comme d'habitude, à 8 heures du soir, puis s'était dirigé
vers les chantiers de la maison situés hors le village, dont il
avait la garde, et auprès desquels les Prussiens eux-mêmes avaient
saisi, quelques jours auparavant, plusieurs voleurs de bois; mais
qu'étant légèrement pris de boisson, il avait pu s'égarer dans la
campagne et être arrêté par les sentinelles. Le capitaine enquê-
teur se retira très ébranlé. Cependant Kohler ne fut pas mis en
liberté. Mais il avait pu glisser son billet de banque à un habitant de Schiltigheim, qu'on venait d'emprisonner pour avoir cir-
culé dans le village après l'heure fixée par les Prussiens pour le
couvre-feu, et qui devait être relâché le lendemain. Aussi, lorsque
les Prussiens fouillèrent de nouveau le chauffeur, plus minutieu-
sement que la première fois, ne trouvèrent-ils rien ni dans ses
vêtements, ni dans son mouchoir, ni sur lui-même. Après avoir
été transféré à Lampertheim, Kohler fut enfin mis en liberté,
après une détention de quatre jours, et retrouva sa famille qui
désespérait de le revoir vivant. A la demande de Valentin, le
gouvernement français lui a servi jusqu'à sa mort, survenue il y
a quelques années, une pension annuelle de 300 fr.

presque sans forces et a de la peine à reprendre ses esprits.

Cependant la canonnade s'est ralentie. Tout à coup, les nuages qui obscurcissaient le ciel se dissipent, et Valentin aperçoit, un peu plus haut, au delà de l'Aar, un endroit dégagé où il lui sera plus facile d'aborder. Il se jette de nouveau à la nage et se trouve bientôt au pied d'un ouvrage fortifié : la place d'armes du chemin couvert. Il appelle. Pas de réponse! L'ouvrage est abandonné. Il y monte. La place d'armes est labourée par les bombes et les obus. A chaque pas, des crevasses béantes dans lesquelles Valentin tombe et d'où il a de la peine à se retirer. Il se laisse glisser jusqu'au chemin couvert, tombe de nouveau et reste à moitié évanoui. Il se trouve au bord du fossé, large d'environ quatre-vingts mètres, qui couvre la lunette 56[1]. Il hèle la sentinelle;

---

1. Dans le récit du siège de Strasbourg, qu'il a publié dans la revue *le Correspondant,* du 25 décembre 1871, le capitaine de vaisseau Bergasse du Petit-Thouars, dit qu'à la date du 30 août « la lunette 56, dominée de toutes parts, prise en écharpe par deux batteries de position, armée seulement de pièces de 12 et de 4, fut complètement bouleversée chaque matin, et que bientôt il devint presque impossible de communiquer avec elle. » Il ajoute que, vers le 20 septembre, cette lunette « n'était plus qu'un amas de débris où il fallait creuser de plus en plus pour se couvrir. » (P. 999 et 1005.)

il appelle le poste pendant une bonne demi-heure.
Aucun soldat ne paraît. Personne ne répond. Il
est onze heures du soir. Valentin est mouillé jusqu'aux os. Ses dents claquent les unes contre les
autres. Il comprend que s'il attend plus longtemps, le froid paralysera entièrement ses mouvements. Il se jette à l'eau, traverse le fossé à la
nage, atteint le parapet de la lunette sur lequel
il se dresse brusquement en criant de toutes ses
forces : *France ! 6ᵉ chasseurs*[1] *!* Des coups de feu
retentissent. Il n'est pas atteint. Il répète son
cri : *France !* A six mètres à peine, il voit un
vieux zouave qui le couche en joue. Heureusement, le caporal Fauchard, du 78ᵉ régiment de
ligne, relève vivement l'arme du zouave en disant : « Ne tirez plus ; vous voyez bien qu'il est
seul[2] ! »

Valentin se livre aux soldats. Il leur dit qu'il a
une mission pour le général Uhrich et demande à
parler à l'officier de poste. Ce dernier, qui couchait dans un abri en planches tout près de là, se
fait attendre pendant près d'un quart d'heure. Il

---

1. Nom de son ancien bataillon de 1849.

2. Le monument élevé à la mémoire de Valentin au cimetière
du Montparnasse, à Paris, porte un bas-relief, qui le représente,
la gourde au côté, au moment où il se dresse hors de l'eau et où
les soldats français font feu sur lui.

arrive enfin ; c'était un capitaine du 87ᵉ régiment de ligne. D'un ton d'autorité, Valentin lui reproche de ne pas suffisamment se garder. « J'ai, dit-il, fait autant de bruit qu'une compagnie tout entière, et personne ne m'a entendu! » Le capitaine, étonné d'être interpellé de la sorte par un homme couvert d'eau et de boue, ne répond pas, mais fait conduire Valentin à un café du Contades où se trouve le contre-amiral Exelmans, chargé du commandement de la défense du front nord de la place. Ce dernier, qui dormait, est également long à paraître. Valentin lui dit qu'il a une mission pour le général Uhrich auprès duquel il demande à être conduit immédiatement. « Il est impossible d'entrer en ville à cette heure, répond l'amiral Exelmans ; les portes sont fermées et doivent rester fermées jusqu'au jour; elles ne seraient même pas ouvertes si l'ennemi nous attaquait ici. »

L'amiral Exelmans fait alors conduire Valentin au « Jardin Lips », autrefois lieu de réunion des Strasbourgeois, et à qui sa fosse aux ours, réduction de celle de Berne, avait donné une célébrité dans toute l'Alsace. Ce lieu de plaisir était dévasté et en ruines. Les obus y tombaient à chaque instant, abattant les branches d'arbres avec un bruit épouvantable. Quelques officiers sont couchés dans l'un des pavillons. Ils abandonnent une de leurs paillasses à l'inconnu, pendant que le domestique de M. Lips allume du feu et y fait sécher les habits de Valentin. Au jour, les officiers, avant de s'en aller, disent au prisonnier qu'ils ne peuvent le laisser seul dans la crainte qu'il ne cherche à s'enfuir. Avec une nuance d'ironie, Valentin leur répond : « J'ai couru tant de dangers pour entrer dans la place, que je n'ai, croyez-le bien, Messieurs, aucune envie d'en sortir. » Néanmoins, les officiers font venir quatre soldats qui, debout dans le pavillon, armes chargées, veillent sur le prisonnier.

A six heures du matin, un officier et les quatre soldats conduisent Valentin à la porte des Juifs. Les obus tombent tout autour d'eux. Valentin remarque que la porte est mal gardée. Les habitants, qui voient passer cet homme pâle, accablé de fatigue, les cheveux en désordre, les vêtements souillés de boue, conduit par des soldats, le prennent pour un espion, et des clameurs menaçantes l'accompagnent jusqu'au quartier général. Là il trouve un aide de camp, auquel il demande à voir le général Uhrich, et qui lui répond avec hauteur : « Le général n'est pas levé encore ! »

Au bout d'un temps assez long, le général

Uhrich fait dire qu'il est dans son cabinet et qu'on doit lui amener le prisonnier. Valentin se tourne alors vers le commandant de l'escorte : « Veuillez, lui dit-il, annoncer au général le préfet du Bas-Rhin. » L'officier le regarde avec stupéfaction. Ils se trouvent en face du général. Valentin ouvre ses habits et, de dessous sa poitrine, tire le numéro du *Journal officiel* du 6 septembre. Le général lit le décret qui nomme Valentin préfet du Bas-Rhin et déclare que le gouvernement s'en rapporte à son énergie et à son patriotisme pour aller occuper son poste. Aussitôt il lève son képi, et, saluant Valentin : « Monsieur, lui dit-il, je vois que le gouvernement a eu la main heureuse lorsqu'il vous a choisi pour son représentant[1]. » Puis il invite le préfet de la République à déjeuner

---

1. Cette scène a été plus d'une fois reproduite par le crayon et le pinceau. On voit, notamment, à l'hôtel de la place Beauveau, où se trouve le ministère de l'intérieur, et dans le cabinet du directeur du personnel de ce ministère, un tableau de M. Poilleux Saint-Ange, qui a figuré au salon de peinture de 1880. Il représente Valentin, debout devant le général Uhrich, et lui tendant l'ampliation du décret du gouvernement de la Défense nationale. En réalité, comme nous l'avons dit, Valentin n'a remis, à ce moment, au commandant de la place de Strasbourg que le numéro du *Journal officiel* qui contenait sa nomination. C'est quelques heures après, pendant le déjeuner, que, sur une demande du général, il a retiré de la manche de sa chemise l'ampliation du décret du 5 septembre. Voir, plus bas, page 116.

et, sans perdre de temps, l'installe à la Préfecture [1].

---

1. Voici en quels termes l'ouvrage de la section historique du grand état-major prussien, publié sous la direction du feld-maréchal de Moltke, rend compte de l'arrivée de Valentin à Strasbourg :

« ..... L'énergie défaillante des habitants se sentait ranimée par l'arrivée du préfet Valentin (**), nouvellement nommé par le gouvernement républicain, et qui entrait en fonctions en proclamant la résistance à outrance. »

Et, en note :

(**) « Le préfet de l'Empire avait quitté ses fonctions à la nouvelle de l'avènement de la République. Valentin, après d'infructueuses tentatives pour pénétrer dans Strasbourg par le sud ou par la rive badoise, y entrait, le 19, par le côté nord. Profitant du moment où les troupes allemandes recevaient leurs vivres, il escaladait la première parallèle, et traversait ensuite à la nage l'Aar et les fossés de la lunette 56, sous le feu des avant-postes des deux partis. » (*La Guerre franco-allemande de 1870-71*, 2e partie, 1er vol., p. 115.)

CHAPITRE VII

Valentin, dès son arrivée à la Préfecture, fit appeler M. le professeur Küss, que la commission municipale avait, à la nouvelle de la proclamation de la République, délégué aux fonctions de maire, et qu'il connaissait depuis 1848[1]. Il fit prévenir également M. Louis Durr et quelques autres amis. Il écrivit, en les attendant, sa proclamation aux habitants de Strasbourg[2].

1. Les élections municipales n'ayant pu avoir lieu par suite de l'état de guerre, un arrêté du préfet de l'Empire, M. le baron Pron, en date du 15 août, avait prorogé les pouvoirs de l'ancien conseil municipal. Plus tard, le préfet impérial, par un second arrêté, daté du 29 août, avait dissous le conseil municipal et chargé une commission municipale, composée de 47 membres, dont 26 anciens conseillers municipaux, de « gérer et de défendre les intérêts de la ville ». En même temps le maire, M. Humann, avait été maintenu en fonctions.

Le 14 septembre, à la nouvelle de la proclamation de la République, le maire et le préfet ayant donné leur démission, la commission municipale choisit, pour remplir les fonctions de maire, l'un de ses membres, M. le docteur Küss, professeur à la Faculté de médecine, ancien président du comité électoral républicain de 1849 dans le Bas-Rhin, et délégua un autre de ses membres, M. Charles Bœrsch, conseiller général, rédacteur en chef du *Courrier du Bas-Rhin*, à l'administration du département.

2. On trouvera aux *Pièces justificatives*, n° 18, le texte complet de ce document. Après avoir annoncé la déchéance de l'Empire, la proclamation de la République et la formation d'un gouvernement de la Défense nationale, Valentin ajoutait :

« Une des premières sollicitudes du nouveau gouvernement s'est portée vers la patriotique Alsace, vers sa vaillante capitale, et il s'est préoccupé de lui faire directement parvenir, ainsi qu'à son héroïque garnison, les remerciements émus de la France, de la population de Paris et du gouvernement de la République.

« Il a choisi pour cette mission un fils de votre noble cité au-

Bientôt arriva M. le professeur Küss. Il avait l'air soucieux, paraissait très gêné, et cette attitude ne laissa pas d'étonner beaucoup Valentin, qui s'attendait à un autre accueil de la part de son coreligionnaire politique de 1848. Naturellement, Valentin, qui arrivait avec l'idée de combattre jusqu'à la dernière cartouche, jusqu'au dernier morceau de pain, demanda des renseignements au nouveau maire. Celui-ci répondit que l'arrivée d'une armée de secours ne devant plus être espérée, la continuation d'une défense, désormais inutile, ne pouvait qu'attirer sur la ville des malheurs plus grands encore que ceux qu'elle avait déjà éprouvés. Valentin lui déclara très nettement qu'il était, quoi qu'il arrivât, résolu à user de tout son pouvoir pour prolonger la défense jusqu'aux plus extrêmes limites. M. le professeur Küss parla ensuite de la nomination de M. Mau-

---

quel, à une époque antérieure, vous aviez, par un vote presque unanime, donné le mandat de vous représenter à l'Assemblée nationale, et qui est resté invariablement fidèle au drapeau sous lequel vous l'aviez élu.

« Il vient au milieu de vous s'associer à vos périls, partager vos privations, et tous ensemble nous lutterons jusqu'à la dernière extrémité pour conserver à la glorieuse patrie française un de ses plus nobles et un de ses plus formidables boulevards.

« Confiance donc, bon espoir, et vive la République !

« *Le Préfet du Bas-Rhin,*

« *Signé :* Edmond VALENTIN. »

rice Engelhard en qualité de maire de Strasbourg. Cette nomination, qui fut, comme celle de Valentin, connue à Strasbourg lors de l'arrivée des délégués suisses, avait, disait M. Küss, été très mal accueillie par la commission municipale et par la population elle-même. Valentin donna une explication très simple, et qui paraissait de nature à couper court à toute récrimination ultérieure : M. Engelhard avait été nommé maire de Strasbourg, par le décret du 5 septembre, non point pour remplacer M. Küss, délégué aux fonctions de maire neuf jours après, mais le maire de l'Empire, M. Humann. M. Engelhard était à Schlestadt, où il exerçait par délégation les fonctions de préfet du Bas-Rhin, et, dès qu'il aurait connaissance du choix de la commission municipale, il serait sans doute le premier à demander au gouvernement de le ratifier[1].

---

1. Il en fut ainsi, en effet. M. Engelhard apprit tout à la fois, à Schlestadt, le 23 septembre, l'entrée de Valentin à Strasbourg et la désignation de M. Küss. Aussitôt il adressa aux délégués du gouvernement à Tours, la dépêche suivante, qui a été publiée dans les *Affiches de Schlestadt* du 27 septembre, et qui figure également dans les *Murailles d'Alsace-Lorraine*, p. 214 :

Le Préfet du Bas-Rhin aux délégués du gouvernement,
à Tours :

« Le gouvernement m'a nommé, le 5 septembre, maire de Strasbourg. Avant d'avoir pu pénétrer dans la ville, j'apprends

Valentin retourna ensuite à l'hôtel de la division militaire, où le général Uhrich l'attendait pour déjeuner. Au cours du repas, le général dit, tout à coup, au préfet : « Vous m'avez remis ce matin le *Journal officiel.* Mais n'avez-vous pas sur vous une autre pièce qui soit, pour moi, une preuve certaine de votre nomination? » Pour toute réponse, Valentin ouvrit, avec le couteau de table, la manche de sa chemise de flanelle, et en tira l'ampliation, écrite de la main même de Gambetta, du décret qui le nommait préfet du Bas-Rhin. Le commandant supérieur de Strasbourg ne put que s'incliner.

Il avait été convenu que ce même jour, dans l'après-midi, le général Uhrich présenterait à la commission municipale le préfet de la République. Au dernier moment, le général fit dire au préfet qu'une affaire importante l'empêchait de l'accompagner. Valentin partit donc tout seul pour l'hôtel du Commerce, situé place Gutenberg, où la commission municipale tenait alors ses séances. Les

---

que la commission municipale a désigné un maire, le 14 septembre.

« Respectant le choix de mes concitoyens, je crois devoir renoncer à ma mission, mais je resterai à mon poste, à Schlestadt, par délégation de mon ami Valentin, tant qu'il sera enfermé dans l'héroïque forteresse.

« *Signé :* Maurice ENGELHARD. »

membres de la commission se levèrent à son arrivée, mais gardèrent une attitude glaciale. En quelques paroles chaleureuses, Valentin leur dit quelle
avait été la pensée du gouvernement de la République lorsqu'il l'avait nommé préfet du Bas-Rhin
et chargé d'apporter à la population de cette cité
si éprouvée les vœux de la France. Il n'y avait pas
de secours à attendre du dehors, mais il fallait
néanmoins se défendre jusqu'à la dernière extrémité pour conserver à la France son boulevard de
l'Est. Venant d'un homme qui avait plusieurs fois
affronté la mort pour partager les souffrances et
les périls de ses concitoyens, cette courte harangue eût dû être accueillie par d'enthousiastes acclamations. Il n'en fut rien. Les membres de la
commission restèrent silencieux et glacés.

Valentin, très surpris de cette attitude étrange,
ne tarda pas à connaître le motif de la défiance
que lui témoignaient la commission municipale et
le général Uhrich lui-même. Ce n'était pas la
crainte d'un conflit possible au sujet de la nomination, par le gouvernement de la Défense nationale, d'un maire qui ne faisait pas partie de la
commission municipale et n'avait pas encore pu
entrer dans Strasbourg; c'était un motif d'une bien
autre gravité. Le 18 septembre, dans la soirée,
le général Uhrich, d'accord avec la commission

municipale, avait pris la résolution de capituler.
Il paraît même que, le 19, des drapeaux blancs
avaient été portés à la cathédrale pour être arbo-
rés, le 20 au matin, aux quatre tourelles. L'arrivée
de Valentin, dans la nuit du 19 au 20, n'avait pas
permis l'exécution de ce projet[1].

Valentin apprit, sur ces entrefaites, que, depuis

---

1. Ces faits ne sont pas contestables et ne sauraient être con-
testés. Pour ne pas allonger ce récit par des notes trop étendues,
nous avons analysé, dans la *Troisième partie* de ce volume, les
documents qui ont trait plus directement à la capitulation de
Strasbourg.

Nous avons établi, dans le chapitre I de cette troisième partie,
d'après les témoignages de l'un des délégués de la commission
municipale auprès du général Uhrich et du général lui-même,
que les pourparlers relatifs à la reddition de Strasbourg ont
commencé, dès le 16 septembre, entre la commission et le général et ont été poursuivis depuis, sans interruption, jusqu'au
27 septembre.

Dans le chapitre II, nous avons reproduit une lettre adressée
par Valentin au journal *la République française*, le 25 mai 1872,
à l'occasion de la publication de l'Avis motivé du conseil d'enquête relatif à la capitulation de Strasbourg, lettre dans laquelle
l'ancien préfet de la Défense nationale déclare que son « arrivée
dans la place, dans la nuit du 19 septembre 1870, *a fait retarder
de huit jours la reddition, qui avait été résolue pour le lendemain même* ». Une lettre de Strasbourg, publiée par le même
journal, dans son numéro du 27 mai 1872, et que nous reproduisons également, porte que l'on savait à Strasbourg que, « dans
la nuit du 18 au 19 septembre, la capitulation était chose convenue entre les autorités civiles et militaires », et que « c'est
uniquement la présence, l'énergie de M. Valentin qui ont retardé jusqu'au 28 la chute de Strasbourg ».

plusieurs jours déjà, on colportait en ville, sous les auspices de la commission municipale, une pétition demandant la reddition de la place. L'administrateur intérimaire du département, M. Charles Bœrsch, n'avait pris aucune mesure pour empêcher cette propagande. Valentin la fit immédiatement cesser. Par son ordre, le tambour de la garde nationale parcourut les rues de la ville et annonça à son de caisse que tout individu surpris à colporter la pétition serait conduit à la préfecture et fusillé sur l'heure par les douze soldats du corps de garde. Cette mesure énergique inspira une terreur salutaire aux agents du pétitionnement et rendit la confiance à la population qui, malgré les souffrances du siège, malgré le bombardement et les incendies, repoussait l'idée d'une capitulation[1].

---

1. Outre le témoignage très précis de Valentin, nous pouvons invoquer celui, non moins formel, du capitaine de vaisseau Bergasse du Petit-Thouars. Le général Uhrich, qui a été bien rarement en contact direct avec la population, et qui n'a jugé de ses sentiments que d'après ceux de la commission municipale, a écrit, dans une lettre publiée par le journal *la France* (édition de Tours), dans son numéro du 24 octobre 1870, en réponse à des accusations portées contre lui par le capitaine du génie Thilers : « La garnison et la population, dit encore M. le capitaine Thilers, ne songeaient pas à se rendre. Je suis convaincu que la garnison aurait combattu jusqu'à la mort, mais sans utilité pour personne. Quant à la population, elle était noblement et coura-

Valentin, qui tenait à se rendre compte exactement de la situation, assista deux fois aux séances du conseil de défense présidé par le général Uhrich. La seconde fois, une délégation de la commission municipale, composée du maire et de quatre autres membres, vint demander la reddition de la ville. Les délégués exposèrent que, pour ce qui les concernait personnellement, ils étaient tout prêts à endurer de nouvelles souffrances et à supporter de nouveaux sacrifices. Mais la misère d'une partie de la population leur fendait

---

geusement résignée; *cependant elle aspirait,* en grande majorité, *à la cessation de ses souffrances,* et ce sentiment était bien naturel, car ces souffrances étaient grandes. » Et le général continue en parlant des démarches faites auprès de lui par la commission municipale en vue d'une capitulation. Ainsi, le général Uhrich pensait qu'en cette circonstance, la commission municipale avait été l'organe de la population strasbourgeoise.

Il n'en était rien. Nous n'en voulons pour preuve que ce que dit le capitaine de vaisseau Bergasse du Petit-Thouars de ces mêmes Strasbourgeois. Après avoir parlé de l'attitude résolue de l'amiral Exelmans, le capitaine de vaisseau ajoute :

« *Aussi,* lorsque, après l'arrivée des Suisses, on sentit comme un affaissement, *y eut-il un mouvement parmi ces gens,* qui ne raisonnaient peut-être pas, *mais qui, eux, n'avaient qu'une pensée,* NE PAS SE RENDRE — *et je dois dire qu'il s'en trouvait beaucoup* — et à la fois de différents côtés, il nous revint qu'on voulait le mettre à la tête de la défense. » (*Le siège de Strasbourg,* août et septembre 1870, par B. du Petit-Thouars, dans la revue *le Correspondant,* du 25 décembre 1871, p. 1004.)

Dans le même récit (p. 997) le capitaine de vaisseau, parlant

le cœur. On voyait dans Strasbourg des gens qui avaient tout perdu par le bombardement, qui n'avaient pas d'endroit où reposer leur tête et qui étaient réduits à demander leur nourriture aux fourneaux économiques installés par l'administration municipale. C'est au nom de ces infortunés qu'ils parlaient. C'est eux qui, par leur bouche, demandaient au conseil de mettre un terme à une défense désormais inutile et qui amènerait, si elle se prolongeait, l'anéantissement de la cité tout entière[1].

____

des femmes de Strasbourg, dit que « lorsque revenant du Contades, il rentrait en ville le matin, maintes fois il en avait rencontré, la figure pâle et défaite, les traits amaigris, frissonnant de tous leurs membres à chaque détonation, qui lui disaient : « *N'est-ce pas, Monsieur, on ne se rendra pas?* »

Et, coïncidence bien curieuse, ce témoignage d'un officier français est confirmé en tous points par celui d'un officier autrichien. Le capitaine du génie Brunner, qui est entré dans Strasbourg avec l'armée allemande, déclare « qu'une reddition prématurée était « considérée *comme une honte* par l'ensemble de la population », et que, jusqu'à la dernière heure, les journaux ont « poussé à une résistance énergique. » (Voir, pour plus de détails, aux *Pièces justificatives*, n° 31, les extraits du *Siège de Strasbourg*, par B. du Petit-Thouars ; n° 32, les *Considérations sur la capitulation de Strasbourg*, du capitaine Moriz Brunner ; n° 27, *La Défense de Strasbourg, jugée par un républicain ;* enfin, n° 29, les dernières lignes du jugement exprimé par le général Thoumas sur la capitulation de Strasbourg.)

1. Voir, dans la troisième partie, chapitre I, § 5, le résumé du même discours donné par le général Uhrich. Nous reproduisons

Valentin, qui avait, sans mot dire, écouté cette
harangue, se leva indigné et, s'adressant aux délégués : « Ces hommes dont vous parlez ne vous
ont pas demandé de dire ce que vous venez de
dire au conseil de défense. Il ont tout perdu, cela
est vrai. Mais savez-vous ce qu'ils font ? Ils viennent me trouver, moi, le préfet de la République,
et ils me supplient de ne pas consentir à une
capitulation. Il vous est donc défendu d'invoquer
leurs souffrances, puisqu'ils les oublient eux-
mêmes. C'est vous seuls qui désirez la capitulation ! » Les délégués se retirèrent confus et mé-
contents[1].

également aux *Pièces justificatives*, n° 31, un passage du récit du
capitaine de vaisseau du Petit-Thouars, dans lequel cet officier,
s'étonnant que le général Uhrich eût introduit auprès du conseil
de défense une délégation de la commission municipale, ajoute
qu'en cette circonstance, comme toujours, l'amiral Exelmans
« se porta garant de l'attitude des troupes placées sous ses ordres, représenta vivement l'intérêt qu'il y avait, au point de vue
du salut du pays, à retenir le plus longtemps possible l'armée
du général de Werder avec sa formidable artillerie ».

1. Le général de Werder avait toujours espéré qu'une pression exercée par l'élément civil sur le général Uhrich hâterait le
moment de la capitulation. Le 21 août, il avait sommé, pour la
deuxième fois, le général français de capituler. « Afin, dit l'ouvrage du grand État-major prussien, de laisser le temps à la
population d'agir sur le gouverneur, le général de Werder prescrit, le 26 août, à 2 heures du matin, de suspendre le bombardement jusqu'à nouvel ordre. A 4 heures, l'ordre étant exécuté
sur toute la ligne, le général Uhrich est sommé de nouveau et

Cependant, le bombardement continuait, plus acharné que jamais. Les Allemands venaient d'apprendre que ce préfet de la République, dont ils s'étaient tant moqués lorsqu'ils avaient su que le gouvernement de la Défense nationale l'avait chargé d'aller à Strasbourg, était, malgré tous les obstacles, entré dans la forteresse. Ils s'en vengèrent à leur façon. Le 20 septembre au soir, leurs obus mirent le feu à la préfecture. Valentin dut se

---

par écrit de capituler. » (*La Guerre franco-allemande de 1870-1871*, 1re partie, 2e vol., p. 1292.)

Une dépêche du 27 août, adressée par le général Uhrich au général de Palikao, ministre de la guerre (elle est reproduite dans les *Papiers secrets et correspondance du second Empire*, Paris, Auguste Ghio, 1 vol. in-8°, p. 268, n° 19), ayant été interceptée par les Allemands, le général de Werder, après avoir communiqué au général Uhrich la nouvelle de la capitulation de Sedan, engagea avec lui, à la date du 3 septembre, de nouveaux pourparlers pour la capitulation de la place, lesquels furent encore repoussés. (*La Guerre franco-allemande*, p. 1296.)

Cette insistance du général de Werder s'explique par l'importance que les Allemands attachaient à la possession de Strasbourg, tant au point de vue stratégique qu'au point de vue politique. Cette importance est très clairement indiquée dans l'ouvrage du grand État-major allemand (2e partie, 1er vol., pp. 140-141. Voir la troisième partie, chapitre III, p. 173). « S'emparer de la ville au plus vite, avait télégraphié le maréchal de Moltke, devait être la considération capitale. » (*La Guerre franco-allemande*, 1re partie, 2e vol., p. 1284.) C'est pour les mêmes motifs que, plaçant l'intérêt de la patrie française au-dessus de toute autre considération, Valentin s'élevait contre la demande de la commission municipale et poussait à la résistance à outrance.

réfugier dans l'un des pavillons de l'hôtel. Toutes ses pensées étaient dirigées vers la défense. Il s'efforçait d'inspirer à la population l'ardeur patriotique qui l'animait. Sur ses conseils, un ferme républicain, M. Louis Durr, fonda le *Républicain de l'Est,* qui n'eut, il est vrai, que quelques numéros, mais qui ne cessa, jusqu'au dernier jour, de prêcher la résistance. Le jour, Valentin parcourait les quartiers les plus éprouvés par le bombardement. La nuit, à la lueur des incendies allumés par les bombes allemandes, il rédigeait et tenait au courant ce « journal » de son voyage, qui a été saisi sur lui après la capitulation, à Haguenau, par ordre de M. de Bismarck-Bohlen, et ne lui a été rendu que bien longtemps après la conclusion de la paix.

Le 27 septembre au matin, le préfet de la République reçut la visite du général Uhrich, qui lui dit : « Nous pourrons tenir jusqu'au 5 octobre, peut-être même jusqu'au 7. » Sur ces entrefaites, arriva un émissaire porteur de deux dépêches chiffrées, l'une pour le général, l'autre pour le préfet. Le général, qui garda la sienne pour lui seul, voulut savoir ce que contenait la dépêche adressée à Valentin. Il aida le préfet à la déchiffrer, et ne s'en alla qu'après qu'elle eut été traduite entièrement. Cette dépêche, d'ailleurs, ne présentait pas grand intérêt. Elle n'était que l'ampliation d'une dépêche déjà connue qui avait été expédiée de Schlestadt à Valentin par M. Maurice Engelhard[1].

Ce même jour, à quatre heures de l'après-midi, Valentin était tranquillement à la Préfecture lorsqu'on lui apprit que le drapeau blanc flottait à l'une des tourelles de la Cathédrale. Il court chez le général Uhrich, il lui rappelle avec véhémence les paroles qu'il a prononcées le matin même : « Nous pourrons tenir jusqu'au 5 octobre, peut-être même jusqu'au 7. » « Que voulez-vous ? lui répond le général. Les Allemands ont fait en seize heures autant de chemin que nous en eussions fait en temps de paix, au polygone, en seize jours[2] ! »

---

1. Les dépêches adressées de Schlestadt à Valentin étaient écrites en chiffres sur de minces bandes de papier pelure, généralement à trois exemplaires, remis chacun à un émissaire différent.

2. Le général Uhrich prétend, dans son ouvrage (p. 132), que le 27 septembre, à deux heures de l'après-midi, « la brèche du bastion 11 était praticable, *que l'assaut pouvait être donné le lendemain matin, le soir même ou dans deux heures :* que nous étions à la merci de l'ennemi. »

Or, dans la *Troisième partie*, chapitre III, p. 169, nous donnons l'extrait de l'Avis du conseil d'enquête portant : 1° que c'est le général Uhrich qui, le 27 septembre, « en opposition formelle avec le règlement », a fait au conseil de défense « la proposition

Parlant, en 1872, de ces faits si douloureux, Valentin me faisait remarquer qu'à l'heure même où Strasbourg capitulait, l'agent bonapartiste Régnier négociait à Metz avec Bazaine. Il était de toute évidence pour lui, — sa lettre du 25 mai 1872 à la *République française* le prouve, — que des motifs d'ordre politique avaient hâté le moment de la capitulation, et que la dynastie déchue avait, elle aussi, une responsabilité dans ce funeste événement.

Valentin insistait particulièrement sur ce point que le général Uhrich avait négligé de créer des moyens de défense. On aurait pu, disait-il, former environ deux régiments, rien qu'avec les anciens

----

d'entrer en négociations pour la reddition de la place ; » 2° qu'à la même date « les brèches faites aux bastions 11 et 12 *n'étaient pas praticables* ».

Nous donnons également un extrait de la *Guerre franco-allemande de 1870-1871*, ouvrage rédigé par le grand État-major prussien, et qui fait autorité. « A la vérité, y est-il dit, ces deux brèches étaient encore protégées contre un assaut immédiat par deux profonds fossés pleins d'eau ; mais il est à supposer néanmoins que *peu de jours* auraient suffi à l'assiégeant pour forcer l'entrée de la place. » Il résulte de ces deux documents, contrairement aux assertions du général Uhrich et des historiens qui se sont inspirés de son témoignage, que, le 27 septembre, Strasbourg pouvait tenir encore pendant plusieurs jours. — Voir encore la *Guerre franco-allemande de 1870-71*, 2° partie, t. I, p. 134, et la *Défense de Strasbourg*, par le capitaine Brunner, p. 18-19.

militaires qui se trouvaient dans Strasbourg. Il ajoutait qu'on n'avait pas su utiliser les grandes ressources dont on disposait; que, bien que l'arsenal eût été incendié, les Allemands, à leur entrée en ville, y trouvèrent encore beaucoup de canons, de fusils, et un matériel de toute sorte qui n'avait pas servi [1]. Il concluait très nettement

---

1. Dans la *Troisième partie,* chapitre IV, nous donnons, d'après le récit du *Journal de Genève,* d'après une lettre de Strasbourg, adressée, le 20 juillet 1871, au journal *le Républicain d'Indre-et-Loire,* et d'après l'ouvrage du grand État-major prussien, des indications très précises sur le matériel de guerre que les Allemands ont trouvé à Strasbourg après la capitulation. — On lira également aux *Pièces justificatives,* nos 10, 11, 12, les deux avis du maire de Strasbourg, du 14 et du 16 août, relatifs aux compagnies franches et aux francs-tireurs d'Alsace, et la proclamation aux habitants de Strasbourg, signée du général, du préfet et du maire, annonçant le bombardement; nos 28 et 32 des passages du livre du capitaine Bodenhorst sur la *Défense de Strasbourg par l'artillerie,* et les *Considérations sur la capitulation* du capitaine Brunner; puis, au n° 27, des extraits d'une brochure parue à Neuchâtel, en Suisse, sous ce titre : *La Défense de Strasbourg jugée par un républicain;* enfin, au n° 30, le jugement porté par le commandant Rousset sur la défense de Strasbourg. Comme l'auteur de la brochure, comme le capitaine Bodenhorst et le capitaine Brunner, le commandant Rousset critique le caractère passif de la défense et montre que, dans ces conditions, la place était vouée à une capitulation certaine. Pour justifier ces critiques, nous n'avons qu'à citer l'exemple de la défense du général Rapp, à Strasbourg même, en 1815, ceux de la résistance du colonel Teyssier, à Bitche, et du colonel Denfert, à Belfort, pendant la guerre de 1870; enfin, l'immortel exemple donné, en 1877, par Osman-Pacha, à Plewna, une ville ouverte,

en disant que la continuation de la défense était possible le jour où le général Uhrich s'est décidé à capituler.

Un capitaine à l'état-major du génie autrichien, qui est entré dans la place avec les troupes allemandes, et qui a publié ensuite un remarquable ouvrage sur la *Défense de Strasbourg en 1870*, M. Moriz Brunner, est arrivé, à l'aide de savantes déductions, exactement à la même conclusion que Valentin. « A Strasbourg, dit-il, il y avait encore des embrasures et des bouches à feu intactes, et, la nuit qui précéda la capitulation, la place entretint un feu violent d'infanterie. Aussi, devons-nous la considérer comme étant encore en état de se défendre à ce moment, et un assaut prochain comme impossible, à cause de l'état des brèches. »

En même temps, tout comme le capitaine de vaisseau du Petit-Thouars, cet écrivain militaire autrichien rend justice à la garnison de Strasbourg, « dont l'esprit était excellent », et qui ne demandait qu'à continuer de combattre, et à ces Strasbourgeois, connus de longue date pour être

---

dont il a fait un vaste camp retranché, et où il a résisté, cinq mois durant, à une armée russe trois fois supérieure en nombre, et commandée par le célèbre défenseur de Sébastopol, le général Todtleben.

« les meilleurs Français, qui ne voulaient pas devenir Allemands, qui voulaient rester Français, bien qu'ils parlassent l'allemand. Le gouvernement de la Défense nationale, ajoute-t-il, décreta que Strasbourg avait bien mérité de la patrie, et sa statue fut couronnée par les Parisiens : les habitants s'en sont rendus dignes par une résignation héroïque, que l'ennemi lui-même est obligé d'admirer[1]. »

---

1. Nous donnons à la *Troisième partie* (ch. III, § 3) les arguments à l'aide desquels le capitaine Brunner démontre que la défense de Strasbourg était loin d'être arrivée à son terme le 27 septembre, et, aux *Pièces justificatives*, n° 32, les *Considérations sur la capitulation* dans lesquelles il met si bien en lumière l'héroïsme de la population strasbourgeoise.

Un officier suisse, auteur d'une brochure qui figure également dans les publications de la réunion des officiers sous ce titre : *L'artillerie au siège de Strasbourg* (elle a été traduite de l'allemand par M. P. Larzillière, capitaine d'artillerie. Paris, Tanera et Dumaine), dit (p. 22) que le « défenseur — lisez le général Uhrich — ne parut pas comprendre de quelle utilité pouvait lui être l'activité de la population de Strasbourg ».

La vérité est que le général Uhrich redoutait extrêmement cette activité. Son livre : *Documents relatifs au siège de Strasbourg* contient à cet égard un significatif aveu. Il y raconte, en s'en félicitant, qu'au lendemain de la bataille de Frœschwiller, malgré les supplications du maire, M. Humann, et de ses adjoints, il avait refusé de délivrer des armes à la population qui en réclamait à grands cris, et il s'oublie jusqu'à qualifier de « populace » ces hommes qui, pour l'officier français du Petit-Thouars, comme pour l'officier autrichien Brunner, étaient d'ardents patriotes.

C'est avec une émotion profonde que nous enregistrons cet hommage rendu à la population de Strasbourg par un écrivain militaire étranger, qui n'était venu visiter les ruines fumantes de la forteresse que pour satisfaire sa curiosité de soldat et de savant, et est rentré dans sa patrie en gardant à jamais le souvenir de ces Français, les meilleurs d'entre les Français, qui, du premier au dernier jour, n'ont eu qu'une pensée : résister, mourir s'il le fallait, ne pas se rendre !

CHAPITRE VIII

Valentin, fonctionnaire civil, était protégé par les règles du droit
des gens. — Il est néanmoins appelé auprès du général de
Werder, lequel lui déclare qu'il est prisonnier. — L'état-major
du général de Werder salue le héros de Strasbourg. — Valentin est conduit à Haguenau auprès du gouverneur général
de l'Alsace, comte de Bismarck-Bohlen, puis transféré à Ehrenbreitstein. — Il est gardé en captivité dans la forteresse
d'Ehrenbreitstein jusqu'à l'armistice. — La Délégation de
Bordeaux nomme Valentin, ancien sous-lieutenant frappé d'i-
nactivité au 2 décembre 1851, commandant à l'ancienneté, colonel au titre de l'armée auxiliaire, et chevalier de la Légion
d'honneur. — Gambetta le choisit pour remplacer M. Challemel-Lacour comme préfet du Rhône. — Décision du conseil
d'administration de l'Académie royale militaire de Woolwich.
— Coup d'œil sur les dernières années de Valentin. — Le
monument du héros de Strasbourg.

Valentin, fonctionnaire civil de la France, n'a-
vait pas été et ne devait pas être compris dans
les clauses de la capitulation de Strasbourg. Il
était, comme tous les habitants de la ville, protégé par les règles du droit des gens. Les représentants du général prussien eux-mêmes l'avaient
reconnu, dans les pourparlers avec les représentants du général Uhrich qui avaient précédé la
capitulation. Aussi, au moment de l'entrée des
troupes allemandes dans Strasbourg, Valentin,

après avoir quitté le pavillon qui lui servait d'habitation à côté des ruines de l'hôtel de la Préfecture et s'être retiré chez un membre de sa famille, avait-il écrit au général de Mertens, nommé au commandement de la place, pour lui demander un sauf-conduit, pour lui et pour son secrétaire, M. Louis Moreau. Le général de Mertens en référa au général en chef de Werder. Ce dernier fit appeler Valentin, le reçut en présence de tout son état-major, et lui déclara qu'en vertu d'un ordre de M. le comte de Bismarck-Schœnhausen, chancelier de la Confédération de l'Allemagne du Nord, antérieur il est vrai au 19 septembre, date de l'entrée du préfet dans Strasbourg, il le gardait comme prisonnier.

Protester eût été absolument inutile. Valentin jugea qu'il était plus digne de se taire. Mais alors eut lieu une scène émouvante, qui montra quelle admiration les Allemands eux-mêmes professaient pour le héros républicain. A peine le général de Werder eut-il fini de parler que le colonel commandant son état-major s'avança vers Valentin, et, élevant la main à la hauteur de sa casquette en signe de salut militaire, lui dit en très bon français : « En mon nom et au nom de mes camarades, j'ai l'honneur de vous déclarer que chacun d'entre nous serait fier d'avoir fait pour son pays

ce que vous, Monsieur, vous avez fait pour le
vôtre. Je vous salue! » Et tous les officiers de
l'état-major défilèrent devant Valentin à la suite
de leur chef, en lui adressant, comme lui, le salut
militaire.

Valentin cependant était prisonnier, alors que
le dernier préfet de l'Empire, M. le baron Pron,
avait pu s'éloigner sans être aucunement inquiété.
Une escorte militaire conduisit le préfet de la
République et son secrétaire à Haguenau, où le
gouverneur général allemand de l'Alsace, M. le
comte de Bismarck-Bohlen, avait établi sa résidence. Dans la protestation qu'il a adressée, douze
jours après, de sa prison d'Ehrenbreitstein à l'envoyé extraordinaire et ministre plénipotentiaire
des États-Unis d'Amérique à Berlin [1], Valentin dit
que son secrétaire et lui furent, à leur arrivée à
Haguenau, « écroués dans la maison centrale de
détention ; que leurs effets et même leurs personnes furent soumis à une perquisition rigoureuse ; que sa correspondance privée et un journal
de notes particulières qu'il avait prises depuis son
entrée en Alsace lui furent enlevés par l'auditeur
du gouvernement Ozius, sans l'exhibition d'aucun

---

1. Le gouvernement des États-Unis d'Amérique avait accepté
de se charger de la protection des sujets français restés en Allemagne depuis le commencement de la guerre.

mandat l'autorisant à procéder à ces mesures ; que les fonds en sa possession lui furent également retirés contre un reçu de l'officier chargé de leur garde. »

Bien que, au cours de la visite qu'il lui fit le lendemain, 30 septembre, dans sa prison, le gouverneur général allemand lui eût déclaré que sa détention ne serait que de courte durée, on transféra Valentin à Koblenz « avec les précautions qui, d'ordinaire, ne sont adoptées qu'à l'égard des malfaiteurs de l'espèce la plus dangereuse », puis on l'enferma dans la forteresse d'Ehrenbreitstein, située en face de Koblenz, où il fut étroitement gardé jusqu'après l'armistice, c'est-à-dire jusqu'à la fin de janvier 1871 [1].

Au moment où sa captivité prit fin, Valentin apprit qu'avant d'abandonner le pouvoir, la délégation du gouvernement de la Défense nationale avait, par trois décrets successifs, datés du

---

1. Voir aux *Pièces justificatives,* n° 24, le texte de la protestation adressée par Valentin au ministre plénipotentiaire des États-Unis à Berlin. — Voir également, n° 6, la lettre du colonel-directeur du Collège d'artillerie de Woolwich, qui contient un détail touchant : Lorsque les anciens collègues de Valentin à l'Académie royale apprirent sa captivité à Ehrenbreitstein, ils se cotisèrent pour lui envoyer de temps en temps des « paniers de bonnes choses » afin de lui permettre de remplacer l'ordinaire de la prison. Ces paniers n'arrivèrent pas à destination.

4 février 1871, nommé l'ancien sous-lieutenant du 6ᵉ chasseurs à pied, chef de bataillon à l'ancienneté, colonel au titre de l'armée auxiliaire et chevalier de la Légion d'honneur [1].

Au mois d'août 1872, le Conseil supérieur de

---

1. Voici, d'après le *Moniteur universel*, organe officiel de la délégation du gouvernement de la Défense nationale, le texte de ces décrets :

« Par décret en date du 4 février 1871, M. Valentin, lieutenant de l'armée régulière, frappé d'inactivité au 2 décembre 1851, est nommé au grade de chef de bataillon dans l'arme de l'infanterie. »

« Par décret en date du 4 février 1871, M. Valentin, chef de bataillon d'infanterie, est nommé colonel au titre de l'armée auxiliaire. »

« Les membres du gouvernement de la Défense nationale,
« En vertu des pouvoirs à eux conférés,
« Décrètent :
« Art. 1ᵉʳ. — M. Valentin, chef de bataillon d'infanterie, colonel au titre de l'armée auxiliaire, est nommé au grade de chevalier de la Légion d'honneur.
« Art. 2. — Le ministre de l'intérieur et de la guerre, et le grand chancelier de la Légion d'honneur sont chargés, chacun en ce qui le concerne, de l'exécution du présent décret.
« Fait à Bordeaux, le 4 février 1871.

« *Les Membres du gouvernement :*
« Léon GAMBETTA, Ad. CRÉMIEUX, L. FOURICHON,
« GLAIS-BIZOIN.
« Par le gouvernement :
« *Le Délégué au département de la guerre,*
« C. DE FREYCINET. »

l'Académie royale militaire de Woolwich, où il avait professé pendant dix années, jusqu'à la guerre de 1870, décida, par une résolution spéciale, que sa pension d'ancien professeur serait doublée en raison de l'éclat qu'il avait jeté sur l'École par sa conduite héroïque[1].

Nous avons raconté, dans la première partie de cet ouvrage, comment Valentin, nommé préfet du Rhône et commissaire extraordinaire de la République, fut blessé à l'attaque de la Guillotière dans un combat contre les partisans de la Commune; comment, le 24 janvier 1872, M. Casimir-Perier, ministre de l'intérieur, lui donna comme successeur à la préfecture du Rhône M. Pascal; nous avons dit aussi son refus d'accepter la trésorerie générale d'Orléans, puis sa nomination au grade de commandeur de la Légion d'honneur par M. Thiers[2], son élection comme représentant de Seine-et-Oise à l'Assem-

---

1. Voir aux *Pièces justificatives,* n° 6, la lettre du colonel-directeur du Collège d'artillerie de Woolwich.

2. « Le *Journal officiel* du 7 février 1872 porte le décret suivant :

« Par décret du Président de la République, en date du 2 février 1872, rendu sur la proposition du ministre de l'intérieur, M. Valentin, ancien préfet du Rhône, a été nommé commandeur de l'ordre national de la Légion d'honneur, pour services rendus pendant l'invasion et à Lyon dans la journée du 30 avril 1871. »

blée nationale, en 1875, enfin son élection de sénateur du département du Rhône en 1876, et sa mort tragique, le 31 octobre 1879. A cette époque nous écrivions[1] : « Un homme tel que Valentin ne disparaît pas de la scène sans laisser derrière lui un grand vide. Vivant, nous l'avons aimé et admiré; mort, son souvenir nous est aussi cher que s'il fût tombé, en 1870, sous les balles allemandes. Bientôt, nous l'espérons, un monument élevé par souscription nationale, rappellera aux Français les traits de celui dont, aux jours de la défaite, le nom a été prononcé avec orgueil et respect par la France entière. »

Le monument dont nous parlions alors a été élevé en 1883; c'est le modeste monument funéraire qui, au cimetière du Montparnasse, abrite la tombe de Valentin. N'importe! Le buste, dû au ciseau du sculpteur Aimé Millet, rappelle les traits énergiques du préfet de Strasbourg, et l'héroïque Valentin compte parmi les plus pures gloires de la patrie française.

---

1. Dans la *Revue alsacienne* de janvier 1880.

TROISIÈME PARTIE

Nous n'avons point à retracer ici l'histoire du siège de Strasbourg[1]. La tâche que nous nous

---

1. A ceux de nos lecteurs qui voudraient se rendre compte plus complètement des conditions dans lesquelles la place de Strasbourg fut attaquée et défendue, nous indiquerons, outre les extraits que nous avons donnés dans cette *Troisième partie* et dans les *Pièces justificatives,* les publications militaires françaises et étrangères suivantes :

I. Publications françaises.

1. *Strasbourg, sa description, ses fortifications, son rôle militaire avant la guerre de 1870,* par M. Z. Paris, Tanera, 1873, broch. in-16.

2. *Journal authentique du Siège de Strasbourg,* par le baron Du Casse. Paris, Lacroix et Verboeckhoven, 1871, broch. in-12.

3. *Le Siège de Strasbourg, août et septembre 1870,* par le capitaine de vaisseau Bergasse du Petit-Thouars, dans la Revue *le Correspondant,* du 25 décembre 1871, p. 985-1008.

4. *Documents relatifs au Siège de Strasbourg,* par le général Uhrich. Paris, Dentu, 1872, 1 vol. in-8°.

5. *Les Capitulations, étude d'histoire militaire sur les responsabilités du commandement,* par le général Thoumas. Paris, Berger-Levrault et Cie, 1886, 1 vol. in-12, chap. III.

6. *Histoire générale de la Guerre franco-allemande de 1870-*

sommes assignée est infiniment plus modeste. Nous nous proposons d'indiquer, à l'aide de documents authentiques, la marche des événements qui, dans la seconde quinzaine de septembre, ont abouti à la capitulation de Strasbourg. Nous établirons ensuite que l'arrivée de Valentin, le 20 septembre, a eu pour effet de retarder, jusqu'au 27 au soir, cette capitulation qui devait avoir lieu sept jours avant. Nous prouverons également, d'accord avec Valentin, que, le 27, la défense n'était pas désespérée et pouvait être prolongée pendant quelques jours encore. Enfin, nous donnerons, toujours pour justifier les assertions

---

1871, par le commandant Rousset. Paris, Librairie illustrée, s. d. 6 vol. in-8°, tome VI, livre VI. Les places fortes, ch. II.

II. Publications étrangères

Comme ouvrages généraux, nous citerons :

1. *La Guerre franco-allemande de 1870-71*, rédigée par la section historique du grand État-major prussien, sous la direction du feld-maréchal de Moltke, traduction de M. le chef d'escadrons Costa de Serda, de l'état-major français. Paris et Berlin, 1873-1874, 5 vol. in-8°, Ire partie, 2e vol. ; IIe partie, 1er vol.

8. *De la Défense de Strasbourg en 1870*, par Moriz Brunner, capitaine à l'état-major du génie autrichien, traduit de l'allemand par H. Roswag, capitaine d'artillerie. Paris, Tanera, 1875, broch. in-16.

Les ouvrages spéciaux publiés à l'étranger au sujet du Siège de Strasbourg ont été nombreux. Ce siège, en effet, comme l'a fait observer un officier d'artillerie suisse « occupe une place

de Valentin, des détails sur l'important matériel de guerre que les Allemands ont trouvé dans Strasbourg après la capitulation.

---

considérable dans l'histoire de l'artillerie. » Il marque le premier conflit entre deux systèmes d'artillerie entièrement différents, et « la première application du tir indirect en brèche ». Nous citerons comme ouvrages à consulter :

9. *Le Siège de Strasbourg,* par Meier, premier lieutenant au régiment d'artillerie de campagne de Magdebourg, attaché à l'état-major de l'artillerie du siège de Strasbourg, traduit de l'allemand par Ernest Faligan. Paris, Baudoin, 1876, broch. in-8°.

10. *L'Histoire du Siège de Strasbourg,* par Reinhold Wagner, major au corps des ingénieurs. Berlin, Schneider et Cie, 1877, 4 vol. in-8°.

11. *L'Artillerie au Siège de Strasbourg en 1870,* notes recueillies par un officier d'artillerie suisse. Traduit de l'allemand par P. Larzillière. Paris, Tanera, 1873, broch. in-16.

12. *Le Siège de Strasbourg en 1870,* publié d'après des documents officiels et d'après les meilleurs auteurs qui ont traité ce sujet, par G. de Bodenhorst, capitaine d'artillerie belge. Paris, Dumaine, 1876, 1 vol. in-8°.

I.

La commission municipale demande la capitulation (18 septembre). — Les deux réponses du général Uhrich (19 et 22 septembre).

1. — Un personnage, qui est aujourd'hui fonctionnaire allemand, mais qui a pris, en 1870, une
très grande part aux pourparlers engagés entre
la commission municipale et le général Uhrich au
sujet de la capitulation de Strasbourg, raconte[1]
que, vers le 15 septembre, un sombre désespoir
s'empara de la population strasbourgeoise, que
l'inutilité d'une plus longue résistance apparut à
tous, que des pétitions furent répandues dans la
ville, par lesquelles, dit-il, on demandait à la commission municipale « d'exposer au général et les
horribles malheurs qui désolaient la cité, et l'ina-
nité de notre dévouement ». « Longtemps, ajoute-
t-il, la commission résista à cette pression[2] ».

---

1. *La Guerre en Alsace, Ire partie, Strasbourg*, par A. Schnéegans. Neuchâtel (Suisse), Librairie générale de J. Sandoz. 1 vol.
in-8° s. d., p. 283 et suiv.

2. Cette longue résistance n'a duré qu'un jour ; dès le 16 septembre, la capitulation était résolue dans la pensée de la commission municipale, et peut-être aussi dans la pensée du général

Mais, le 16 septembre, le général Uhrich s'étant rendu au siège de la commission municipale et ayant examiné avec les membres de cette assemblée « la situation de notre ville au point de vue civil comme au point de vue militaire », comme il était visible que ses appréciations et ses impressions étaient les mêmes que celles de la commission, dès qu'il se fut retiré, cette dernière, à l'unanimité moins deux voix, décida « de prendre une délibération qui exposât au gouverneur son opinion sur la situation et qui pût, à l'avenir, couvrir jusqu'à un certain point sa responsabilité et la partager en tout cas ».

Une sous-commission, composée de MM. Küss, maire, Saglio, Bœrsch, Momy, Klein et Schnéegans, fut chargée de la rédaction de ce document, auquel adhérèrent tous les membres de la commission municipale, à l'exception de deux, et qui fut remis le 18 septembre au général Uhrich.

Voici le texte de cette délibération, tel qu'il est reproduit dans l'ouvrage du général Uhrich[1] :

Uhrich ! Voir aux *Pièces justificatives,* n⁰ 34, la lettre adressée, le 19 mars 1871, par le général Uhrich à M. Humann, ancien maire de Strasbourg.

1. *Documents relatifs au siège de Strasbourg,* publiés par le général Uhrich. Paris, Dentu, 1872. 1 vol. in-8⁰, p. 106-107.

EXTRAIT DU REGISTRE
DES PROCÈS-VERBAUX DU CONSEIL MUNICIPAL
DE LA VILLE DE STRASBOURG

Séance du 18 septembre 1870.

PRÉSIDENCE DE M. TH. Küss.

Présents : MM. Leuret, Weyer, Flach et Zopff, membres de l'administration municipale; André, Bergmann, Bœrsch, Burger, A. Cailliot, Clog, Destrais, Flach, Eissen, Füllhart, Gœrner, Henry, Hœrter, Huck, Humann, Imlin, Kablé, Klein, Klose, Kolb, Kreitmann, Kratz, Lauer, Ernest Lauth, Lehr, Lemaistre-Chabert, Lichtenfelder, Lipp, Lips, Mallarmé, Momy, Oberlin, Ruhlmann, Saglio, Schott, Schnéegans, Schützenberger, Silbermann, Saint-Sauveur, Schweighæuser, Wolff.

La Commission municipale de Strasbourg, après s'être rendu compte, en son âme et conscience, de la situation que les malheurs de la guerre ont faite à notre cité ;

Après avoir pris connaissance des renseignements positifs qui lui sont communiqués sur l'état intérieur de la France ;

Estime que son premier devoir est de rendre un hommage unanime au dévouement patriotique avec lequel le général Uhrich, commandant supérieur, et la garnison sous ses ordres, ont défendu, pendant cinq semaines, une place qui ne semblait pas, au premier abord, dans les conditions militaires nécessaires à une défense de quelque durée ;

Elle croit de toute justice d'associer à cet hommage la courageuse et patiente population de Strasbourg, qui, au prix des sacrifices les plus douloureux, au prix de la vie et de la fortune de chacun de ses citoyens, a voulu remplir jusqu'au bout les devoirs que sa nationalité lui imposait ;

Mais elle se croit l'organe du sentiment *presque universel de la population*[1], en exprimant l'avis qu'en

---

1. M. P. Raymond Signouret, après avoir raconté, dans ses *Souvenirs du bombardement et de la capitulation de Strasbourg* (Bayonne, Cazals, 1872, 1 vol. in-12, p. 227-229), les incendies de la citadelle, de la Krutenau, du faubourg de Pierres, et de l'atelier de construction de l'arsenal, ajoute : « Ce fut à la suite de cette nouvelle accumulation de souffrances physiques et morales que la commission municipale se laissa aller *à une démarche qu'elle n'eut garde de faire connaître à la population* et qui est restée longtemps ignorée du plus grand nombre des Strasbourgeois. Quand il nous a été possible de commencer à réunir les derniers matériaux de ce récit, nous avons fait et nous avons fait faire des démarches et des recherches pour obtenir communication du procès-verbal de la séance tenue, le 18 septembre, par le conseil (lisez : la commission) : elles sont restées infructueuses ; mais le hasard, ce grand indiscret, a bien voulu nous révéler ce secret si bien gardé. »

Après avoir cité la dernière partie de la résolution du 18 septembre, M. Signouret ajoute : « Eh bien ! non ! en écrivant cette supplique, la commission n'était pas « l'organe du sentiment « presque universel de la population » ; nous l'affirmons hardiment parce que, chaque jour, à chaque heure, nous sentions battre sous notre main le cœur de cette population, et que ces pulsations n'accusaient point, à cette date, une pareille défaillance. Et même en admettant qu'il fût vrai, — ce que nous contestons formellement, — que la majorité des Strasbourgeois fût à ce moment résignée à subir la capitulation, le devoir de la commission

l'absence de tout espoir de délivrance de la ville par une armée française, en l'absence d'un gouvernement, en France, qui puisse compter sur l'intervention efficace des puissances neutres, et dans la perspective de nouvelles catastrophes plus graves que celles qu'elle a subies et stériles pour la patrie, il y a lieu de prier M. le général commandant la 6ᵉ division militaire d'entrer en négociations avec Sa Majesté le roi de Prusse ou le général commandant l'armée assiégeante, pour traiter d'une capitulation qui sauvegarde les personnes et les intérêts des habitants de Strasbourg, ainsi que ceux des défenseurs de la place.

Nous n'avons pas à commenter ce document. Nous nous bornerons à y relever le singulier passage relatif à l'absence, en France, « d'un gouvernement qui pût compter sur l'intervention efficace des puissances neutres ». N'était-ce point dire que cette intervention, l'Empire aurait pu l'obtenir, tandis que la République, qui lui avait succédé, devait rester isolée en Europe ?

---

municipale était, non pas de céder à ce sentiment, mais de lui résister, de le dominer, et de montrer par sa fermeté, par son inébranlable persévérance, qu'il fallait plutôt mourir tous, jusqu'au dernier, que diminuer la force de la garnison par cette... reculade. Avant d'accepter le mandat que le préfet leur avait confié le 29 août, les membres de la commission auraient dû envisager toutes les conséquences possibles de leur acceptation, et se récuser s'ils ne se sentaient pas de taille à porter un tel fardeau. »

D'ailleurs, aux assertions de la commission municipale relatives au sentiment de la population strasbourgeoise, nous opposerons le témoignage de l'écrivain patriote que nous avons déjà cité, et dont on lira plus loin (voir *Pièces justificatives,* n° 23) un émouvant récit de la capitulation de Strasbourg. « La population, dit-il, a voulu la résistance, et elle a énergiquement contribué à la prolonger jusqu'à l'heure où quelques égoïstes sont parvenus à faire prédominer leurs énervants conseils[1]. »

On a vu que, le 16 septembre, deux membres de la commission n'avaient pas voulu consentir à engager des pourparlers avec le général Uhrich en vue d'une capitulation, et que, le 18 septembre, les deux mêmes membres avaient refusé leur adhésion au document qu'on vient de lire.

Ni l'auteur, d'après lequel nous avons résumé ces pourparlers, ni d'autres historiens du siège de Strasbourg[2] n'ont jugé à propos de donner

---

1. P. Raymond Signouret, *Souvenirs du bombardement et de la capitulation de Strasbourg,* p. 220.

2. On ne trouve aucune indication à ce sujet dans l'ouvrage de M. A. Schnéegans, *Strasbourg,* ni dans *le Siège et le bombardement de Strasbourg,* par M. Gustave Fischbach (Paris, Joël Cherbuliez, 5ᵉ édition, 1871, 1 vol. in-18), ni dans *Strasbourg, journal des mois d'août et septembre 1870* (Paris, Sandoz et Fischbacher, 1874, 1 vol. in-8°), ni enfin dans le livre du général

les noms des deux opposants. Mais, par bonheur,
le capitaine de vaisseau du Petit-Thouars a fait
connaître ces deux courageux citoyens, « qui
s'élevèrent contre la démarche qu'allaient faire
leurs collègues auprès du général en chef, pour
chercher à obtenir de lui une capitulation ».
C'étaient, dit-il, M. Mallarmé et M. Lipp. Le
premier, ancien adjoint au maire de l'administration impériale, était père d'un jeune officier
de marine. Après leur avoir rendu hommage, le
capitaine de vaisseau du Petit-Thouars ajoute
que tous les deux avaient leurs familles dans
Strasbourg, et qu'au moment où M. Lipp pro-

Uhrich, *Documents relatifs au siège de Strasbourg* (Paris,
Dentu, 1872, 1 vol. in-8°).

Par contre, M. Raymond Signouret donne, dans ses *Souvenirs
du bombardement et de la capitulation de Strasbourg* (p. 228,
note 1) les noms des deux opposants. C'étaient, dit-il, « M. Mallarmé, père, avocat, ancien adjoint, et M. Lipp, brasseur au faubourg de Pierres. » Ce dernier nom figure, sans doute, dans
l'ouvrage de M. Signouret par suite d'une erreur typographique.
En effet, M. Lipp, l'un des citoyens désignés, le 31 août, par la
commission municipale elle-même pour remplacer dix membres
nommés le 29, dont les uns étaient absents, et dont les autres
avaient refusé d'accepter le mandat de commissaire, M. Lipp
n'était pas brasseur, mais négociant. Au contraire, M. Lipp
figure, avec la mention de sa profession de brasseur, dans l'arrêté de M. le baron Pron, préfet du Bas-Rhin, en date du 29 août
1870, qui est reproduit en fac-simile dans les *Murailles d'Alsace-
Lorraine*, p. 172.

testait ainsi, sa maison allait être détruite par les obus allemands[1].

2. — L'auteur à qui nous avons emprunté les détails relatifs aux pourparlers entre la commission municipale et le général Uhrich ajoute qu'il était naturel que le conseil de défense, « qui devait se placer sur le terrain exclusivement militaire, n'entrât pas de prime abord dans l'ordre d'idées que lui ouvrait cette délibération[2] ». Une première réponse du général Uhrich fut donc négative. En voici le texte, d'après l'ouvrage du général Uhrich :

Strasbourg, 19 septembre 1870.

Monsieur le Maire,

J'ai communiqué au conseil de défense la délibération prise par la commission municipale dans sa séance d'hier.

Le conseil de défense, et je partage son avis, reconnaît que deux grands intérêts sont en présence : celui de l'humanité et celui de la patrie.

---

1. Voir aux *Pièces justificatives*, n° 31, l'extrait du *Siège de Strasbourg*, août et septembre 1870, par le capitaine de vaisseau Bergasse du Petit-Thouars.

M. Raymond Signouret dit (p. 228, note 1) que l'établissement de M. Lipp fut incendié trois jours après, par les obus prussiens.

2. A. Schnéegans, *Strasbourg*, p. 289.

Certes, il est douloureux de voir une population souffrir dans ses biens et dans ses personnes, comme le fait la population de Strasbourg depuis un mois. Mais le grand exemple que donne votre ville n'est pas stérile. Toul, Verdun, Montmédy ont énergiquement résisté et résistent peut-être encore aux armées prussiennes ; Schlestadt, votre sœur cadette, se prépare à vous imiter. Paris, qui vous admire, vous acclame, couvre de fleurs la statue de Strasbourg sur la place de la Concorde ; Paris, dis-je, s'inspirera de vous, acceptera la bataille et vaincra l'ennemi : tel est du moins notre espoir. Strasbourg, c'est l'Alsace ; tant que notre drapeau flottera sur ses murs, l'Alsace sera française, mais Strasbourg tombé, l'Alsace deviendra fatalement prussienne. Et si nous sommes destinés à rester debout les derniers, un honneur impérissable en résultera pour la ville de Strasbourg, et l'année 1870 sera la plus glorieuse dans les fastes de son histoire.

Le conseil de défense vous demande encore un peu de patience, encore un peu de cette noble et courageuse résignation qui ne courbe pas les fronts, mais qui fait accepter sans fléchir les dangers et les privations.

Souvenons-nous de la première République et des immenses efforts qu'elle a faits pour chasser l'étranger de son sol ; souvenons-nous que l'Europe entière était coalisée contre elle ; souvenons-nous enfin qu'en quelques mois elle a créé quatorze armées, qu'elle a vaincu et fait la France grande et puissante.

Telle est, Monsieur le Maire, la pensée du conseil

de défense et la mienne propre. Je désire ardemment qu'elle soit appréciée et adoptée par la commission municipale, car nous avons besoin de nous appuyer les uns sur les autres et de marcher du même pas sur cette route difficile, périlleuse peut-être, où les événements nous ont placés.

Recevez, Monsieur le Maire, l'assurance de ma considération la plus distinguée.

Le Général de division, commandant supérieur
de la 6ᵉ division militaire,

Signé : UHRICH.

3. — La plupart des historiens qui ont écrit sur la guerre de 1870, et le conseil d'enquête lui-même, ont fait honneur au général Uhrich de cette lettre, qui exprime, en effet, de nobles pensées. Et cependant, lorsqu'il demandait à ceux à qui il s'adressait « encore un peu de patience », le commandant supérieur de la 6ᵉ division militaire indiquait qu'il admettait déjà, lui aussi, l'idée d'une capitulation prochaine. D'ailleurs, l'auteur que nous avons cité et qu'il nous faut citer encore parce qu'il a pris une part considérable à ces événements si douloureux, et que son récit est à la fois une apologie de la conduite du général Uhrich et des actes de la commission municipale de Strasbourg, cet auteur, disons-nous, montre très clairement que la lettre du 19 septembre

n'était pas l'expression complète de la pensée du
commandant supérieur[1]. Il raconte, avec beaucoup
de détails, comment le général Uhrich fut amené,
trois jours après, à écrire au maire, M. Küss, une
seconde lettre, différente de la première, et qui
contenait des engagements précis[2].

---

1. Voici en quels termes M. Gustave Fischbach parle des pourparlers relatifs à la capitulation :

VENDREDI 23 SEPTEMBRE

. . . .

. . . .

« Une certaine rumeur circulait depuis quelques jours dans la
population au sujet des séances secrètes de la commission municipale ; on disait que dans la séance du 18, entre autres, il avait
été question, en présence du général Uhrich, de la situation militaire de la place et de la durée encore possible de la résistance.
Un avis du maire, président de la commission, *donna à entendre que ces rumeurs étaient fondées* et que la situation n'était
pas tout à fait favorable. Le maire disait, en effet, que certaines
délibérations ne pouvaient être publiées, parce que les détails
qu'elles renferment pourraient répandre des inquiétudes dans le
public et fournir des renseignements à l'ennemi. »

Après avoir reproduit en entier cet Avis du 23 septembre, que
nous donnons aux *Pièces justificatives,* n° 20, M. Fischbach
ajoute :

« Mais il n'est si grand secret qui ne soit dévoilé quelque peu,
et l'on pouvait affirmer avec une certaine assurance, sans avoir
assisté aux délibérations de la commission, que la question de la
reddition y avait été examinée et *que les déclarations du général
avaient fait acquérir la conviction qu'une longue résistance
n'était plus possible.* » (*Le Siège et le bombardement de Strasbourg,* 5ᵉ édition, p. 238-239.)

2. P. 291-294.

4. — D'abord, le général Uhrich avait demandé
que la lettre de la commission municipale, en date
du 18 septembre, et sa réponse du 19, fussent publiées. Mais les délégués de la commission, dit
l'auteur que nous citons, lui représentèrent que
cette double publication constituerait « un danger
pour la tranquillité de la cité autant qu'un affai-
blissement vis-à-vis de l'assiégeant ».

Ainsi, contrairement à ce que prétendait la
commission municipale, l'annonce d'une capitulation prochaine, loin d'être accueillie favorable-
ment par la population, risquait de déchaîner la
fureur populaire[1]. Le général Uhrich se rendit aux
arguments des délégués de la commission. Il fit
plus : il autorisa ces délégués à se présenter, le
21 septembre, devant le conseil de défense pour

____

[1]. Le capitaine de vaisseau du Petit-Thouars, dans le passage
que nous avons déjà cité (au chapitre VII de la *Deuxième partie*),
et que nous reproduisons en entier aux *Pièces justificatives*,
nº 31, parle des séances secrètes du conseil de défense, de ce
qu'il en transpirait dans le public, de la certitude où l'on était
que l'amiral Exelmans « restait fidèle à son programme » d'une
résistance jusqu'à la dernière extrémité, et que les gens, très
nombreux, qui, dans la ville, « n'avaient qu'une pensée, *ne
pas se rendre* », voulaient le mettre à la tête de la défense. Il
ajoute que, fidèle à son devoir de subordonné, l'amiral Exelmans « mit immédiatement M. le général Uhrich en garde
contre l'éventualité d'une sédition, pendant qu'il s'entourait lui-
même de quelques marins résolus, pour faire au besoin respecter
sa personne ».

lui exposer les raisons qui rendaient la capitulation nécessaire[1].

5. — Loin de contredire ce récit, le général Uhrich le confirme en tous points. Voici comment il s'exprime, dans son ouvrage, sur les pourparlers engagés entre la commission municipale et lui au sujet de la reddition de Strasbourg[2].

Malgré ma réponse à sa délibération, la commission municipale voulut tenter une nouvelle démarche ; le maire me fit connaître qu'une députation avait été désignée et devait, avec l'agrément du conseil, se présenter devant lui et lui exposer verbalement la situation réelle de la ville de Strasbourg.

En raison des circonstances tout exceptionnelles où nous nous trouvions, le conseil crut devoir passer sur

-----

1. L'auteur à qui nous empruntons les détails qu'on vient de lire donne lui-même ces raisons (p. 291-292). Il est inutile de les répéter ici ; nous les avons indiquées au chapitre VII de la *Deuxième partie*, et on les trouvera résumées plus loin dans une citation de l'ouvrage du général Uhrich. Mais nous devons faire remarquer que l'ancien membre de la commission municipale de Strasbourg, tout comme le général Uhrich, néglige d'ajouter que le préfet de la République, Edmond Valentin, assistait à cette séance du conseil de défense, et qu'en un véhément et patriotique langage, il réfuta les allégations des délégués de la commission municipale.

2. P. 112.

ce qu'une semblable démarche pouvait avoir d'irré-gulier, et l'admission de la députation fut décidée [1].

J'en prévins M. Küss, qui m'avait écrit le 20 septembre :

« Monsieur le Général,

« La commission municipale vient de désigner une
« députation chargée de se présenter devant le conseil
« de défense de la place, de lui exposer de nouveau
« les souffrances des habitants et les moyens d'y re-
« médier.

« J'ai, en conséquence, l'honneur de solliciter une
« audience pour mes collègues et pour moi. Permet-
« tez-moi de vous exprimer à l'avance ma gratitude
« pour l'accueil favorable que vous ferez à ma de-
« mande.

« Veuillez agréer, Monsieur le Général, l'hommage
« de mes respects.

« *Le Président de la commission municipale,*

« Signé : Küss. »

Les personnes qui composaient la députation de la commission étaient des plus honorables, très connues dans Strasbourg, et désignées même parmi les plus énergiques et les plus influentes.

---

1. Le capitaine de vaisseau du Petit-Thouars s'étonne de ce que le général Uhrich ait « jugé convenable d'introduire dans le conseil de défense une délégation de la commission municipale ». (Voir *Pièces justificatives,* n° 31.)

Introduites devant le conseil, chacune d'elles, à commencer par M. Küss, fit un exposé de la situation. L'une dit les malheurs de la ville, l'autre traita la question politique, d'autres encore examinèrent les chances de réussite. Le président du conseil des prud'hommes fit un tableau éloquent de la misère et des souffrances des classes pauvres. Tous enfin nous déclarèrent qu'au sentiment de résignation qui, jusqu'à ce moment, avait été observé dans la population, venait de succéder un sentiment de désespoir, et que, d'un instant à l'autre, on pouvait craindre un mouvement contraire à l'ordre, auquel la population ne serait peut-être pas *seule* à prendre part.

La députation s'étant retirée, je consultai le conseil qui, à l'unanimité, fut de mon avis et décida la continuation de la défense.

La commission municipale ne s'en tint pas à ces deux démarches. Le général Uhrich donne dans son ouvrage (p. 121) le texte d'une nouvelle lettre, véritable mise en demeure, qu'il reçut, le 21 septembre, de M. Küss :

Monsieur le Général,

La commission municipale, désireuse de recevoir une réponse aux démarches qui ont été faites hier et aujourd'hui par ses délégués, se réunira demain à dix heures du matin pour prendre connaissance de votre décision.

J'ai donc l'honneur de vous prier, Monsieur le Général, de vouloir bien me mettre en mesure de répondre aux vœux de la commission.

Veuillez agréer, etc.

Signé : Küss.

6. — A cette lettre, le général Uhrich fit la réponse suivante [1] :

Strasbourg, le 22 septembre 1870.

Monsieur le Maire,

J'ai soumis à un nouvel examen la demande de la commission municipale ; veuillez lui donner l'assurance que c'est avec le désir sincère de donner satisfaction aux intérêts qu'elle représente plus spécialement.

J'ai de nouveau consulté le conseil de défense, après avoir entendu Messieurs les délégués que vous avez choisis.

Croyez-le, personne ne sent plus profondément que moi les malheurs causés par la guerre à la ville de Strasbourg ; mais je ne suis pas libre de suivre les élans de mon cœur. La loi militaire me domine, et il est de mon honneur de lui obéir fidèlement. Ce que je puis vous promettre, c'est de ne point en exagérer la portée, de me rappeler que vous souffrez, et de me contenter de ce qui suffira pour faire absoudre le

---

1. *Documents relatifs au siège de Strasbourg,* publiés par le général Uhrich, p. 121-122.

soldat. Les événements marchent, et il en est qui peuvent prochainement dénouer la situation.

Je termine cette lettre en renouvelant à la commission municipale mes remerciements pour le concours dévoué qu'elle me prête dans les circonstances difficiles que nous traversons, et en lui exprimant le regret de ne pouvoir accéder, dans la période actuelle de la défense, au vœu qu'elle m'a exprimé.

Veuillez recevoir personnellement, Monsieur le Maire, l'assurance de ma considération la plus distinguée.

Le Général de division, commandant supérieur
de la 6ᵉ division militaire,

Signé : UHRICH.

7. — Ainsi, à une nouvelle demande de capitulation émanée de la commission municipale, le général Uhrich opposait un nouveau refus. On le comprend. Valentin était entré dans Strasbourg deux jours auparavant, et avait proclamé la nécessité de résister jusqu'à la dernière cartouche, jusqu'à la dernière bouchée de pain. Mais le commandant supérieur tient à ce que la commission municipale sache que s'il est empêché « de suivre les élans de son cœur », il est décidé aussi à « ne point exagérer la portée de la loi militaire » et à se « contenter de ce qui suffira pour faire absoudre le soldat ». Il ajoute que « les événements

marchent et qu'il en est qui peuvent prochainement dénouer la situation ».

Aussi, dit l'auteur à qui nous avons emprunté
les détails concernant les pourparlers qui précèdent, « des rapports suivis s'établirent, après l'é-
change de ces lettres, entre le quartier général et
la commission. A la confiance que lui avait té-
moignée l'autorité municipale, le général répondit
par une confiance égale ». Désormais, le général
et la commission « marchèrent la main dans la
main[1] ».

Mais toutes ces lettres, toutes ces négociations
restèrent secrètes[2], secrètes surtout pour le préfet
de la République, Edmond Valentin. Et c'est également dans la séance secrète du 18 septembre,
dans la séance même où elle avait résolu de demander au commandant supérieur d'entrer en négociations avec l'ennemi en vue de la reddition
de la forteresse, que la commission municipale,
sur la proposition de M. Auguste Schnéegans[3],

---

1. A. Schnéegans, *Strasbourg*, p. 293.

2. Voir, plus haut, § I, la citation des *Souvenirs* de M. Raymond Signouret.

3. Voir, dans les *Documents relatifs au siège de Strasbourg*
(p. 176) une lettre de M. Küss au général Uhrich, en date du
11 octobre 1870, dans laquelle cette proposition de M. Auguste
Schnéegans est rappelée.

conféra au général Uhrich le titre de citoyen de Strasbourg[1].

8. — Nous n'ajouterons rien à ces faits qui semblent avoir été ignorés des historiens, anciens ou récents, qui ont parlé du siège et de la capitulation de Strasbourg, entre autres, du général Thoumas et du commandant Rousset. (Voir *Pièces justificatives*, n°s 29 et 30.)

Rappelons seulement que, ayant été violemment attaqué, à propos de la défense de Strasbourg, par le capitaine du génie Thilers, lequel

---

1. M. P. Raymond Signouret raconte, dans ses *Souvenirs* (p. 276-278) que M. Küss, maire de Strasbourg, et seize membres de la commission municipale dont il donne les noms, et parmi lesquels nous nous bornerons à citer M. Auguste Schnéegans, rédacteur au *Courrier du Bas-Rhin*, et M. Klein, pharmacien, ont eu la faiblesse d'assister, le 28 septembre 1870, sur l'invitation du général de Werder, au *Te Deum* que les Allemands ont fait célébrer, au temple de Saint-Thomas, en réjouissance de la capitulation de Strasbourg.

On ne saurait révoquer en doute ce renseignement de M. Signouret. Déjà, au mois de novembre 1870, plusieurs journaux, entre autres le *Salut Public*, de Lyon, et le *Siècle*, dont l'édition des départements se publiait à Poitiers, avaient été informés de la présence de M. Küss et de plusieurs de ses collègues à ce *Te Deum*. Quelques mois après, M. Auguste Schnéegans, qui était alors rédacteur en chef du *Journal de Lyon*, a été forcé de reconnaître que ce fait était exact. (Voir le supplément du *Journal de Lyon*, du 2 juillet 1871.)

avait soutenu que, le 27 septembre 1870, la garnison et la population ne songeaient pas à se rendre, le général Uhrich répondit en ces termes, dans une lettre publiée par le journal *la France* (édition de Tours, numéro du 24 octobre 1870) : « Je suis convaincu que la garnison aurait combattu jusqu'à la mort, mais sans utilité pour personne. Quant à la population, elle était noblement et courageusement résignée ; cependant *elle aspirait, en grande majorité, à la cessation de ses souffrances,* et ce sentiment était bien naturel, car ces souffrances étaient grandes. » Et, comme preuve, le général citait la demande de reddition de la place faite par la commission municipale.

Or, nous avons vu que Valentin, dans son discours aux délégués de la commission municipale, avait très nettement établi une distinction entre la commission municipale, qui voulait capituler, et la population qui, malgré le bombardement, demandait la continuation de la défense de Strasbourg[1].

Et l'opinion de Valentin est confirmée par le témoignage du capitaine de vaisseau Bergasse du Petit-Thouars, que nous avons reproduit dans les

---

1. La même distinction a été faite par M. Raymond Signouret dans ses *Souvenirs* (voir plus haut, § I).

Pièces justificatives, n° 31. Après avoir énuméré les troupes affectées à la défense du front nord de la place, le capitaine de vaisseau du Petit-Thouars dit que, lorsqu'il « parcourait nos lignes durant la nuit, il sentait tout ce monde animé de confiance et de résolution ». Voilà pour la garnison. Voici maintenant ce qu'il dit de la population de Strasbourg. Il parle de la confiance qu'inspirait à cette population l'amiral Exelmans, « qu'elle voyait passer à toute heure de la nuit ou du jour, pour se rendre compte par lui-même des événements et faire face au danger. » Il ajoute que, lorsque, après l'arrivée des Suisses, on sentit comme un affaissement, il y eut « un mouvement parmi ces gens, qui ne raisonnaient peut-être pas, mais *qui, eux, n'avaient qu'une pensée,* ne pas se rendre...; » que ces gens, fort nombreux, voulaient destituer le général Uhrich et mettre l'amiral à la tête de la défense. Ailleurs, le capitaine de vaisseau du Petit-Thouars s'exprime ainsi : « Le général ennemi, dit-il, avait compté sur la frayeur des femmes de Strasbourg pour lui ouvrir un passage. Les femmes de Strasbourg ont répondu par le plus admirable exemple de résolution, de patriotisme qu'ait enregistré l'histoire... Lorsque, revenant du Contades, je rentrais en ville le matin, maintes fois j'en ai rencontré, la figure pâle et défaite, les traits amaigris, frissonnant de tous leurs membres à chaque détonation, qui me disaient : « N'est-ce pas, Monsieur, on ne se rendra pas ? »

II

1. — Lorsque, le 22 mai 1872, le *Journal officiel* publia l'Avis motivé du conseil d'enquête relatif à la capitulation de Strasbourg[1], dont les considérants étaient fort durs pour le général Uhrich, très sévères pour la commission municipale et n'épargnaient pas non plus la garde nationale sédentaire de la ville, une vive émotion se manifesta en France, et surtout en Alsace. La *République française*, alors dirigée par Gambetta, inséra à la première page de son numéro du 23 mai un entrefilet, certainement dicté par l'ancien membre du gouvernement de la Défense nationale. Gambetta, après y avoir « exprimé son étonnement de ce que M. Valentin, le dernier préfet du Bas-Rhin, n'ait pas été entendu par le conseil, qui avait bien entendu M. Prou, préfet de l'Empire, » ajoutait : « Le 6 septembre, M. Edmond Valentin était nommé préfet du Bas-

---

[1]. Voir aux *Pièces justificatives*, nº 36, le texte complet de cet Avis motivé.

Rhin, et le décret de nomination portait « que
« le gouvernement s’en rapportait à son énergie
« et à son patriotisme pour aller occuper son
« poste ».

« On n’avait pas compté vainement sur M. Valentin. Par un coup d’audace et d’invincible résolution, il traversa les lignes prussiennes et pénétra dans Strasbourg. Après la capitulation, il fut
considéré par les Prussiens comme prisonnier de
guerre et envoyé dans une forteresse. Il avait
peut-être quelques droits à être entendu par le
conseil d’enquête. »

2. — Le surlendemain, 25 mai 1872, le même
journal inséra, également à sa première page, la
lettre suivante que lui avait adressée Valentin :

Monsieur le Rédacteur,

Dans le numéro de la *République française* de ce
matin, vous exprimez votre étonnement de ce que le
conseil d’enquête sur la capitulation de Strasbourg,
après avoir entendu M. Pron, préfet de l’empire, n’ait
pas cru devoir entendre également M. Valentin, dernier préfet du Bas-Rhin, dont l’arrivée dans la place,
dans la nuit du 19 septembre 1870, a fait retarder de
huit jours la reddition qui avait été résolue pour le
lendemain même.

La raison en est fort simple. M. Valentin, appelé à

fournir son témoignage devant le conseil d'enquête, eût fait connaître la vérité.

Or, cette vérité, les hommes du Deux-Décembre, qui sont restés nos maîtres, — ils le prouveront au premier jour, — cette vérité, les complices du triste héros de Sedan avaient intérêt à ne pas l'entendre.

Recevez, etc.

Signé : EDMOND VALENTIN,
Ex-préfet du Bas-Rhin et du Rhône.

Cette lettre de Valentin vise deux ordres de faits :

1° La capitulation résolue pour le 20, et que l'arrivée du préfet de la République a retardée jusqu'au 27 au soir;

2° Les menées occultes des hommes de l'Empire, lesquelles, après avoir hâté le moment de la capitulation, ont été assez puissantes, même en 1872, pour empêcher la vérité d'être dite tout entière devant le conseil d'enquête.

3. — Ces deux assertions de Valentin ont été confirmées et précisées dans une correspondance de Strasbourg, publiée par la *République française* du 27 mai, et dans laquelle on lit ce qui suit :

Nous savons tous ici que, dans la nuit du 18 au 19 septembre, la capitulation était chose convenue entre les autorités civiles et militaires que nous devions à l'Empire, et que c'est uniquement la présence, l'énergie

de M. Valentin qui ont retardé jusqu'au 28 la chute
de Strasbourg.

Il est également de notoriété publique ici que, même
à cette date néfaste du 28 septembre, la capitulation a
été une surprise pour M. Valentin, aussi bien que pour
la population tout entière. En un mot, ce n'est pas la
République, c'est l'Empire qui a capitulé et livré
Strasbourg, comme plus tard il a capitulé et livré nos
armées partout.

Voilà ce qu'il faut qu'on sache et ce qu'un supplément d'enquête révélerait; mais, tant qu'on s'en tiendra
à ces témoignages intéressés comme ceux de M. Pron
ou de M. Momy, nous serons fondés à nous inscrire
en faux contre une enquête qui n'en est pas une.

Il ne faudrait pas se méprendre, cependant,
sur la portée de ces protestations. La lecture at-
tentive des journaux de cette époque montre que
ce dont l'opinion s'est émue, c'est de voir que le
conseil d'enquête, tout en s'abstenant de mettre
en lumière l'incurie du gouvernement de l'Empire
en ce qui concerne la défense de Strasbourg,
s'était, suivant les expressions de la *République
française*[1], « arrogé le droit de blâmer, de con-
damner, de flétrir en masse des populations qui
ne relevaient pas d'un tribunal militaire, » sans
même avoir entendu leurs mandataires.

------

1. Numéro du 27 mai 1872.

Au contraire, la partie de l'Avis du conseil d'enquête relative à la défense proprement dite de la place de Strasbourg a été généralement approuvée. La *République française*[1], après avoir rappelé que c'est au gouvernement de l'Empire qu'on doit avant tout demander compte des villes rendues, de la France démembrée, de l'Alsace, de la Lorraine perdues, ajoute :

> Mais est-ce à dire que les commandants de place, le vieil Uhrich comme les autres, soient dégagés de toute responsabilité ? Parce que l'Empire avait reculé les bornes de l'incurie, du désordre, de la stupidité, parce qu'en risquant tout, il n'avait rien prévu, est-ce à dire pour cela que les commandants de Strasbourg, de Marsal, de Péronne, de Neuf-Brisach n'eussent pas le devoir tracé ? Que leur demandait-on ? De l'audace, le l'initiative, de l'héroïsme ? Non. Simplement d'exécuter les règlements militaires, d'obéir aux lois de leur profession, de donner l'exemple de la fermeté et de la constance ; on leur demandait de tenir jusqu'à leur dernier morceau de pain, jusqu'aux extrêmes limites du possible ; ils ne l'ont pas fait ; *ils ont failli au devoir ; ils sont coupables ; le conseil d'enquête a bien jugé.*

---

1. Numéro du 27 mai 1872.

III

La capitulation de Strasbourg appréciée par le conseil d'enquête,
par le grand État-major prussien et par le capitaine Brunner.

1. — L'Avis motivé du conseil d'enquête sur
la capitulation de Strasbourg [1] porte « qu'il est à
regretter que les mêmes sentiments (ceux d'une
résistance à la demande de la commission municipale tendant à la reddition de la place) n'aient
pas prévalu quand, huit jours après (après le
19 septembre), et sur l'exposé qu'il fit au conseil
de défense de la situation de la place, après avoir
demandé l'avis de chacun des membres, le général commandant supérieur, en opposition formelle avec le règlement, *fit la proposition d'entrer
en négociations pour la reddition de la place,* vu
l'impossibilité de pousser la résistance à outrance
avec chance de succès ».

Ainsi, c'est le général Uhrich qui, le 27 septembre, à trois heures de l'après-midi, au mépris
du règlement [2], a fait au conseil de défense la

---

1. Voir le texte de cet Avis aux *Pièces justificatives,* n° 36.

2. Nous donnons aux *Pièces justificatives,* n° 35, le texte complet des articles 254, 255 et 256 du décret du 13 octobre 1863,
portant règlement sur le service dans les places de guerre. « Le

proposition de capituler. La résistance était-elle
devenue impossible ? Le conseil d'enquête répond
qu'elle était encore possible : « Le conseil, considérant qu'à cette époque *les brèches* faites aux
bastions 11 et 12 *n'étaient pas praticables*[1] et
étaient, en outre, défendues par un fossé très

---

commandant d'une place de guerre, dit l'article 255, ne doit jamais
perdre de vue qu'il défend l'un des boulevards de l'Empire, l'un
des points d'appui de ses armées, et que, *de la reddition d'une
place avancée ou retardée* D'UN SEUL JOUR, *peut dépendre le salut
du pays* . . . .

« Il ne doit pas oublier que les lois militaires condamnent à la
peine de mort, avec dégradation militaire, le commandant d'une
place de guerre qui capitule sans avoir forcé l'ennemi à passer
par les travaux lents et successifs des sièges et, *avant d'avoir
repoussé au moins un assaut au corps de place* SUR DES BRÈCHES
PRATICABLES. »

L'article 256 porte que, lorsque le commandant supérieur « juge
que le dernier terme de la résistance est arrivé, il consulte le
conseil de défense sur les moyens de prolonger le siège. Les
articles 254 et 255 du présent décret sont lus à haute voix : les opinions des membres du conseil sont ensuite recueillies et consignées au registre des délibérations. Le commandant supérieur,
le conseil entendu et la séance levée, prend de lui-même, *en suivant l'avis le plus énergique,* s'il n'est absolument impraticable,
les résolutions que le sentiment de son devoir et de sa responsabilité lui suggère. »

1. Dans une Note jointe à l'historique du dépôt du 20e d'artillerie, et reproduite par le général Uhrich dans son ouvrage
(p. 196), le colonel Petitpied, commandant le 2e arrondissement
de défense pendant le siège de Strasbourg, dit qu'à la date du
27 septembre, « l'ennemi avait commencé deux brèches, et que
l'une d'elles *allait être* praticable ». Ainsi, elle n'était pas encore
praticable au moment de la capitulation.

large, très profond, plein d'eau ; qu'elles étaient couvertes et défendues par des contre-gardes encore intactes, précédées également de fossés pleins d'eau. »

C'est pour ces motifs, et d'autres encore, que le conseil d'enquête, présidé par le maréchal Baraguey-d'Hilliers, a infligé au général Uhrich un « blâme sévère ». (*Journal officiel* du 22 mai 1872.)

2. — Après l'avis du conseil d'enquête français, voici celui du grand État-major prussien :

Six semaines environ après les premières opérations d'investissement exécutées par la division badoise, et un mois, jour pour jour, après l'ouverture du siège régulier, le grand boulevard des Français sur le Rhin avait ouvert ses portes à l'assiégeant, *bien que possédant encore en abondance des vivres et des munitions...*

La garnison de Strasbourg, formée à la hâte d'éléments très divers, présentait, il est vrai, un effectif en rapport avec l'étendue des ouvrages ; mais elle manquait de l'homogénéité, de la cohésion nécessaires pour permettre d'entreprendre de vastes et puissants efforts contre les positions de l'assiégeant. L'action de la défense se restreignait donc presque absolument à la zone immédiate des abords de la place, sans parvenir cependant, *par suite de son inexplicable oubli de toutes les règles en usage pour renforcer le front d'attaque présumé,* à entraver sérieusement, ne fût-ce que d'une façon passagère, les progrès de l'assaillant. On ne tardait pas à se convaincre, en outre, que l'artillerie de l'assiégé, si elle était suffisante comme nombre, se trouvait hors d'état de tenir tête aux pièces allemandes se chargeant par la culasse.

Les puissants effets de ces pièces se faisaient sentir d'autant plus que la ville et les ouvrages manquaient d'abris blindés. D'autre part, les fréquents incendies enlevaient à la défense beaucoup de ses ressources, tandis que les tentatives faites du dehors pour dégager la place échouaient devant la vigilance de l'assiégeant.

Le contraste était frappant entre *l'attitude purement passive de l'assiégé* et l'activité déployée dès le début par les Allemands pour s'emparer au plus vite de cette importante place d'armes...

Il n'était pas de jour, pour ainsi dire, qui ne fût marqué par un progrès ou une amélioration notable dans les tranchées. Toujours en vue de hâter le plus possible la solution, l'attaque finale était dirigée contre un seul bastion, pendant que l'artillerie de siège canonnait avec succès les fronts latéraux et ouvrait, presque simultanément, deux brèches dans le corps de place.

A la vérité, *ces deux brèches étaient encore protégées contre un assaut immédiat par deux profonds fossés pleins d'eau;* mais il est à supposer, néanmoins, que *peu de jours* auraient suffi à l'assiégeant pour forcer l'entrée de la place. Tout l'espoir d'un secours extérieur ayant disparu, et la population témoignant déjà des symptômes de découragement et de mutinerie, le conseil de défense croyait sage de prévenir par une capitulation l'assaut désormais imminent.

... Par la possession de Strasbourg, les Allemands s'asseyaient solidement dans le nord de l'Alsace et s'assuraient un point d'appui d'une haute valeur pour la possession de la partie sud de cet ancien « pays d'empire ».

A ce moment, où les forces allemandes étaient presque totalement employées devant Metz et Paris, l'état-major allemand se montrait aussi fort désireux de pouvoir disposer de nouvelles troupes pour les opposer aux masses armées qui se rassemblaient dans l'intérieur de la France, à l'appel du gouvernement républicain.

(*La Guerre franco-allemande de 1870-1871*, rédigée par la section historique du grand État-major prussien, sous la direction du feld-maréchal de Moltke, 2ᵉ partie, 1ᵉʳ vol., p. 140-141.)

3. — Ainsi, de cette citation de la *Guerre franco-allemande de 1870-1871*, il résulte qu'au moment de la capitulation la forteresse pouvait tenir pendant plusieurs jours encore.

Un écrivain militaire, M. Moriz Brunner[1], capi-

---

1. Moriz Brunner, *De la Défense de Strasbourg en 1870*, traduit de l'allemand par H. Roswag, capitaine d'artillerie (publication de la Réunion des officiers). Paris, Ch. Tanera, 1875, 1 vol. in-16.

M. Brunner a divisé son ouvrage en deux parties. La première partie est consacrée à la description de Strasbourg avant le siège et donne les forces respectives de la garnison et de l'assiégeant. La seconde contient le jugement de l'auteur sur la défense de la place. M. Brunner indique, dans cette seconde partie (p. 28-29), les mesures que le commandant supérieur aurait dû prendre pour

taine à l'état-major du génie autrichien, va plus loin. Il soutient et démontre qu'après le 27 septembre, Strasbourg aurait pu résister à l'ennemi pendant plus de quinze jours encore.

Nous reproduisons cette démonstration de M. Brunner, qui est d'une netteté et d'une précision remarquables :

Voyons maintenant combien de temps encore on pouvait prolonger la résistance, vu l'état des ouvrages de fortifications, le 27 septembre. Nous ferons abstraction de toute habileté spéciale et de tout trait d'héroïsme de la part de la défense ; mais la vigueur de cette défense, dans les derniers jours du siège, pendant lesquels les Allemands firent des pertes considérables, nous autorise à la supposer encore assez puissante pour empêcher l'ennemi de s'avancer à la sape volante[1]. Pour résoudre la question, nous chercherons quels travaux il avait encore à exécuter, en admettant même qu'il continuât à faire une opération sans exemple dans l'histoire des sièges, c'est-à-dire à s'avancer en ligne

____

empêcher l'investissement de la place, et énumère ensuite les fautes commises par la défense, dont quelques-unes, notamment l'abandon des galeries de mines devant la lunette 53, furent des fautes capitales. Il examine enfin la question de savoir pendant combien de temps la résistance aurait pu être continuée après le 27 septembre.

1. Le 25, c'est-à-dire deux jours avant la capitulation, on tua ou blessa à l'assiégeant 3 capitaines-ingénieurs et 36 hommes. (*Note de M. Moriz Brunner.*)

droite sur la brèche du bastion 11 sans s'inquiéter des ouvrages flanquants. Le 27 au soir, il était arrivé à l'exécution réglementaire de la descente de fossé de la contre-garde. Il lui restait à franchir ce fossé plein d'eau et large de 15 toises, sous le feu étagé du cavalier 50 et de la contre-garde, puis à s'installer dans le parapet en terre situé en face de la brèche et faire à travers ce parapet un passage pour les colonnes d'assaut. Nous admettons qu'il fasse usage de la mine pour aller plus vite. Il lui fallait ensuite, sous le feu des flancs et de la courtine, franchir le fossé plein d'eau et large de 28 toises du corps de place, et enfin rendre la brèche praticable, après avoir enlevé les obstacles créés par les assiégés. Alors seulement, il pouvait tenter un assaut, suivre ensuite le chemin étroit de deux toises, allant de la brèche le long du bastion, et semé d'obstacles, pour gagner la gorge du cavalier, ou bien escalader ce dernier dont la hauteur était de 18 pieds.

Cette marche rapide, qui ne peut être effectuée qu'en face d'un découragement absolu des défenseurs, exige le temps minimum suivant : pour la descente du fossé, cinq nuits et cinq jours : elle pouvait donc être faite le 2 octobre au soir; pour le passage du fossé, deux nuits (devant l'ouvrage 53, on mit douze heures, mais on travailla des deux bouts à la fois et on ne fut pas dérangé), ce qui conduit au matin du 4; travail de mineurs pour percer la contre-garde, cent vingt heures, terminé le 9 au matin; pour le passage du fossé du corps de place, quatre nuits : il aurait donc été terminé dans la matinée du 13, de sorte, qu'en admettant que tous ces travaux se fissent sans dérangement, ils auraient

exigé une durée de quinze jours. Après quoi, on se
trouvait au pied d'un cône de décombres semé d'obstacles ; on avait en flanc et en dos un ravelin et un ouvrage à cornes et devant soi un cavalier. On était réduit
à une seule communication, consistant jusqu'au couronnement, en un défilé long de cinq cents pas, dans
lequel quatre hommes au plus pouvaient marcher de
front, et où il fallait gravir des masses couvrantes,
marcher à travers des communications barrées et tour-
ner au moins cinquante fois.

Un tacticien peut-il croire qu'il soit possible d'attaquer à travers un pareil défilé une troupe à découvert,
en rase campagne? Non. Pourquoi le pourrait-on dans
un siège ? L'histoire ne nous offre-t-elle pas de nombreux exemples d'assauts repoussés, et les Français
eux-mêmes ne peuvent-ils pas se glorifier de belles
défenses de brèches ? Aussi nous n'exagérons pas en
disant que Strasbourg, dans l'état où il se trouvait le 27,
aurait encore pu tenir trois semaines avec une défense
un peu énergique ; et, s'il avait été défendu à outrance,
la durée du siège pouvait s'élever à trois mois.

Par conséquent, de l'avis du conseil d'enquête
français et du grand État-major allemand, Strasbourg, le 27 septembre, pouvait tenir encore pendant plusieurs jours. Et, selon le capitaine Brunner, de l'état-major du génie autrichien, la résistance de cette forteresse aurait pu être prolongée
pendant trois semaines.

IV

Le matériel de guerre trouvé à Strasbourg après la capitulation.
— Un article du *Journal de Genève*. — Une lettre de Stras-
bourg. — Ce que dit, au sujet du matériel de guerre, le grand
État-major prussien.

1. — Au mois d'octobre 1870, le *Journal de
Genève* publia, sur le siège de Strasbourg, une
série d'articles fort intéressants. L'auteur de ces
articles, après avoir décrit les fortifications de
la ville, et parlé de la panique qui suivit la bataille de Frœschwiller, poursuit en ces termes :

Il fallait organiser la défense en toute hâte. Les arsenaux renfermaient *douze cents pièces d'artillerie*. Ordre
arriva d'en placer huit cents sur les remparts. Mais les
journées s'écoulaient et les remparts ne se garnissaient
pas. Il se perdit ainsi une huitaine de jours ; on avait
l'air de douter que l'ennemi osât se présenter sous les
murs de la place. Enfin l'artillerie sortit de ses hangars
et alla se placer fièrement dans ses embrasures ; mais
des huit cents pièces ordonnées *on n'en braqua pas la
moitié*, et, en parcourant les remparts après la reddition de la place, on reste frappé d'étonnement à la vue
du manque d'unité qui règne dans cette artillerie. Entre
des pièces de 24 et de 12 rayées, on rencontrait une
multitude de pièces lisses dont le tir sur les tranchées

ne devait pas être bien efficace, *tandis que dans les cours de l'arsenal, au centre de la ville, on apercevait* DES CENTAINES DE CANONS MONTÉS, rangés en longues files *et qui n'avaient pas quitté le parc ;* dans le nombre, beaucoup d'anciennes pièces lisses, mais *aussi beaucoup de pièces rayées entièrement neuves* et qui ne semblaient avoir, de leur vie, tiré que quelques coups d'essai.

Aussi les remparts étaient-ils fort incomplètement armés. Là où se trouvaient six embrasures *ne figuraient que deux canons ;* les pièces étaient en nombre suffisant, sans doute, pour battre la campagne dans toutes les directions, à supposer qu'on n'eût à combattre qu'un ennemi visible ; mais leur nombre devait être complètement inefficace contre les travaux d'un siège régulier. Aucune de ces grandes batteries armées de pièces de gros calibre faites pour contre-battre celles de l'ennemi, et que sur des remparts tout préparés, il est si facile d'établir autour des points vers lesquels se dirige l'attaque ; aucune de ces batteries formées de mortiers nombreux qui seuls auraient pu inquiéter sérieusement le travail des tranchées. Aussi les batteries ennemies ont-elles relativement fort peu souffert, et c'est à peine si les parallèles portent quelques traces du feu des Français[1].

Comment expliquer ces faits ? Nous supposons qu'il faut en chercher la cause dans l'insuffisance de toutes

---

1. Voir également l'ouvrage intitulé : *L'artillerie au siège de Strasbourg,* notes recueillies par un officier de l'artillerie suisse. (Paris, Tanera, p. 12, 22 et 38.)

choses qui s'est manifestée à Strasbourg, comme partout ailleurs en France, au moment de la surprise inattendue que réservait à ce pays l'invasion allemande.

Ainsi, la plus lamentable incurie n'a cessé, avant comme après l'arrivée de l'armée allemande, de présider à la défense de Strasbourg.

2. — Les Allemands ont trouvé à Strasbourg, après la capitulation, un matériel de guerre considérable. Une lettre de Strasbourg, qui a été publiée dans le journal *le Républicain d'Indre-et-Loire,* de Tours, du 28 juillet 1871, donne, au sujet de ce matériel de guerre, des renseignements d'une extrême précision. Cette lettre émane de l'un des plus vieux amis de Valentin, M. Louis Durr, qui a quitté Strasbourg après la guerre, et auquel la démocratie nancéienne, dont il était devenu l'un des chefs vénérés, a fait, en 1886, de magnifiques obsèques. En voici le texte :

18 juillet 1871.

Mon cher ami,

On va expédier cette semaine à Mayence 50,000 chassepots trouvés à l'arsenal de Strasbourg, après l'incendie qui en a dévoré un si grand nombre, 50,000 autres, dit-on. Et quand on pense que nos pauvres mobiles étaient aux avant-postes avec des fusils à percussion ou des fusils à tabatière ! Il est vrai qu'on leur a si souvent défendu de tirer sur les Prussiens qui travaillaient, en manches de chemise, à 100 ou 150 mètres des avant-postes, à creuser des tranchées, sous prétexte que ces travailleurs étaient des paysans français réquisitionnés par l'ennemi !

Brave général Uhrich ! Que ceux qui conservent encore des illusions sur son compte viennent donc à Strasbourg; ils retourneront complètement édifiés. Ils verront vendre, aux enchères publiques, 56 affûts de canon, quand on nous avait affirmé, le jour de la capitulation, qu'il n'en restait plus un seul. Ils verront à l'arsenal de magnifiques pièces de 24, qui n'ont jamais servi, tandis qu'il n'y avait sur les remparts que des pièces de rebut, dont quelques-unes dataient même de Louis XV et de Louis XVI. Ils verront vendre aux enchères une quantité fabuleuse de chemises de flanelle; 15,000 képis, des millions de couvertures, de capotes, de manteaux; des selles, des harnais en quantité innombrable, quand notre malheureuse garnison n'a rien pu emporter de tout cela, et qu'elle est allée mourir de froid et de misère en Allemagne !

Je vous garantis la complète exactitude de tous ces détails, et je ne redoute à cet égard aucun démenti. J'ajoute que les Prussiens sont encore stupéfaits d'avoir trouvé dans nos arsenaux ces immenses provisions d'objets d'équipement militaire, d'armes et de canons.

Voilà les hauts faits des généraux de l'Empire !

Le grand État-major prussien a précisé à son tour :

Indépendamment de la ville et de ses ouvrages, le vainqueur prenait encore possession des réserves métalliques de la Banque de France, *d'environ 1,200 bouches à feu non montées, de 800 affûts*[1], de plus de 200,000 armes à feu, d'approvisionnements considérables de munitions, et d'une grande quantité de riches dépouilles de guerre. (*La Guerre franco-allemande de 1870-1871*, 2e partie, 1er vol., p. 136[2].)

Ainsi, les Allemands ont trouvé à Strasbourg, le lendemain de la capitulation, environ 1,200 bouches à feu non montées et 800 affûts. Or, dans le rapport officiel sur la capitulation de Strasbourg, qu'il a adressé, au ministre de la

---

1. Ces indications sont conformes à celles de l'inventaire qui a été dressé au moment de la capitulation. (1re partie, 2e vol., p. 1264.)

2. D'après l'ouvrage du grand État-major prussien, la garnison a eu, pendant le siège, 2,000 tués ou blessés, et la population de Strasbourg 400 à 500 personnes tuées ou blessées. De plus, 448 maisons ont été entièrement détruites.

L'armée allemande n'a eu que 43 officiers et 863 sous-officiers et soldats tués ou blessés.

Enfin, par suite de la capitulation, 500 officiers et 17,000 sous-officiers et soldats français ont été faits prisonniers. (2e partie, 1er vol., p. 133-138.)

guerre[1], le général Uhrich dit que « le corps de siège a mis en batterie, depuis l'investissement jusqu'à la reddition de la place, plus de deux cents bouches à feu[2] », tandis que la défense n'a « pu lui opposer que *110 bouches à feu, dont 87 canons et 23 mortiers, d'un calibre bien inférieur* ».

C'est par ce rapprochement, d'une si saisissante éloquence, que nous terminons la troisième partie de cet ouvrage. Il n'est que trop vrai, hélas ! comme le disait Valentin en 1872, que le général Uhrich n'a pas su utiliser, pour la défense de Strasbourg, les grandes ressources dont

---

1. Nous empruntons ces détails au texte du rapport du général Uhrich au ministre de la guerre sur la capitulation de Strasbourg, tel que l'a donné M. le baron Du Casse, ancien chef d'état-major du général Uhrich, dans son *Journal authentique du siège de Strasbourg*. (Paris, Lacroix, Verboeckhoven et Cⁱᵉ, 1871, 1 vol. in-12, p. 63-70.)

Il est bon de remarquer que, dans ses *Documents relatifs au siège de Strasbourg*, publiés en 1872, le général Uhrich n'a inséré, sous le titre de rapport au ministre de la guerre, qu'une partie du document reproduit par M. le baron Du Casse, et a précisément omis le passage que nous citons, où se trouve le parallèle entre l'artillerie allemande et l'artillerie de la garnison.

2. Le capitaine d'artillerie de Bodenhorst dit, dans son ouvrage : *Le Siège de Strasbourg en 1870*, que, le jour de la capitulation, les Allemands possédaient 24 batteries armées de 146 canons rayés et 83 mortiers, dont 2 rayés.

il disposait. Ces canons français, qui n'ont pas servi contre les Allemands pendant le siège de Strasbourg, les Allemands les ont tournés contre les troupes françaises à Belfort, à Villersexel et à Dijon !

PIÈCES JUSTIFICATIVES ET DOCUMENTS HISTORIQUES

I

DOCUMENTS ANTÉRIEURS A 1870

Nº 1.

Acte de naissance de Valentin.

(27 avril 1822).

<table>
<tr>
<td>

UNTER-ELSASS

STANDESAMT
DER
TADT STRASSBURG

Vº *des Registers :* 629.

alentin, Marie-Edmond,
né le 27 avril 1822.
</td>
<td>

AUSZUG

AUS DEN

REGISTERN DER GEBURTS-URKUNDEN
</td>
</tr>
</table>

Déclaration faite à l'Hôtel de Ville de Strasbourg, dé-partement du Bas-Rhin, par-devant l'Officier de l'État civil, à onze heures du matin, le vingt-sept avril mil huit cent vingt-deux, de la naissance d'un enfant du sexe mas-culin, né en légitime mariage cejourd'hui à sept heures du matin, et nommé Marie-Edmond.

Prénoms et nom du déclarant : George-Benoît Valentin, âgé de trente-deux ans, domicilié en cette mairie.

Qualité ou profession : avocat.

Père de l'enfant : le déclarant.

Mère de l'enfant : Marie-Rose Hodel.

L'accouchement a eu lieu en la maison n° 33, place d'Armes.

Premier témoin : Jean-Baptiste-René Brissault, âgé de cinquante-trois ans, avocat.

Deuxième témoin : George-Philippe Valentin, âgé de cinquante-trois ans, juge de paix du canton nord de cette ville.

Les deux témoins domiciliés en cette mairie.

Lecture faite, l'Officier de l'État civil a signé avec les comparans.

Unterschrieben : Valentin, Brissault, Valentin.

L'Officier de l'État civil,

ENSFELDER.

Für gleichlautende Abschrift :

Strassburg den 20 Februar 1897.

Der Standesbeamte,

Signé : Illisible.

N° 2.

*Lettre du général de Chabron, député, relative au rôle
joué par Valentin dans une sédition militaire survenue
à Metz en 1848[1].*

Mon cher collègue,

M. Valentin, sur la conduite duquel vous me demandez
des renseignements pendant les événements de février
1848, à Metz, était, à cette époque, sergent-major dans la
compagnie dont j'étais capitaine, au 7e bataillon de chasseurs à pied. Il fut nommé adjudant sous-officier vers ce
moment[2]. J'ai remarqué la conduite de M. Valentin. Un
mouvement d'insubordination s'étant manifesté dans la
garnison de Metz, M. Valentin contribua pour une bonne
part par sa fermeté et son énergie à rétablir l'ordre. J'ai
toujours reconnu à M. Valentin une valeur incontestable.
Il avait dans l'armée un avenir assuré s'il n'avait pas dû
quitter le service.

Agréez, mon cher collègue, l'assurance de ma haute
considération.

Signé : DE CHABRON,
Député de la Haute-Loire.

---

1. Cette lettre, adressée à M. Feray, député de Seine-et-Oise,
le 16 janvier 1875, a été publiée dans le *Libéral de Seine-et-
Oise*, à l'occasion de la candidature d'Edmond Valentin à l'Assemblée nationale en remplacement de M. de Pourtalès.

2. Valentin a été nommé sous-lieutenant au 6e bataillon de
chasseurs à pied, le 9 octobre 1848. (Voir l'*Annuaire militaire
de 1849.*)

N° 3.

*Arrestation de Valentin, le 2 décembre 1851,
racontée par M. Victor Schœlcher.*

Nous nous sommes bornés à indiquer, dans la *Première partie* de cet ouvrage, les circonstances dans lesquelles Valentin avait été arrêté à son domicile de la rue du Bac, n° 23, le matin du 2 décembre 1851. Mais le récit complet de cette dramatique arrestation a été donné, d'après les indications de Valentin, par M. Victor Schœlcher, dans sa belle *Histoire des crimes du Deux-Décembre,* publiée à Bruxelles en 1852. Nous nous faisons un devoir de le reproduire ici :

Ce ne fut pas, comme chez M. Charras, à coups de hache, ce fut par trahison que l'on pénétra chez notre jeune collègue, M. Valentin, lieutenant aux chasseurs de Vincennes. Il occupait, rue du Bac, deux pièces dont l'entrée était commune avec l'habitation du propriétaire, M. Scaillette, ancien officier de la garde impériale. La porte de l'appartement était en bois de chêne, épaisse, d'une solidité exceptionnelle, munie d'un vasistas à grillage serré ; enfin, fermée à l'intérieur par deux forts verrous et un crochet de retrait en fer. Bien qu'il ne se préoccupât plus guère du coup d'État dont on parlait depuis si longtemps, M. Valentin n'avait pas cessé d'y croire. Aussi, profitant du hasard qui lui donnait une sorte de château fort, il avait prescrit de n'ouvrir, de nuit surtout, sous aucun prétexte, avant qu'on eût reconnu les visiteurs par le vasistas. Malgré cela, au moment où le commissaire de police Dourlens, accompagné de douze

sergents de ville et guidé par le concierge, arriva près de
la porte, elle lui fut ouverte par la servante de M. Scaillette, laquelle se chargea également d'introduire cette
étrange compagnie dans la chambre à coucher de M. Valentin. Tout s'était fait sans le moindre bruit, et notre collègue, profondément endormi, se trouva réveillé par deux
estafiers dont l'un le saisissait aux épaules et l'autre aux
pieds. Il ne doute point qu'il n'ait été livré, car en ouvrant
les yeux, il vit le commissaire de police déjà maître d'un
placard où se trouvaient déposées une carabine de tir et
deux paires de bons pistolets chargés. En même temps,
un des agents mettait la main sur le coffre d'un divan qui
contenait des papiers et une volumineuse correspondance.
M. Valentin doute d'autant moins qu'il ait été trahi par la
servante de M. Scaillette, que ces deux meubles furent les
seuls inspectés, et que ses habits et sa chaussure avaient
été enlevés de la chambre, où personne n'entrait d'ordinaire avant sept ou huit heures du matin. De ces diverses
circonstances réunies, il est impossible de ne pas conclure
ceci : la police savait que le jeune et bouillant représentant du peuple était bien armé ; elle savait que l'état des
lieux lui permettait de soutenir une espèce de siège ; enfin,
elle n'ignorait pas sa résolution, souvent exprimée, chez
lui, de se défendre jusqu'à la mort si on venait pour l'arrêter.

M. Valentin, réveillé en sursaut et reconnaissant à son
écharpe le commissaire de police, le somma d'exhiber ses
ordres. Après cela, se croyant encore seul arrêté, il déclara qu'il voulait écrire au président de l'Assemblée pour
réclamer sa protection et celle de l'Assemblée entière
contre l'atteinte portée en sa personne à l'inviolabilité de
la représentation nationale. La lettre était cachetée, elle
allait partir, lorsque le commissaire se ravisa et déclara
que personne ne sortirait avant que son mandat ne fût

exécuté. En même temps, il priait avec instance M. Valentin de s'habiller et de le suivre. Sans armes, sans vêtements, et contre de pareils antagonistes *munis de haches, d'épées, de leviers, de pistolets*, la lutte la plus désespérée était sans résultat et sans dignité. M. Valentin le comprit et se borna, avant de sortir du lit, à demander au commissaire de le délivrer des hideuses figures de ses agents, qui furent renvoyés dans la pièce voisine. Une fois habillé, il somma de nouveau M. Dourlens de se retirer ; il l'engagea à ne point charger sa propre responsabilité de l'exécution d'un mandat dont il ne pouvait méconnaître l'illégalité et l'infamie. M. Dourlens se troubla visiblement, sa conscience parlait ; mais en présence de deux sbires qui s'avancèrent, il s'écria que l'obéissance aux ordres de son chef était pour lui une nécessité qui le mettait à l'abri de toute responsabilité. « C'est ce que l'avenir nous apprendra », répliqua M. Valentin. Celui-ci prit alors à témoin de l'attentat dont il était victime quatre ou cinq habitants de la maison qui s'étaient réunis sur l'escalier, et descendit, entouré de sergents de ville, jusqu'à la porte de la rue, où attendait une voiture de la police, dont les portières étaient munies de cadenas. Le commissaire y monta après lui avec trois agents, deux prirent place sur le siège, et l'on se dirigea au grand trot vers Mazas. (*Histoire des crimes du Deux-Décembre*, Bruxelles, 2 vol. in-32, tome Ier, ch. I, § II, p. 59-63.)

M. Schœlcher a donné, dans le même ouvrage, également d'après les indications de Valentin, d'intéressants détails sur le séjour des représentants à Mazas et à Sainte-Pélagie. Nous le citons encore :

Autant les représentants détenus au Mont-Valérien furent bien traités, autant ceux enfermés à Mazas eurent à

se plaindre. Le régime de la prison fut pour eux *le même*
que celui des *condamnés criminels !* La nourriture était
à peu près suffisante, mais sa qualité très inférieure, et
servie avec une telle malpropreté, nous dit M. Valentin,
que, pendant les dix-sept jours passés là, il n'a pu goûter
à quoi que ce fût en dehors du pain et du vin. Les *représentants du peuple* ne sortaient pas non plus de leurs cel-
lules pour prendre l'air, *autrement que les voleurs*. Ils
étaient soumis aux mêmes formalités, aux mêmes précautions, à la même surveillance, pour se promener solitai-
rement pendant deux heures dans un petit préau !

Les citoyens déposés à Mazas, membres de l'Assemblée
et autres, étaient si nombreux, que, pour les loger, on
avait mis en liberté les condamnés criminels auxquels il
restait peu de temps à faire ! Le 17 décembre, on régula-
risa un peu ces moyens de sauver la société ; on concentra
à Sainte-Pélagie les représentants encore détenus à Vincennes, à Mazas et au Mont-Valérien. Tous, et c'était le
seul crime qui expliquât cette rigueur particulière, avaient
l'honneur d'appartenir à la Montagne.

Des élus du suffrage universel tombés au pouvoir de
l'ennemi, il ne resta donc plus en prison que MM. Baune
à Mazas (retenu par une violente attaque de goutte), Miot
à Bourges, et à Sainte-Pélagie, MM. Belin, Benoît (du
Rhône), Besse, Bourzat, Burgard, Chaix, Cholat, Delbetz,
Dufraisse, Duprat, Faure, Gambon, Greppo, Laboulaye,
Lafon, Lagrange, Latrade, Madet, Nadaud, Émile Péan,
Perdiguier, Racouchot, Renaud, Richardet, Thouret, Valentin.

A leur arrivée à Sainte-Pélagie, ces messieurs furent
répartis par groupes de deux, trois et quatre dans des
chambres si petites que tout l'espace était pris par les lits.
Une distribution de café au lait, outre les deux repas formant la nourriture ordinaire, et l'allocation journalière

d'une livre de bougies pour l'éclairage de huit à dix chambrées, furent les seules dérogations qui eurent lieu en faveur des représentants du peuple au régime de la prison.

Le service des chambrées était fait aux frais de nos collègues, par trois ou quatre détenus naturellement chargés de les espionner. A tous moments on surprenait ces hommes aux écoutes. Ils étaient logés dans le quartier même occupé par les membres de l'Assemblée nationale, et il leur arrivait fréquemment, la nuit, de se livrer à de véritables orgies avec du vin que leur abandonnaient nos amis, ou qu'ils faisaient acheter sous le nom de ces derniers. Au milieu de leur ivresse, ils affectaient de parler à haute voix et en termes orduriers, que les factionnaires placés dans la cour entendaient et ne manquaient pas de mettre sur le compte des représentants. Ceux-ci furent très longtemps avant d'obtenir du directeur qu'il mît un terme à des manœuvres où il n'était pas difficile de distinguer l'intervention de l'honorable M. de Maupas !

Vers le milieu de janvier, nos amis quittèrent enfin la prison pour l'exil. (*Histoire des crimes du Deux-Décembre*, tome Ier, ch. I, § IV, p. 104-107.)

N° 4.

Décret d'expulsion de soixante-six anciens représentants.

(9 janvier 1852.)

Le *Moniteur universel,* journal officiel de la République, du 10 janvier 1852, contient le décret suivant, qui figure en tête de sa partie officielle :

RÉPUBLIQUE FRANÇAISE

Au nom du peuple français,

Louis-Napoléon, Président de la République,

    Décrète :

Sont expulsés du territoire français, de celui de l'Algérie et de celui des colonies, pour cause de sûreté générale, les anciens représentants à l'assemblée législative dont les noms suivent :

Edmond Valentin, Paul Racouchot, Agricol Perdiguier, Eugène Cholat, Louis Latrade, Michel Renaud, Joseph Benoît (du Rhône), Joseph Burgard, Jean Colfavru, Joseph Faure (du Rhône), Pierre-Charles Gambon, Charles Lagrange, Martin Nadaud, Barthélemy Terrier, Victor Hugo, Cassal, Signard, Viguier, Charrassin, Bandsept. Savoye, Joly, Combier, Boysset, Duché, Ennery, Guilgot, Hochstuhl, Michot-Boutet, Baune, Bertholon, Schœlcher. de Flotte, Joigneaux, Laboulaye, Bruys, Esquiros, Madier-Montjau, Noël Parfait, Émile Péan, Pelletier, Raspail. Théodore Bac, Bancel, Belin (Drôme), Besse, Bourzat. Brives, Chavoix, Dulac, Dupont (de Bussac), Gaston Dussoubs, Guiter, Lafon, Lamarque, Pierre Lefranc, Jules Leroux, Francisque Maigne, Malardier, Mathieu (de la

Drôme), Millotte, Roselli-Mollet, Charras, Saint-Ferréol, Sommier, Testelin (Nord).

Art. 2. — Dans le cas où, contrairement au présent décret, l'un des individus désignés en l'article 1er rentrerait sur les territoires qui lui sont interdits, il pourra être déporté par mesure de sûreté générale.

Fait au palais des Tuileries, le conseil des ministres entendu, le 9 janvier 1852.

Signé : Louis NAPOLÉON.

Le Ministre de l'intérieur,
Signé : De Morny.

Un second décret portait que les anciens représentants Duvergier de Hauranne, Creton, général de Lamoricière, général Changarnier, Baze, général Le Flô, général Bedeau, Thiers, Chambolle, de Rémusat, Jules de Lasteyrie, Émile de Girardin, général Laidet, Pascal Duprat, Edgar Quinet, Antony Thouret, Victor Chauffour, Versigny étaient momentanément éloignés du territoire français et de celui de l'Algérie, pour cause de sûreté générale, et qu'ils ne pourraient rentrer en France ou en Algérie qu'en vertu d'une autorisation spéciale du Président de la République.

Enfin, le *Moniteur* du même jour publiait, en tête de sa partie non officielle, la note suivante :

INTÉRIEUR

Paris, le 9 janvier.

Le Gouvernement, fermement déterminé à prévenir toute cause de troubles, a dû prendre des mesures contre certaines personnes dont la présence en France pourrait empêcher le calme de se rétablir.

Ces mesures s'appliquent à trois catégories :

Dans la première figurent les individus convaincus d'avoir pris part aux insurrections récentes ; ils seront, suivant leur degré de culpabilité, déportés à la Guyane française ou en Algérie.

Dans la seconde, se trouvent les chefs reconnus du socialisme ; leur séjour en France serait de nature à fomenter la guerre civile ; ils seront expulsés du territoire de la République, et ils seront transportés s'ils venaient à y rentrer.

Dans la troisième sont compris les hommes politiques qui se sont fait remarquer par leur violente hostilité au Gouvernement, et dont la présence serait une cause d'agitation ; ils seront momentanément éloignés de France.

Dans les circonstances actuelles, le devoir du Gouvernement est la fermeté ; mais il saura maintenir la répression dans de justes limites.

Les divers décrets qui précèdent concernent seulement les anciens représentants.

Les sieurs Marc Dufraisse, Greppo, Miot, Mathé et Richardet seront transportés à la Guyane française.

N° 5.

« Le Proscrit », par Edgar Quinet et Victor Hugo.

C'est à Bruxelles qu'Edgar Quinet écrivit le *Livre de l'Exilé,* où l'on trouve d'admirables pages, dont voici quelques extraits :

Je me suis approché de la frontière, et j'ai prêté l'oreille ; et toute une nation rassemblée de l'autre côté ne faisait pas plus de bruit qu'un fleuve tari dans son lit ou qu'un désert sur lequel a passé un vent de mort....

Et je m'écriai :

Où est la France ?

Je ne sens plus le parfum de ses champs. Comment s'est-il exhalé ? La terre aussi a-t-elle perdu sa beauté ?

. . . .

Exilé, je vais revoir ton pays. Qui saluerai-je de ta part ?

— Tu salueras les pierres de deux tombeaux.

Dans le même livre, on trouve ces lignes du *Combat du proscrit :*

Il y a différentes manières de combattre. Le proscrit combat le jour et la nuit, sans un instant de relâche. Il combat parce qu'il respire. Il combat dans la vie et dans la mort. Il combat par sa vie errante, par ses soucis, par sa misère et celle des siens, par sa ruine, par son tombeau. Vivant ou mort, il est attaché comme le châtiment au proscripteur. Son existence est la protestation contre le crime. Aussi longtemps que dure le souvenir du proscrit (et quoi qu'on fasse rien ne peut l'effacer) le proscripteur est au ban de l'éternelle justice [1].

Victor Hugo, de son côté, a tracé, avec son éloquence enflammée, le portrait du proscrit :

Un homme tellement ruiné qu'il n'a plus que son honneur, tellement dépouillé qu'il n'a plus que sa conscience, tellement isolé qu'il n'a plus près de lui que l'équité, tellement renié qu'il n'a plus avec lui que la vérité, tellement jeté aux ténèbres qu'il ne lui reste plus que le soleil, voilà ce que c'est qu'un proscrit.

. . . .

L'exil est le pays sévère ; là tout est renversé, inhabitable, démoli et gisant, hors le devoir, seul debout, qui, comme un clocher d'église dans une ville écroulée, paraît plus haut de toute cette chute autour de lui.

. . . .

Tels sont les petits côtés de l'exil, voici les grands :
Songer, penser, souffrir.
Être seul et sentir qu'on est avec tous ; exécrer le succès du mal, mais plaindre le bonheur du méchant ; s'affermir comme citoyen et se purifier comme philosophe ; être pauvre, et préparer sa ruine avec son travail ; méditer et préméditer, méditer le bien et préméditer le mieux ; n'avoir d'autre colère que la colère publique, ignorer la haine personnelle ; respirer le vaste air vivant des solitudes, s'absorber dans la grande rêverie absolue ; regarder ce qui est en haut sans perdre de vue ce qui est en bas ; ne jamais

---

1. Le *Livre de l'Exilé*, p. 29.

pousser la contemplation de l'idéal jusqu'à l'oubli du tyran ; constater en soi le magnifique mélange de l'indignation qui s'accroît et de l'apaisement qui augmente ; avoir deux âmes, son âme et la patrie [1].

---

[1]. *Actes et Paroles, Pendant l'Exil*, p. 5, 7, 17.

N° 6.

Valentin à l'Académie royale militaire de Woolwich.

J'ai eu l'honneur d'adresser, le 12 février 1897, à M. le directeur de l'École militaire de Woolwich, une lettre dans laquelle, après lui avoir annoncé la publication prochaine du présent ouvrage, j'ajoutais :

J'ai inséré à la fin du volume un certain nombre de pièces justificatives, parmi lesquelles je voudrais faire figurer la décision rendue, au mois d'août 1872, par le conseil d'administration de l'École de Woolwich, et aux termes de laquelle la pension d'ancien professeur de Valentin était doublée en considération « de l'éclat qu'il avait jeté sur l'École par sa conduite héroïque ». Je vous prierai de vouloir bien me faire parvenir le texte de cette décision, dont Valentin était si justement fier, tel qu'il a été transcrit sur les registres de votre École.

Je n'ai pas besoin d'ajouter que je me ferai un devoir, Monsieur le Directeur, de vous adresser, dès qu'il aura paru, un exemplaire de mon livre pour la bibliothèque de l'École militaire de Woolwich.

Quelques jours après, j'ai reçu, en anglais, une réponse dont voici la traduction :

A MONSIEUR L. DELABROUSSE, BOULEVARD PEREIRE, N° 140, PARIS.

Collège d'artillerie, Barraques rouges, Woolwich.

23 février 1897.

Cher Monsieur,

J'espère que vous me pardonnerez de ne pas vous avoir encore répondu. En recevant votre lettre, je passai chez le commandant de l'Académie royale militaire, et lui demandai de rechercher dans ses archives les documents que vous demandez.

J'ai reçu sa réponse ce matin. Il a trouvé seulement que M. Valentin s'est retiré par suppression d'emploi et qu'il avait accompli ses devoirs avec assiduité et fidélité. La pension était de 85 livres 1 schelling 1 denier.

C'est là la sèche note officielle, très différente de l'estime et de l'affection avec lesquelles sa mémoire est gardée par les officiers d'artillerie et du génie qui ont eu la bonne fortune d'être ses élèves, et, dans certains cas, ses amis. Je les ai souvent entendus parler de lui, mais j'avais quitté l'Académie plusieurs années avant.

Quand on apprit à Woolwich qu'il était prisonnier en Allemagne, un de ces officiers me dit l'autre jour qu'ils avaient l'habitude de lui envoyer de temps en temps un panier de bonnes choses pour remplacer l'ordinaire de la prison ; le colonel estime très douteux que cela soit arrivé au pauvre prisonnier.

La vie du brave Français que vous dites si aimablement vouloir offrir à la bibliothèque de l'Académie sera grandement prisée, et je crois devoir vous en remercier par anticipation.

Je regrette de n'avoir pu vous aider en trouvant ce que vous me demandez, mais si je trouve quelque chose d'intéressant, j'écrirai de nouveau. Je ferai remarquer que M. Valentin était à l'Académie royale militaire, et non au Collège d'artillerie. Cette dernière institution se recrute d'officiers après qu'ils sont commissionnés, et la seconde lorsqu'ils sont cadets seulement.

Avec mes meilleurs souvenirs, croyez-moi tout à vous.

Signé : CHENEOIX TRENCH,
Colonel directeur.

II

DOCUMENTS RELATIFS A L'ANNÉE 1870

A. — *Siège et Bombardement de Strasbourg.*

N° 7.

Un vote du Corps législatif impérial relatif à Strasbourg.
(31 août 1870.)

Dans l'une de ses dernières séances, celle du 31 août
1870, le Corps législatif de l'Empire, après avoir entendu les renseignements qui lui étaient donnés par
l'un de ses membres, M. Keller, député du Haut-Rhin,
sur le bombardement de Strasbourg et sur la situation
de l'Alsace, déclara, par un vote d'acclamation, que
la population de Strasbourg avait bien mérité de la
patrie, et qu'elle ne cesserait pas d'être française.
Nous reproduisons l'extrait du compte rendu du *Journal officiel* qui relate cet incident :

M. KELLER... Savez-vous quelle a été après la démarche
de l'évêque [1] la réponse de la population. Tous, hommes,
femmes, enfants, tous ont dit qu'ils refusaient de se rendre
et qu'ils aimaient mieux s'enterrer sous les ruines de la

---

1. La démarche faite par M. Ræss, évêque de Strasbourg, auprès du général de Werder, le 25 août 1870.

ville! (*Bravos et applaudissements sur tous les bancs de la Chambre.*)

M. Ernest Picard. Il faut les secourir!

M. Keller. Je demande à la Chambre de déclarer, par un vote immédiat et unanime, que l'héroïque population de Strasbourg a bien mérité de la patrie!...

De toutes parts : Oui! oui! (*Applaudissements prolongés.*)

M. Keller. Et que jamais, — entendez-moi bien —, que jamais elle ne cessera d'être Française! (*Oui! Oui! nous le jurons tous!*)

Eh bien, je demande que la Chambre veuille bien se lever tout entière pour qu'il n'y ait aucun doute sur son unanimité.

(La Chambre tout entière se lève aux cris répétés : Oui! oui! nous le jurons! — *Sensation profonde.*)

M. le président Schneider. Je constate que ce vote d'acclamation est unanime. (Oui! oui! *Très bien! très bien!*)

M. Keller. Messieurs, je remercie en ce moment, moi qui suis Alsacien, qui veux rester Français, je remercie en ce moment la France entière, dont vous êtes les représentants, de l'engagement que vous prenez ici en son nom. (Oui! oui! — *Nouveaux applaudissements.*) — Dieu en est témoin!

M. Achille Jubinal. C'est un engagement sacré!

M. le comte de La Tour. Oui! oui! Nous le décrétons. Quand nous devrions pour cela donner notre dernier homme, la ville de Strasbourg restera française. (Oui! oui!)

. . . .

Au moment où le Corps législatif votait cette motion, le chef du ministère, M. le général Cousin-Montauban, comte de Palikao, ministre de la guerre était absent. La séance ayant été suspendue à cinq heures et reprise à six heures un quart, le ministre de la guerre pria le Corps législatif de « comprendre dans ses éloges les soldats qui composaient la garnison de Strasbourg et le commandant qui était à leur tête ». Ce langage fut, d'après le *Journal officiel,* accueilli par de vifs et unanimes applaudissements.

Ce n'étaient là, hélas ! que des paroles, quand il aurait fallu des actes prompts et énergiques. M. Keller, il est vrai, avait demandé au Corps législatif d'agir. Après avoir dénoncé les autorités impériales qui refusaient de donner des armes à la population militaire et patriotique de l'Alsace, il avait conclu par le dépôt de la proposition suivante : « Il sera nommé une commission chargée d'examiner la situation des départements du Haut et du Bas-Rhin et l'opportunité de la nomination d'un commissaire extraordinaire chargé de pourvoir à la défense dans ces deux départements. »

Mais le ministre de la guerre, en quelques phrases dédaigneuses, combattit cette proposition comme illégale et inutile ; et, docile jusqu'au bout, le Corps législatif, par 181 voix contre 57, repoussa l'urgence.

Ce vote signifiait que l'Empire abandonnait Strasbourg et l'Alsace à leur malheureux sort !

N° 8.

Appel aux Alsaciens (1ᵉʳ septembre 1870).

Les journaux *l'Avenir national* et *le Temps,* du 1ᵉʳ septembre 1870, ont publié en première page, sous le titre de « Appel aux Alsaciens, » la note suivante qui a paru également dans plusieurs autres organes libéraux ou démocratiques :

Les Alsaciens présents à Paris sont invités à se réunir demain, jeudi, 1ᵉʳ septembre, à 10 heures précises du matin, à la Taverne alsacienne, rue Beauregard, n° 1, au coin de la rue Poissonnière, pour adopter et signer une protestation contre les horreurs injustifiables du bombardement de Strasbourg par les Prussiens, et contre le refus d'armer les gardes nationales alsaciennes dans les localités non encore atteintes par l'invasion.

Signé : A. TACHARD, député du Haut-Rhin au Corps législatif.

M. ENGELHARD, avocat à Strasbourg.

V. SCHŒLCHER, ancien représentant.

REEB, brasseur à Strasbourg.

A. BRUCKNER, capitaine d'artillerie, ancien représentant du Bas-Rhin.

E. SEINGUERLET, rédacteur de l'*Avenir national.*

Ed. VALENTIN, lieutenant de chasseurs, ancien représentant du Bas-Rhin.

A. PUTHOD, du Haut-Rhin, avocat à Paris.

HETZEL, éditeur à Paris.

Alfred MARCHAND, rédacteur du *Temps.*

N° 9.

*Manifestation patriotique en l'honneur de Strasbourg.
faite à l'Alcazar de Paris le 1er septembre 1870.*

Voici en quels termes le journal *le Temps,* du 2 septembre 1870, rend compte de cette imposante manifestation :

Nous venons d'assister à une grande et patriotique démonstration faite par les Alsaciens présents à Paris.

Plus de 2,000 d'entre eux avaient répondu à l'appel qui leur avait été adressé hier.

Les locaux de la Taverne alsacienne ne pouvant contenir l'assemblée, elle s'est transportée à l'Alcazar, qui s'est empressé de lui ouvrir ses portes.

M. Tachard, député du Haut-Rhin, ayant proposé de conférer la présidence à M. Schœlcher, ancien représentant du peuple, la réunion nomme ce dernier par acclamation.

Le président explique le but de la réunion, qui est double. Les Alsaciens ont à cœur de protester contre l'incurie du gouvernement qui, refusant d'armer la population au commencement de la guerre, a livré les provinces les plus patriotiques à l'invasion, et qui, en ce moment encore où ces provinces sont si cruellement éprouvées, ne consent pas à armer la garde nationale.

Ils demandent que des armes et tous les secours possibles soient envoyés sans retard en Alsace. La salle entière appuie de la façon la plus énergique les paroles du président, et proteste avec indignation contre l'abandon où le gouvernement laisse la province la plus exposée.

Après quelques détails communiqués à l'assemblée, par

MM. Engelhard et Tachard, sur le bombardement de Strasbourg et la situation de l'Alsace, détails que nous donnons nous-mêmes dans le corps du journal, M. l'avocat Hermerdinger demande que M. Tachard porte à la tribune la demande d'un envoi d'urgence de corps destinés à porter secours à Strasbourg.

M. Engelhard donne lecture d'un projet de protestation contre les actes de vandalisme commis par l'armée prussienne, protestation à laquelle est jointe la demande la plus instante de secours destinés à empêcher la ruine complète de la ville, qui est la défense la plus importante de la France. Cette protestation est accueillie par une manifestation ardente et unanime de l'assemblée. Elle est ainsi conçue :

Protestation des Alsaciens.

« Les Alsaciens présents à Paris protestent contre les cruautés dont Strasbourg est la glorieuse victime.

« Faire pleuvoir les boulets rouges et les bombes à pétrole sur une ville de près de 100,000 habitants, incendier les propriétés privées, détruire les cathédrales, les bibliothèques et les musées, refuser de laisser sortir d'une place assiégée les femmes et les enfants, forcer des hommes à travailler aux tranchées ouvertes contre leurs compatriotes, ce sont là des violations odieuses des lois de la guerre qu'il faut dénoncer à l'indignation du monde civilisé.

« Ils protestent également contre le refus de l'autorité militaire d'armer les gardes nationales de l'Alsace dans les localités non encore atteintes par l'invasion.

« Ils demandent que le Corps législatif ne se borne pas à décréter que Strasbourg a bien mérité de la patrie, mais qu'il se prononce énergiquement sur l'urgence d'envoyer des secours en Alsace, pour empêcher la ruine complète et la reddition d'une place forte qui constitue le principal boulevard de la France. »

M. Léon Mirès déclare que tous les Parisiens, que tous les Français s'associeront à cette manifestation.

M. Louis Ratisbonne prononce avec émotion ces belles paroles : « Strasbourg a bien mérité de la patrie ; que la France à son tour mérite bien de Strasbourg et de l'Alsace ! »

M. Dreyfuss propose d'ouvrir une souscription qui permette d'acheter des armes et de les envoyer aux populations envahies, si le gouvernement persiste à ne pas leur en envoyer. Cette proposition, acclamée avec chaleur, est aussitôt mise à exécution [1].

Sur la proposition du président, la réunion nomme 12 délégués chargés de porter la protestation à M. Jules Favre, afin qu'aujourd'hui même ce député en donne connaissance au Corps législatif[2]. Ces délégués sont MM. Tachard, député du Haut-Rhin ; M. Schœlcher, ancien représentant du peuple ; M. Valentin, ancien représentant du peuple ; M. Engelhard, avocat à Strasbourg ; M. Reeb, brasseur à Kœnigshoffen ; MM. Siebecker, Erckmann, Dreyfuss, Ratisbonne, Seinguerlet, Puthod, Alfred Marchand[3].

---

1. Les souscriptions devront être adressées à M. Dreyfuss, 13, rue Lafayette. (*Note du journal.*)

2. M. Jules Favre, en effet, a donné lecture de cette pétition au Corps législatif à la séance du 1er septembre. (Voir le *Journal officiel* du 2 septembre 1870.)

3. Les noms de MM. Seinguerlet et Puthod, que le *Temps* avait omis, figurent dans d'autres journaux et ont été donnés par M. Alfred Marchand lui-même dans la brochure qu'il a publiée sous ce titre : *Le Siège de Strasbourg, 1870*. Paris, Joël Cherbuliez, 1 vol. in-18.

Les Parisiens présents à l'assemblée ayant demandé à appuyer cette démarche, l'assemblée charge MM. Etienne Arago et Brisson de se joindre à la délégation.

M. Etienne Arago glorifie l'Alsace au nom du Midi de la France. M. Brisson propose que la réunion de l'Alcazar déclare nul d'avance tout traité qui cèderait à l'ennemi un pouce de terrain. Des bravos frénétiques répondent à cette motion. La même manifestation accueille quelques paroles du président.

On avait proposé de porter la protestation non seulement au Corps législatif, mais encore au ministère de la guerre. M. Schœlcher croit répondre au sentiment de l'assemblée et de nos frères de Strasbourg en demandant qu'on ne s'adresse pas au gouvernement, sur qui retombent les effroyables épreuves auxquelles l'Alsace est soumise, et qu'on se borne à faire un appel à la Chambre. Une triple salve d'applaudissements témoigne de l'approbation de la réunion.

L'assemblée, avant de se séparer, autorise le comité à convoquer une nouvelle réunion, qui prendrait au besoin de nouvelles résolutions.

Enfin, la bannière de Strasbourg est amenée à la tribune, et le président demande trois vivats en l'honneur de l'héroïque ville. A ce moment, une émotion indescriptible s'empare de l'assemblée, émotion où l'amour le plus sincère de la France se mêle à l'enthousiasme que provoque la résistance héroïque de Strasbourg, et à la douloureuse sympathie que nous éprouvons pour les souffrances de ses enfants.

L'Assemblée se sépare en acclamant également Phalsbourg, Wissembourg et Toul.

Signé : Alfred MARCHAND.

N° 10.

Avis relatif à la formation de compagnies franches.

(14 août 1870.)

6ᵉ DIVISION MILITAIRE

COMPAGNIES FRANCHES DE STRASBOURG [1]

Il sera formé, pour la défense de la ville, des batteries et compagnies franches, composées d'artilleurs, de cavaliers et de tirailleurs volontaires.

Ne seront admis dans ces batteries et compagnies que des hommes ayant plusieurs années de services militaires.

Pas d'uniforme : un brassard pour signe de ralliement.

Les enrôlements sont reçus à la Préfecture. Ils reposent essentiellement sur l'honneur des volontaires quant à la durée et à la nature du service.

Fait à Strasbourg, le 14 août 1870.

*Le Général de division,
commmandant supérieur,*

Signé : UHRICH.

Le Préfet du Bas-Rhin,

Signé : Baron PRON.

---

1. Cette affiche, avec le texte allemand en regard du texte français, a été reproduite en fac-similé dans les *Murailles d'Alsace-Lorraine*, p. 164. Elle a été imprimée à l'imprimerie de veuve Berger-Levrault, imprimeur de la préfecture.

N° 11.

*Avis relatif à la formation d'une compagnie
de francs-tireurs.*

(16 août 1870.)

DÉPARTEMENT DU BAS-RHIN

MAIRIE DE LA VILLE DE STRASBOURG

FRANCS-TIREURS

D'ALSACE [1]

Répondant à un vœu généralement exprimé pour la
formation d'une compagnie de francs-tireurs volontaires,
le Maire prévient les habitants que le registre d'inscription est, à dater de demain mercredi, ouvert à la Mairie,
bureau de l'état civil, de 8 heures du matin à 5 heures
du soir.

Tous les citoyens faisant partie d'une société de tir ou
habitués à l'exercice du tir sont invités à se faire inscrire
dans les 48 heures.

Strasbourg, le 16 août 1870.

Pour le Maire,

L'Adjoint délégué,

Signé : MALLARMÉ.

---

1. Cette affiche, avec le texte allemand en regard, a été imprimée à l'imprimerie de veuve Berger-Levrault. Elle se trouve
reproduite en fac-similé dans les *Murailles d'Alsace-Lorraine,*
p. 165.

N° 12.

Proclamation aux habitants de Strasbourg.

(22 août 1870.)

6ᵉ DIVISION MILITAIRE

———

HABITANTS DE STRASBOURG [1].

Le moment solennel est arrivé.

La ville va être assiégée et soumise aux dangers de la guerre.

Nous faisons appel à votre patriotisme, à votre virile énergie, afin de défendre la capitale de l'Alsace, la sentinelle avancée de la France.

Des armes seront délivrées aux citoyens désignés par M. le Maire à l'effet de concourir à la protection de nos remparts.

Amis ! courage ! La Patrie a les yeux sur nous !

Fait au quartier général à Strasbourg, le 22 août 1870.

Le Préfet du Bas-Rhin,
Signé : BARON PRON.

Le Maire de Strasbourg,
Signé : HUMANN.

Le Général de division,
commandant supérieur,
Signé : UHRICH.

———

1. Cette affiche, avec le texte allemand au-dessous du texte français, a été imprimée à l'imprimerie de veuve Berger-Levrault, imprimeur de la préfecture. Elle se trouve reproduite en fac-similé dans les *Murailles d'Alsace-Lorraine*, p. 168.

N° 13.

*Dépêche du général de Palikao, ministre de la guerre,
et réponse du général Uhrich.*

GUERRE A COMMANDANT SUPÉRIEUR BELFORT, A COMMANDANT
SUPÉRIEUR SCHLESTADT.

Paris, le 29 août 1870, 7ʰ25ᵐ soir.

Faites passer au général Uhrich, le plus promptement
possible, le télégramme chiffré ci-après : « Tenez le plus
longtemps possible ; une bataille vers Metz est imminente,
et on a tout lieu d'espérer un heureux résultat. Comme
dernière ressource, la garnison doit exécuter un coup
d'audace ; elle pourrait peut-être pendant la nuit franchir
le Rhin et se jeter dans le pays de Bade, où il ne se trouve
que fort peu d'ennemis, et repasser le Rhin plus haut [1] ».

Schlestadt, le 13 septembre, 2ʰ40ᵐ soir.

Urgence. — Communiquée par le préfet du Bas-Rhin,
du vendredi 9 septembre, à deux heures du soir, Schlestadt.

---

1. Le texte de cette dépêche a été reproduit dans les *Papiers
secrets et correspondance du second Empire*, édition Poulet-
Malassis. (Paris, Auguste Ghio, 1877, p. 269). La dépêche n'est
parvenue à sa destination que le 1ᵉʳ septembre. Le *Journal officiel* du 14 septembre a publié la réponse du général Uhrich. Elle
paraît avoir été écrite le 2 septembre, jour de la sortie dirigée
contre les batteries ennemies du front ouest.

GÉNÉRAL UHRICH A GUERRE, PARIS

Situation empirée, bombardement sans trève, artillerie foudroyante. Je tiendrai jusqu'au bout. Comment pourrais-je passer le Rhin, sans pont, sans bateaux ? Abandonnez cette idée impraticable. Sortie honorable ce matin, mais chère, et sans résultat autre que le respect imposé à l'ennemi.

N° 14.

*Dépêche du Ministre de l'intérieur au Préfet
du Bas-Rhin.*

(5 septembre 1870.)

Paris, le 5 septembre 1870, 9ʰ3oᵐ du soir.
Expédiée : Schlestadt, 6ʰ3ᵐ du matin.

INTÉRIEUR A PRÉFET DU BAS-RHIN (STRASBOURG)

Monsieur,

Vous êtes invité à résigner vos fonctions entre les mains
de M. Edmond Valentin.

Pour copie conforme, le chef de service,

Signé : WECK [1].

------

[1]. Le texte de cette dépêche a été publié dans l'ouvrage intitulé : *Strasbourg, journal des mois d'août et septembre 1870.*
Paris, Sandoz et Fischbacher, 1874. 1 vol. gr. in-8, p. 324.

N° 15.

COMMISSION MUNICIPALE DE STRASBOURG

Séance du 15 septembre 1870.

PRÉSIDENCE DE M. KÜSS

*Nomination du président de la commission municipale
et de ses adjoints.*

M. Küss ouvre la séance en s'exprimant ainsi :

Messieurs,

Pour justifier ma présence à la place que vous me voyez occuper, je vais vous donner lecture de l'arrêté qui m'a été remis par M. le général commandant supérieur.

Cet arrêté nomme membres de l'administration mucipale :

M. Küss, président; MM. Leuret, ancien adjoint; Weyer, architecte; Flach, notaire, et Zopff, ancien adjoint.

Ainsi que vous avez pu le remarquer, dit M. le président, l'arrêté dont je viens de vous donner lecture porte qu'il a été pris par le général, *après s'être concerté avec le préfet intérimaire;* or, me conformant en cela aux sentiments qui ont été exprimés dans notre dernière séance, je me suis rendu chez le général pour lui déclarer que le préfet n'avait pas la confiance de la population, et que les vœux de la commission muni-cipale étaient de le voir cesser sans délai ses fonctions. Le général ayant fait part au préfet de ma démarche, ce dernier a, dans un but de conciliation, déposé sa démission et renoncé aux fonctions qu'il exerçait par intérim.

M. Humann informe qu'il a fait remettre à M. Stæh-ling, pour être expédié par ses soins, le pli contenant la démission officielle adressée par le préfet au gou-vernement provisoire.

Je complète ma communication, dit M. le président, en vous informant qu'il résulte d'une dépêche télégra-phique arrivée à Schlestadt le 5 de ce mois, et parve-nue depuis à M. Pron, que le gouvernement provisoire a nommé, comme son successeur à la préfecture du Bas-Rhin, M. Edmond Valentin.

Dans la douloureuse situation imposée à Strasbourg depuis le commencement de la guerre, dit M. Schnée-gans [1], et après les sacrifices immenses que notre vail-

---

1. C'est le triste personnage qui, étant rédacteur du journal *le Courrier du Bas-Rhin,* est devenu membre de la commission mu-nicipale de Strasbourg, le 31 août 1870. Il a été l'inspirateur, sinon le rédacteur de la résolution du 18 septembre tendant à la reddition de Strasbourg, ainsi que l'auteur de la motion, adoptée le même jour, aux termes de laquelle le titre de citoyen de Stras-bourg était décerné au général Uhrich. Élu représentant du Bas-Rhin à l'Assemblée nationale, le 8 février 1871, après la protes-tation des représentants de l'Alsace et de la Lorraine contre l'annexion et leur départ de l'Assemblée, il a vainement essayé de se faire nommer administrateur du territoire de Belfort par

lante population a faits à la patrie, je crois que le Gouvernement, un gouvernement républicain surtout, doit, plus qu'à un autre moment, tenir compte des vœux des habitants de Strasbourg.

Je ne connais pas M. Valentin ; je n'ai aucune objection personnelle à faire contre sa nomination, mais je suis forcé de constater que, depuis bien longtemps il est absent de Strasbourg, qu'il ne s'y trouve pas maintenant, et qu'on ne saurait dire quand il lui sera possible d'y arriver, à travers les lignes ennemies qui

---

M. Thiers, puis il a rédigé pendant quelque temps le *Journal de Lyon*. Au mois d'août 1873, il a brusquement abandonné sa patrie pour travailler, de concert avec ses amis les autonomistes alsaciens, à la germanisation de l'Alsace. Elu député au Reichstag dans la circonscription de Saverne, en 1878, comme candidat autonomiste, il n'a pas tardé à recevoir des mains de M. de Bismarck le prix de sa trahison. Il a été nommé d'abord consul de l'empire allemand à Messine, et il est aujourd'hui consul allemand à Gênes.

Ce renégat avait publié, au mois de novembre 1870, sous forme de feuilletons, dans le journal *le Nord*, de Bruxelles, une série d'articles intitulés : *Un mois de bombardement, par un réfugié strasbourgeois,* qui ont été réunis depuis en volume, après avoir subi certains changements. Dans le feuilleton du 18 novembre, il avait prétendu que la nomination de Valentin comme préfet, et celle de M. Maurice Engelhard, comme maire, ayant été portées à la connaissance des Strasbourgeois, la voix populaire s'était écriée :

« Et nous refusons d'accepter aussi ce préfet que nous ne connaissons pas, qui doit être sans doute *l'alter ego* de ce maire que nous ne connaissons que trop, et qui n'a que faire chez nous. Qu'on nous laisse faire nos affaires, et que les Parisiens s'occupent de Paris ! »

environnent la ville de toutes parts ; or, ce n'est pas un préfet *extra-muros* qui peut nous convenir ; il nous faut un homme prêt à prendre en main, sans aucun retard, les intérêts du département, et à pourvoir, de concert avec le général, et d'une manière pratique et incessante, aux rigoureuses exigences de la situation.

Dans ces circonstances, je crois que la commission ne devrait point s'arrêter à cette nomination, quitte à s'entendre plus tard avec le gouvernement, et qu'elle devrait désigner un préfet de son choix, en remplacement du préfet démissionnaire.

.   .   .   .

Séance du 16 septembre 1870, à 2 heures de relevée.

PRÉSIDENCE DE M. KÜSS, PRÉSIDENT DE LA COMMISSION MUNICIPALE

.   .   .   .

.   .   .   .

M. le président donne lecture de l'arrêté suivant qui vient de lui être remis à l'instant :

RÉPUBLIQUE FRANÇAISE

SIXIÈME DIVISION MILITAIRE

État-major.

Nous, général de division, commandant supérieur de la 6ᵉ division militaire ;

Vu la lettre par laquelle M. le baron Pron, préfet du Bas-Rhin, s'est démis de ses fonctions ;

Vu la lettre qui nous a été adressée au sujet de son remplacement par M. le président de la commission municipale ;

Procédant en vertu des pouvoirs extraordinaires qui nous sont conférés par l'état de siège ;

Avons arrêté ce qui suit :

1º M. Charles Bœrsch, conseiller général, est délégué pour l'administration du département du Bas-Rhin ;

2º M. le président de la commission municipale est chargé de l'exécution du présent arrêté.

Le présent arrêté sera publié par voie d'affiches.

Expédition en sera adressée à M. Bœrsch.

Signé : UHRICH.

Strasbourg, le 15 septembre 1870.

La lecture de cet arrêté est accueillie avec les applaudissements de l'assemblée.

B. — Entrée de Valentin dans Strasbourg assiégé.

N° 16.

Itinéraire suivi par Valentin du 9 au 19 septembre 1870 [1].

9 septembre. — COLMAR, Schlestadt, Müttersholtz, Bindernheim, *Friesenheim* (canal), [1re arrestation], *Booftzheim.*

10 septembre. — *Benfeld,* Booftzheim, Rhinau, Kappel, Ettenheim, *Lahr.*

11 septembre. — *Achern.*

12 septembre. — Bischoffsheim, Linx, Bodersweier, Willstett, *Marlen* [2e arrestation], *Kehl,* Neumühl, Kork, Willstett, Sand, Griefsheim, Bühl, *Offemburg.*

13 septembre. — Windschlæg, Appenweier, Renchen, Achern, Ottersweier, *Hub* (la).

14 septembre. — Buehl, Steinbach, Sinzheim, Oos, Kippenheim, Rastatt, Muggensturm, Malsch, Ettlingen, *Karlsruhe.*

---

1. Pour la période comprise entre le 9 et le 16 septembre, cet itinéraire est conforme aux indications du journal d'Auguste Stoss et au tracé de sa carte ; nous l'avons complété, pour la période du 16 au 19 septembre, à l'aide des renseignements de Valentin, corroborés par ceux de MM. Lange et Fruhinsholz.

Les noms en petites capitales indiquent le point de départ et le point d'arrivée. Les noms en italiques désignent les lieux où Valentin a été arrêté et interrogé, et ceux où il a passé la nuit.

15 septembre. — Muehlburg, Knielingen, Maximiliansau, Langenkandel, Winden, Schaedt, *Wissembourg*.

16 septembre, — Oberhoffen, Riedseltz, Ingolsheim,
Schönenbourg, Soultz, Sourbourg, Kaltenhausen, *Bischwiller*.

17 septembre. — Hœrdt, Reichstett, Hœnheim, Bischheim, Schiltigheim.

17, 18 et 19 septembre. — *Schiltigheim*.

19 septembre. — STRASBOURG.

N° 17.

Lettre de Valentin à M. Raymond Signouret[1].

Lyon, le 2 octobre 1871.

. . . .
. . . .

Parti de Paris, le 5 septembre au soir, avec la résolution bien déterminée d'arriver au poste que m'avait assigné le gouvernement de la Défense nationale, je suis entré le 8 au soir dans les lignes prussiennes, à Barr[2], après diverses courses dans le Haut-Rhin, destinées à donner le change aux espions prussiens mis à mes trousses. Trouvant les avant-postes impossibles à franchir de ce côté, je me portai sur le canal du Rhône au Rhin, où, le 9, à dix heures du soir, je fus arrêté par une reconnaissance prussienne, retenu prisonnier pendant quinze heures, et relâché grâce à un passeport américain dont j'étais muni et à ma connaissance parfaite de la langue anglaise, au moyen desquels je réussis à déjouer la vigilance de l'état-major allemand, à Benfeld, où l'on m'avait transféré.

Escorté jusqu'à Lahr (rive droite du Rhin), je me rendis, dès que je fus débarrassé de mes surveillants, dans les environs d'Achern, d'où je gagnai les bois qui longent le

---

1. Cette lettre a été insérée par M. P. Raymond Signouret dans son ouvrage : *Souvenirs du bombardement et de la capitulation de Strasbourg*, Bayonne, Cazals, 1872, 1 vol. in-12, p. 236-239.

2. Il y a là une légère erreur, que le journal d'Auguste Stoss nous a permis de rectifier dans notre récit. En réalité, une fois arrivé à Schlestadt, Valentin, qui avait eu primitivement l'intention de passer du côté de Barr, ne s'est pas dirigé de ce côté, mais du côté de Müttersholtz.

Rhin à la hauteur de Marlen, en face de la citadelle de Strasbourg.

J'étais arrivé sur le bras principal du fleuve et m'apprêtais à le traverser à la nage, quand une patrouille, envoyée sur mes traces du village de Marlen, s'empara de moi de nouveau et me conduisit au quartier général, à Kehl, établi à l'hôtel de la Poste, où je suis bien connu du propriétaire et des gens de la maison, y ayant fait de longs et fréquents séjours à l'époque où l'entrée de la France m'était fermée.

Fort heureusement, l'élément militaire avait tout envahi ; aucune des personnes de la maison ne se trouva présente, et grâce à mon passeport et à l'assurance avec laquelle je soutins ma nationalité *yankee,* je fus encore une fois mis en liberté, mais avec injonction péremptoire, inscrite sur le passeport, de sortir dans les douze heures du rayon d'opérations des armées allemandes.

Ce passeport me devenant désormais inutile, et ayant échoué sur trois des quatre points cardinaux, je revins à mon projet primitif de prendre le taureau par les cornes et de percer la ligne d'investissement sur le front d'attaque même, au nord de la ville.

A cet effet, je descendis le Rhin jusqu'à la hauteur de Maximiliansau et me rendis à Wissembourg par Landau. J'y trouvai quelques patriotes dévoués, dont je fus reconnu par hasard ; avec leur concours, et accompagné par l'un d'eux et par une vaillante dame alsacienne, fille d'un des plus vieux et dévoués républicains de Strasbourg, je pénétrai jusqu'au quartier général même du général de Werder et passai deux jours entiers dans la maison où il prenait ses repas, l'entendant, à diverses heures du jour et de la nuit, s'enquérir brutalement s'il n'avait pas été observé d'étrangers dans la localité.

Le 19 au soir, guidé par les renseignements recueillis

dans l'intervalle, je me dirigeai sur Schiltigheim, et,
averti par la lueur des pipes et des cigares que la tranchée
reliant les deux batteries placées à gauche et à droite de
la *petite route*, et derrière laquelle je me tenais embusqué
depuis la chute du jour, se trouvait momentanément dé-
garnie, les soldats se rapprochant des batteries pour recevoir une ration de café, je franchis cette tranchée d'un
bond et je me jetai à plat ventre dans les champs de
pommes de terre et de maïs qui se trouvaient en avant.
Au bout de quelques minutes, je commençai mon voyage
à quatre pattes dans la direction du glacis de la place ;
mais bientôt le mouvement des tiges dans les champs
trahit ma présence, et, des batteries comme de la parallèle,
s'ouvrit un feu d'artillerie et de mousqueterie qui m'accompagna jusque sur les bords de l'Aar, où j'arrivai au
bout de trois quarts d'heure de cheminement pénible, les
boulets, balles et obus continuant à pleuvoir autour de
moi. Après un intervalle de repos, je me jetai à la nage
dans l'Aar, en avant de la lunette 56[1] ; mais, arrivé à la
rive opposée, je m'embarrassai dans les herbes et roseaux
qui la bordent, et me vis obligé de rebrousser chemin et
de revenir au point de départ. Un peu plus haut, je parvins à distinguer un endroit dégagé, et, me remettant à la
nage, je réussis à aborder et à gagner la place d'armes du
chemin couvert, que je trouvai abandonnée, labourée par

---

1. Le texte des *Souvenirs du bombardement et de la capitulation de Strasbourg*, porte, en cet endroit et plus bas : « lunette 57 ». Il y a là, certainement, une erreur typographique. En
effet, dans le récit qu'il nous a fait en 1872, Valentin a dit qu'il
était entré dans Strasbourg par la lunette 56. La lunette 56 est
indiquée également comme point de pénétration de Valentin, par
le grand État-major prussien (2ᵉ partie, 1ᵉʳ vol., p. 115, note **).
D'ailleurs, le nᵒ 57 était porté à Strasbourg par le retranchement
du Contades, que couvrait la lunette 56.

les bombes, dans les cratères ou entonnoirs desquels je tombai à plusieurs reprises, et d'où je me retirai à grand'-peine, épuisé comme je l'étais.

Arrivé au bord du fossé inondé qui couvre la lunette 56, je passai une longue demi-heure à héler la sentinelle et les postes établis à l'extérieur ; mais en vain, rien ne parut. Le froid me gagnait, mes dents claquaient, et, entre la perspective d'une pleurésie et de quelques balles de plus à affronter (françaises, il est vrai), il n'y eut plus à hésiter. Je me rejetai à la nage en face du saillant droit de la lunette, j'arrivai à l'autre bord, m'élevai péniblement jusqu'à la base du parapet, et, gagnant le sommet, me redressai soudain de toute ma hauteur en criant : « France ! France ! » Une demi-douzaine de coups de fusil partirent au même moment, sans m'atteindre ; un vieux zouave me couchait en joue à bout portant, quand le caporal Fauchard, du 78ᵉ de ligne, lui abattit son arme en disant : « Ne tirez plus, vous voyez bien qu'il est seul ! »

Je me laissai faire prisonnier et demandai à être conduit au général Uhrich pour lequel j'avais un message. L'heure avancée ne permettant pas de m'introduire dans la ville, je fus enfermé dans un des pavillons du jardin Lips, dont on débusqua à cet effet quelques officiers. Grâce à leurs matelas et à un bon lit de plumes qu'ils me cédèrent, je parvins rapidement à me réchauffer et à m'endormir, malgré les obus qui s'abattaient tout autour de moi, ébranchant les arbres du Contades avec un bruit épouvantable.

Le lendemain, à six heures du matin, je me fis conduire au général Uhrich et tirai de ma manche, où il était cousu, le décret qui me nommait préfet du Bas-Rhin. Le général, déjà prévenu d'ailleurs, me fit un excellent accueil.

. . . .

Signé : Edm. Valentin.

N° 18.

Décret du Gouvernement et proclamation de Valentin aux habitants de Strasbourg [1].

(20 septembre 1870.)

Le décret et la proclamation suivante ont été affichés à Strasbourg le 20 septembre 1870.

RÉPUBLIQUE FRANÇAISE

Le Gouvernement de la Défense nationale décrète :

ARTICLE 1er. — M. Edmond Valentin est nommé Préfet du département du Bas-Rhin, et le Gouvernement s'en rapporte à son énergie et à son patriotisme pour aller occuper son poste.

ART. 2. — M. Maurice Engelhard est nommé maire de la ville de Strasbourg et chargé par le Gouvernement d'aller porter aux vaillants Strasbourgeois et à l'héroïque garnison les remercîments émus de la France, de la population de Paris et du Gouvernement de la République.

ART. 3. — Le Ministre de l'Intérieur est chargé de l'exécution du présent décret.

Fait à l'Hôtel de ville de Paris, le 5 septembre 1870.

Signé : Général TROCHU, CRÉMIEUX, FERRY, GARNIER-PAGÈS, PELLETAN, Emmanuel ARAGO, J. FAVRE, GAMBETTA, GLAIS-BIZOIN, PICARD, ROCHEFORT, J. SIMON.

Pour copie conforme d'après le *Journal officiel de la République française :*

Le Secrétaire général de la Préfecture,

Signé : Comte DE MALARTIC.

____

1. Ce décret et cette proclamation ont été publiés en fac-similé dans les *Murailles d'Alsace-Lorraine,* p. 179. Ils ont été imprimés à l'imprimerie de veuve Berger-Levrault.

Habitants de Strasbourg, vaillants compatriotes!

Le Corps législatif, dans sa séance du 4 septembre courant, a prononcé la déchéance de la dynastie des Bonaparte qui, deux fois arrivée au pouvoir par de criminels attentats contre la Représentation nationale, a trois fois, en un demi-siècle, attiré sur la France la honte et les désastres de l'invasion.

La République a été proclamée, une Convention nationale est convoquée pour le 16 octobre prochain, et les Pouvoirs publics sont confiés dans l'intervalle à un Gouvernement de la Défense nationale, composé de onze députés élus par la Capitale et placé sous la présidence du général Trochu, soldat vigoureux, à l'intégrité et aux capacités duquel tous les partis, sans distinction, rendent depuis longtemps hommage.

Une des premières sollicitudes du nouveau Gouvernement s'est portée vers la patriotique Alsace, vers sa vaillante capitale, et il s'est préoccupé de lui faire directement parvenir, ainsi qu'à son héroïque garnison, les remerciements émus de la France, de la population de Paris et du Gouvernement de la République.

Il a choisi pour cette mission un fils de votre noble cité, auquel, à une époque antérieure, vous aviez, par un vote presque unanime, donné le mandat de vous représenter à l'Assemblée nationale, et qui est resté invariablement fidèle au Drapeau sous lequel vous l'aviez élu.

Il vient au milieu de vous s'associer à vos périls, partager vos privations, et tous ensemble nous lutterons jusqu'à la dernière extrémité, pour conserver à la glorieuse patrie française un de ses plus nobles et de ses plus formidables boulevards.

Confiance donc, bon espoir, et VIVE LA RÉPUBLIQUE!

Le Préfet du Bas-Rhin,
Signé : Edmond VALENTIN.

N° 19.

Arrêté du général Uhrich relatif à la prise de possession de la Préfecture par Valentin.

(21 septembre 1870.)

RÉPUBLIQUE FRANÇAISE

SIXIÈME DIVISION MILITAIRE

État-Major.

Nous, général de division, commandant supérieur de la 6ᵉ division militaire ;

Vu l'état de siège ;

Vu notre arrêté en date du 15 septembre 1870 ;

Vu le décret du gouvernement de la Défense nationale, en date du 5 septembre 1870, qui nomme M. Edmond Valentin préfet du département du Bas-Rhin ;

Attendu que M. Edmond Valentin est arrivé à son poste le 20 du courant, et est entré immédiatement en fonctions, déclarons que dès lors il n'y a plus lieu de maintenir les fonctions d'administrateur provisoire du département confiées à M. Bœrsch, conseiller général, fonctions qu'il a remplies avec un dévouement et un zèle dont nous nous faisons un devoir de lui exprimer notre satisfaction et nos remercîments.

Arrêtons ce qui suit :

L'arrêté en date du 15 septembre 1870 est rapporté.

Fait au quartier général à Strasbourg, le 21 septembre 1870.

Le général de division, commandant supérieur de la 6ᵉ division militaire,

Signé : Uhrich.

N° 20.

Avis du Maire relatif aux séances de la commission municipale.

(23 septembre 1870.)

MAIRIE DE LA VILLE DE STRASBOURG

Avis.

Les séances de la commission municipale ont un double caractère ; elles sont remplies en partie seulement par des discussions et des votes qui peuvent sans inconvénient être livrés à la publicité.

Les procès-verbaux qui en sont dressés sont inscrits dans les journaux. On comprend toutefois qu'il existe des délibérations qui ne sont pas de nature à recevoir la même publicité.

Les détails qu'elles renferment pourraient *répandre dans le public des inquiétudes* ou donner lieu à des interprétations erronées, *fournir même à l'ennemi des renseignements sur notre situation.* Cette partie des travaux de la commission a toujours été considérée comme confidentielle.

L'administration municipale croit devoir fournir ces explications en réponse aux critiques qui ont été dirigées contre les derniers procès-verbaux, dont la concision a fait supposer que la commission ne tenait que des séances peu occupées.

Pendant les derniers jours, la commission a, au contraire, été pour ainsi dire en permanence.

Strasbourg, le 23 septembre 1870.

Le Maire,

Signé : Küss.

C. — *Capitulation de Strasbourg.*

N° 21.

Lettre du général Uhrich au général de Werder.
(27 septembre 1870.)

Voici le texte de la lettre adressée par le général Uhrich au général de Werder, à l'effet d'entrer en négociation pour la reddition de Strasbourg [1].

Strasbourg, le 27 septembre 1870.

Monsieur le Lieutenant-Général,

La résistance de Strasbourg est arrivée à son terme. Je suis disposé à entrer en négociation pour la capitulation.

J'ai l'honneur de demander pour la ville de Strasbourg, qui a déjà tant souffert, un traitement aussi doux que possible et la conservation de ses propriétés.

Pour les habitants, la vie et les biens saufs, le droit de s'éloigner.

Pour la garnison, rien que le traitement dû à des soldats qui ont fait leur devoir.

Veuillez agréer,

Signé : UHRICH.

------

1. Nous avons emprunté le texte de cette lettre à l'ouvrage du général Uhrich, *Documents relatifs au siège de Strasbourg,* Paris, 1872, 1 vol. in-8°, p. 134.

N° 22.

Texte de la capitulation de Strasbourg[1].

(28 septembre 1870.)

Le lieutenant-général prussien de Werder, commandant le corps de siège de Strasbourg, ayant été requis par le général de division français Uhrich, gouverneur de Strasbourg, de cesser les hostilités contre la place, est convenu avec lui de conclure la capitulation dont les termes suivent, en considération de l'honorable et courageuse résistance de cette place de guerre.

ARTICLE PREMIER.

Le 28 septembre 1870, à huit heures du matin, le général de division Uhrich évacuera la citadelle, la porte d'Austerlitz, la porte Nationale et celle des Pêcheurs. En même temps, ces divers points seront occupés par les troupes allemandes.

ART. 2.

Le même jour, à onze heures, la garnison française, la garde mobile et la garde nationale quitteront la place par la porte Nationale, se formeront entre la lunette 44 et la redoute 37, et déposeront leurs armes.

ART. 3.

Les troupes de ligne et la garde mobile seront prisonnières de guerre et se mettront immédiatement en marche

---

1. Nous empruntons le texte de ce document à la *Guerre franco-allemande de 1870-1871*, rédigée par la section historique du grand État-major prussien, sous la direction du feld-maréchal de Moltke, traduction Costa de Serda. 2e partie, 1er vol., suppl. 69.

avec leurs bagages. Les gardes nationaux et les francs-
tireurs resteront libres sous la condition de ne plus combattre pendant la durée de la guerre ; ils devront déposer
leurs armes, à la Mairie, avant 11 heures du matin. A la
même heure, les listes nominatives des officiers de ces
troupes devront être remises au général de Werder.

Art. 4.

Les officiers et fonctionnaires ayant rang d'officier de
tous les corps de troupes de la garnison française de
Strasbourg pourront se rendre à une résidence de leur
choix, à charge de s'engager sur l'honneur à ne plus
porter les armes pendant la durée de la guerre.

Ceux des officiers qui ne signeront pas cet engagement
seront emmenés en captivité en Allemagne avec la garnison. Tous les médecins militaires français resteront en
fonctions jusqu'à nouvel ordre.

Art. 5.

M. le général de division Uhrich s'engage, dès que les
armes auront été déposées, à faire la remise en forme aux
fonctionnaires allemands de tout le matériel militaire, des
caisses de l'État, etc., par l'intermédiaire des divers agents
que cette remise concerne.

Les officiers et fonctionnaires chargés, de part et d'autre,
de cette opération, se trouveront réunis, le 28 septembre,
à midi, sur la place du Broglie, à Strasbourg.

La présente capitulation a été rédigée et signée par les
fondés de pouvoir suivants : pour les Allemands, le lieutenant-colonel de Leszczynski, chef d'état-major du corps de
siège, et le capitaine de cavalerie aide de camp comte Henckel de Donnersmarck, et pour les Français, le colonel

Du Casse, commandant de la place de Strasbourg, et le lieutenant-colonel Mangin, sous-directeur de l'artillerie.

Lu, adopté et signé :

HENCKEL DE DONNERSMARCK, LESZCZYNSKI.

L. MANGIN, DU CASSE.

Approuvé :

Mundolsheim, le 28 septembre 1870.

Signé : DE WERDER,
Lieutenant-général.

N° 23.

La capitulation de Strasbourg, par M. Raymond Signouret.

Extraits du journal *l'Impartial du Rhin*, du 28 septembre 1870.

(Numéro tiré à dix exemplaires seulement.)

Nous nous faisons un devoir de reproduire ici deux extraits du journal *l'Impartial du Rhin,* du 28 septembre 1870, qui contiennent une éloquente protestation contre la capitulation de Strasbourg. Paru le jour même de l'entrée des troupes allemandes dans Strasbourg, *ce numéro n'a été tiré qu'à dix exemplaires*[1]. L'ancien rédacteur en chef de *l'Impartial du Rhin,* M. P. Raymond Signouret, a donné ces extraits dans le livre qu'il a publié sous ce titre : *Souvenirs du bombardement et de la capitulation de Strasbourg,*

---

1. Après avoir indiqué, dans ses *Souvenirs,* les conditions imposées par le général de Mertens aux journaux publiés à Strasbourg, M. P. Raymond Signouret ajoute : « L'imprimerie Berger-Levrault, propriétaire de *l'Impartial,* et les rédacteurs de ce journal refusèrent de subir cette autorisation, qui enlevait d'une main ce qu'elle faisait semblant d'accorder de l'autre. Le propriétaire du *Courrier* (M. Silbermann, imprimeur), ne se laissa pas rebuter par ces conditions draconiennes, et dès le 2 octobre il recommença à faire reparaître cette feuille en se conformant avec la plus scrupuleuse condescendance aux prescriptions du vainqueur. » (P. 275.)

ouvrage d'un ardent patriote, plein de renseignements et d'une critique judicieuse, qui, malheureusement, ne se trouve plus que très rarement dans le commerce, et n'existe même pas à la Bibliothèque nationale [1]. Voici ces extraits :

Depuis hier soir à cinq heures, le bruit affreux, les épouvantables détonations du bombardement ont complètement cessé ; on n'entend plus que le silence, et ce silence est plus lugubre que l'horrible vacarme de la canonnade à outrance, plus lugubre que tant de massacres et de ruines amoncelées chaque jour par les opérations du siège et de la défense.

Si ce qui est fait était à refaire, quel est celui de nos concitoyens qui oserait aujourd'hui insister pour la reddition de la place ?

Quel opprobre pour les égoïstes, pour les poltrons qui ont exercé sur l'autorité militaire une pression capable de la réduire à cette extrémité !

Et la France, que pensera-t-elle, que dira-t-elle de nous ?

Quels reproches elle aura le droit de nous adresser ! car en trois ou quatre jours que d'événements peuvent se produire qui auraient modifié du tout au tout notre situation ?

Comme au lendemain du désastre de Frœschwiller, nous ne pouvons que répéter : Il fallait vaincre, ou il fallait mourir.

Fidèles à notre conviction, qui n'a été ébranlée ni par

---

1. P. Raymond Signouret, ex-rédacteur en chef de l'*Impartial du Rhin, Souvenirs du bombardement et de la capitulation de Strasbourg,* récit critique de tout ce qui s'est passé dans cette ville du 25 juillet au 28 septembre 1870. Bayonne, librairie Cazals, 1872, 1 vol. in-12, p. 371-373.

nos malheurs publics, ni par nos malheurs intimes[1], nous protestons, pour notre part, de toute notre énergie, sans réserve, contre la capitulation qui nous livre, pieds et poings liés, à la discrétion de la Prusse.

———

Midi. — Nous venons d'assister au spectacle le plus navrant ; l'imagination ne saurait atteindre à ce degré d'horreur : nos soldats, sombres, farouches, abattus, désespérés, défilent dans les rues d'Austerlitz, du Vieux-Marché-aux-Poissons, des Grandes-Arcades et sur la place Kléber, pleurant et maudissant le sort qui les domine, qui les étreint, qui annihile leur résistance ; — en passant sur les ponts, ils jettent leurs armes dans la rivière et les fossés, ou ils les brisent sur le pavé ; le sol est bientôt jonché de leurs débris, sur lesquels défile l'armée ennemie, tambours, fifres et musique en tête, avec un ordre, une précision, une discipline qu'on est forcé d'admirer malgré la honte et le dégoût qui débordent à cette heure de tout cœur français, de tout cœur alsacien.

D'ailleurs, point de forfanterie dans l'allure de nos vainqueurs, point de démonstrations blessantes, point de cris provocateurs ; ils sont joyeux de leur triomphe, mais cette joie, ils ne l'ont manifestée que par leurs trois *hourra !* de rigueur poussés au moment où ils franchissaient les portes ; à partir de ce moment, ils ont observé une réserve dont il n'est que juste de leur tenir compte.

Heureux sont les morts ! Ils n'ont pas à subir cet excès d'humiliation d'avoir, pendant 48 jours et 48 nuits, supporté tant d'angoisses, tant d'épreuves, tant d'horribles

———

1. La mère de M. Raymond Signouret était morte à Strasbourg quelques jours auparavant.

douleurs, et de voir ces sacrifices, si héroïquement subis, aboutir à un résultat si navrant.

Sommes-nous tombés assez bas! sommes-nous assez profondément enfoncés dans le bourbier!... Pauvre France! mais surtout malheureuse Alsace! Proie du vainqueur, il lui faut subir la loi du plus fort et se résigner — jusqu'au jour de la rédemption.

Signé : P. Raymond Signouret.

N° 24.

Protestation adressée par Valentin au Ministre plénipotentiaire des États-Unis d'Amérique, à Berlin [1].

(11 octobre 1870.)

Forteresse d'Ehrenbreitstein, 11 octobre 1870.

Monsieur l'Ambassadeur,

Le Gouvernement des États-Unis de l'Amérique du Nord ayant accepté de se charger de la protection des sujets français restés en Allemagne depuis le commencement de la présente guerre, je me crois autorisé à réclamer l'intervention de Votre Excellence à l'occasion des faits suivants :

Nommé préfet du département du Bas-Rhin par décret du Gouvernement de la Défense nationale, en date du 5 septembre, et ayant reçu l'ordre d'aller immédiatement occuper mon poste à Strasbourg, j'ai réussi, après plusieurs tentatives infructueuses, à franchir les lignes prussiennes dans la nuit du 19 au 20 (septembre) et à pénétrer dans la place où j'ai été sur-le-champ installé dans mes

---

1. L'*Almanach de Gotha* de 1870 et de 1871 indique M. le Dr G. Bancroft comme envoyé extraordinaire et ministre plénipotentiaire des États-Unis d'Amérique près le roi de Prusse et le gouvernement de la Confédération de l'Allemagne du Nord.

fonctions par M. le général Uhrich, commandant supérieur de la 6e division militaire.

Au moment de la capitulation de Strasbourg, MM. les délégués de M. le général Uhrich ayant proposé un article spécialement destiné à admettre le préfet du Bas-Rhin à partager le sort de la garnison [1], cet article a été écarté sur l'affirmation de MM. les officiers allemands qu'il était superflu et *qu'il allait de soi-même* que les garanties, implicitement et explicitement stipulées en faveur de tous les employés civils du gouvernement français résidant à Strasbourg, s'étendraient au préfet lui-même.

En conséquence, après être demeuré à mon poste à la préfecture jusqu'après l'entrée des troupes allemandes dans Strasbourg, et même deux heures au delà, je me suis retiré dans la maison d'un des membres de ma famille, dont j'ai laissé l'adresse, et d'où j'ai fait parvenir à M. le général commandant le corps d'occupation allemand la demande d'un sauf-conduit pour m'autoriser à quitter la place, accompagné de M. Louis Moreau, mon secrétaire particulier.

M. le général Uhrich, qui avait bien voulu se charger d'appuyer verbalement ma demande de sauf-conduit auprès de M. le général de Mertens, chargé du commandement des troupes allemandes pendant l'absence momentanée de M. le général de Werder, reçut de lui l'assurance que ma demande serait sans aucun doute accueillie au retour de M. le commandant titulaire, et que j'en serais informé dès le lendemain matin, 29 septembre.

Ce nonobstant, M. le général de Werder, à sa rentrée dans Strasbourg, me fit mander à son quartier-général

---

1. Nous avons reproduit ce document d'après l'ouvrage intitulé : *Strasbourg,* par A. Schnéegans ; mais c'est « population » qu'il faut lire ici plutôt que « garnison ».

par un des officiers de son état-major, et là me fit connaître qu'un ordre de M. le comte de Bismarck-Schœnhausen, chancelier de la Confédération de l'Allemagne du Nord, *d'une date antérieure à mon arrivée à mon poste,* avait prescrit de me placer en état d'arrestation, et qu'en conséquence il allait me faire conduire, ainsi que mon secrétaire, sous escorte armée, devant M. le gouverneur général d'Alsace (pour S. M. le roi de Prusse), dont la résidence se trouvait en ce moment établie dans la ville de Haguenau.

A notre arrivée dans cette résidence, nous fûmes écroués dans la maison centrale de détention, nos effets et même nos personnes furent soumis à une perquisition rigoureuse, les papiers de mon portefeuille, ma correspondance privée, et un journal de notes particulières prises depuis mon entrée en Alsace me furent enlevés par l'auditeur du gouvernement Ozius, sans l'exhibition d'aucun mandat l'autorisant à procéder à ces mesures. Les fonds en ma possession me furent également retirés contre reçu de l'officier chargé de notre garde.

Le lendemain 3o septembre, je reçus dans ma prison la visite de M. le gouverneur général, accompagné de M. le commissaire civil von Kühlwetter, et S. Ex. me fit connaître que notre arrestation n'était motivée que par l'ordre sus-mentionné de M. le chancelier fédéral, prescrivant de me faire conduire, le cas échéant, à Coblence, que cet ordre, donné dans le but de m'empêcher d'arriver au poste qui m'était assigné par le Gouvernement de la Défense nationale de la République française, paraissait n'avoir plus de raison d'être aujourd'hui, mais que néanmoins S. Ex. se croyait tenue de l'exécuter provisoirement en me faisant diriger le même soir sur Coblence, dont M. le gouverneur aurait sans doute déjà reçu des instructions nouvelles à mon sujet.

Nous partîmes en effet, au moment prescrit, sous une escorte armée et assujettis à toutes les précautions qui d'ordinaire ne sont adoptées qu'à l'égard de malfaiteurs de l'espèce la plus dangereuse. Je m'empresse d'ajouter que l'extrême courtoisie de M. le lieutenant de la landwehr bavaroise, von Gräfnitz, commandant de notre escorte, s'est ingéniée à apporter à notre position tous les adoucissements compatibles avec la rigueur des instructions qu'il avait reçues.

A notre arrivée à Coblence, M. le général von Ollech nous fit écrouer à la forteresse d'Ehrenbreitstein, où nous fûmes gardés de la façon la plus étroite pendant les premières quarante-huit heures de notre séjour, privés de livres, journaux, promenades, communication quelconque avec l'extérieur, et contraints de pourvoir à notre propre entretien à la cantine des sous-officiers de la garnison. La rigueur de ces mesures ne s'est relâchée que depuis une visite que M. le colonel von Dittfurth, gouverneur par intérim de la ville de Coblence, a bien voulu, sur la demande que je lui avais adressée, me faire dans ma prison.

Il m'a renouvelé l'assurance, déjà donnée par S. Ex. le gouverneur général de l'Alsace, que notre détention n'était motivée que par l'ordre de M. le chancelier fédéral prescrivant de m'arrêter, pour empêcher mon entrée dans Strasbourg, et que par conséquent elle paraissait ne pouvoir être que de fort courte durée.

Aucun acte antérieur ou postérieur à mon entrée en fonctions comme préfet du Bas-Rhin ne me rendant justiciable de l'autorité prussienne, et me voyant arrivé au douzième jour d'une captivité qui constitue à mes yeux une violation flagrante de la capitulation de Strasbourg et des lois internationales observées même en état de guerre par toutes les nations civilisées, je me crois en droit de me réclamer de la protection que le Gouvernement des

États-Unis a consenti à étendre sur les sujets français, actuellement résidant en Allemagne, afin qu'il soit mis un
terme aux mesures inexplicables dont je me trouve l'objet
de la part des agents du Gouvernement prussien.

Veuillez agréer, etc.

Signé : Edm. VALENTIN.

III

OPINIONS SUR LA DÉFENSE DE STRASBOURG

N° 25.

*Décret du Gouvernement de la Défense nationale
relatif à la statue de Strasbourg.*

(2 octobre 1870.)

Nous reproduisons le texte du décret suivant d'après
le fac-similé des *Murailles politiques françaises* [1].

RÉPUBLIQUE FRANÇAISE

Liberté, Égalité, Fraternité.

DÉCRET

Le Gouvernement de la Défense nationale,

Considérant que la noble cité de Strasbourg, par son
héroïque résistance à l'ennemi pendant un siège meurtrier
de plus de cinquante jours, a resserré les liens indisso-
lubles qui rattachent l'Alsace à la France ;

Considérant que, depuis le commencement du siège de
Strasbourg, la piété nationale de la population parisienne

---

n'a cessé de prodiguer, autour de l'image de la capitale de l'Alsace, les témoignages du patriotisme le plus touchant et de la plus ardente reconnaissance pour le grand exemple que Strasbourg et les villes assiégées de l'Est ont donné à la France;

Voulant tout à la fois perpétuer le souvenir du glorieux dévouement de Strasbourg et des villes de l'Est à l'indivisibilité de la République, et des généreux sentiments du peuple de Paris,

Décrète :

Art. 1er. — La statue de la ville de Strasbourg qui se trouve actuellement sur la place de la Concorde sera coulée en bronze et maintenue sur le même emplacement, avec inscription commémorative des hauts faits de la résistance des départements de l'Est.

Art. 2. — Le Ministre de l'Instruction publique est chargé de l'exécution du présent décret.

Fait à Paris, à l'Hôtel de Ville, le 2 octobre 1870.

*Les Membres du Gouvernement
de la Défense nationale,*

Signé : Général TROCHU. Jules FAVRE, EMMANUEL ARAGO, Jules FERRY, GAMBETTA, GARNIER-PAGÈS, PELLETAN, E. PICARD, ROCHEFORT, Jules SIMON.

Nº 26.

La population de Strasbourg pendant le siège de 1870.

(Extrait du *Républicain de l'Est*.)

Après l'entrée de Valentin dans Strasbourg, un vaillant républicain, M. Louis Durr, fonda le journal *le Républicain de l'Est*. Ce journal publia, dans son numéro du 26 septembre 1870, un article dont voici le passage principal :

Le bilan des nouvelles locales de ces jours derniers peut se résumer en quelques lignes : à part de petits faits isolés, la triste situation de Strasbourg, que chacun connaît aussi bien que nous, se continue dans sa terrible monotonie. Par contre, ce que nous ne pouvons nous lasser d'admirer, c'est l'attitude admirable de la population, stoïque, fermement résignée, patiente et calme ; on la dirait vraiment élevée tout entière à la rude école du malheur, tant elle sait mettre de grandeur à le supporter.

Nouvelles vraies, nouvelles fausses, tout a passé sur Strasbourg sans ébranler un instant le courage de ses habitants.

L'esprit de la population est tel, nos vaillants concitoyens se sentent si forts de leur bon droit, que nous préférerions douter de quoi que ce soit plutôt que du courage, de la vaillance dont ils ont déjà donné de si admirables preuves depuis le temps que dure notre martyre.

N° 27.

La Défense de Strasbourg jugée par un républicain.

Nous reproduisons ci-dessous quelques passages d'une courte brochure, intitulée : *la Défense de Strasbourg jugée par un républicain* [1], et publiée à Neuchâtel, en 1871, sous forme de lettre à un patriote de la Suisse. Rédigé en novembre 1870, cet écrit, qui porte la trace des émotions de l'année terrible, confirme en tous points les appréciations d'Edmond Valentin sur la défense de la capitale de l'Alsace :

Le général Ducrot, qui connaissait parfaitement Strasbourg et tous ses environs, fut remplacé par le général Uhrich, tiré subitement du cadre de réserve après une longue inactivité. Celui-ci, ne connaissant ni la place, ni les ressources qu'elle pouvait présenter, ni les dispositions de ses habitants, dut s'en remettre en toutes choses aux renseignements et directions qui lui furent donnés par le baron Pron, préfet du Bas-Rhin, et le commissaire central de police de Strasbourg.

. . . .

. . . .

... Le général renvoya dans ses foyers, pendant les premiers jours du siège, toute une classe de la réserve qui, au premier appel, s'était rendue à Strasbourg. Sous pré-

---

1. *La Défense de Strasbourg jugée par un républicain.* — Lettre à un patriote de la Suisse, Neuchâtel, 1871, in-8°. (Bibliothèque nationale, L⁵ h. 762.)

texte qu'ils étaient arrivés trop tôt, l'administration militaire ne fit à ces jeunes gens aucune distribution, et ils n'eurent d'autre nourriture et d'autre gîte que ce qu'ils purent obtenir de la commisération des habitants. C'était sous l'influence des mêmes idées que le général refusa au lieutenant-colonel Huguet l'autorisation ainsi que les armes et munitions nécessaires pour la formation d'un corps franc destiné à coopérer à la défense de la ville. Cependant il eût été difficile de trouver, pour organiser un pareil corps, un homme mieux doué que le colonel Huguet, militaire éprouvé par bien des campagnes et d'un caractère sympathique dans lequel la bonté s'alliait à l'énergie et à la sévérité. Il eût facilement réuni sous ses ordres deux mille hommes choisis et déterminés.

Ce fut de la même façon que, lorsque la population demanda des armes pour concourir à la défense de la ville, les autorités commencèrent par refuser, sous prétexte que la garnison suffisait amplement à la défense ; puis, lorsque des violences exercées par la populace contre des Allemands inoffensifs mirent en danger même les habitants français de la ville [1], on ne put refuser plus longtemps l'organisation de la garde nationale ; mais on ne lui donna que d'anciens fusils à pierre transformés en fusils à percussion, sans capsules ni cartouches. Vers le 30 août, ces fusils furent remplacés par des fusils à tabatière avec 18 cartouches. Les officiers supérieurs de la garde nationale, choisis parmi des hommes dont la seule qualité était leur dévouement à l'empereur, ne lui donnèrent aucun règlement, ne la passèrent jamais en revue, n'assistèrent pas aux exercices, et ne se firent même jamais reconnaître

---

1. Diverses personnes, parmi lesquelles M. J. Macé, fondateur de la Ligue de l'Enseignement, furent cruellement maltraitées (13 août).

des officiers inférieurs, de sorte que cette organisation fut plutôt une désorganisation préméditée.

L'organisation de l'artillerie de la garde nationale fut ajournée encore plus longtemps (au 20 août).

Cependant, si l'on avait voulu organiser sérieusement la garde nationale, la ville et ses faubourgs extra-muros eussent été à même de fournir à la défense près de trente mille hommes. Qui ne se souvient de la belle et nombreuse garde nationale que Strasbourg possédait en 1848, et surtout de son artillerie si bien exercée, dont une partie se distingua encore, en 1870, à la défense des remparts ?

. . . .

Bien commandée et bien organisée, la garde nationale, divisée en trois bans, eût pu suffire au maintien de l'ordre intérieur, à la garde des portes et des remparts et même à celle d'une partie des ouvrages de seconde ligne, et on eût pu laisser les troupes de l'armée régulière disponibles pour la garde des positions extrêmes ou les sorties éventuelles.

Ni les munitions, ni les armes ne manquaient, car les Prussiens trouvèrent à l'arsenal plus de 1,200 pièces d'artillerie neuves, une grande quantité de fusils chassepot, des fusils de rempart se chargeant par la culasse, et beaucoup d'autres armes de toute espèce.

Les officiers qui avaient dirigé la fabrication des munitions se trouvaient en ville, et les ouvrières de la manufacture des tabacs étaient exercées à faire des cartouches ; il y avait de plus, en ville, des chimistes et des ingénieurs de premier ordre, une administration des télégraphes disposant de nombreux employés et d'un matériel considérable, de grands approvisionnements de bois, de métaux et de matériaux de toutes sortes, ainsi que les usines nécessaires pour les mettre en œuvre, sans compter les ateliers du chemin de fer, l'arsenal de construction et les anciens ateliers de la fonderie de canons, qui eussent pu servir à compléter et à transformer les moyens de la défense.

. . . .

... Le général et le préfet n'eurent d'abord, pour stimuler le courage des habitants de Strasbourg, que des proclamations menaçantes se terminant invariablement par ces mots, chers aux fonctionnaires impériaux : « Que les bons se rassurent, et quant aux autres, qu'ils tremblent[1], » ainsi que des annonces mensongères et toujours démenties de secours qu'on voyait venir et qui n'arrivaient jamais. Ils répondirent par la menace de la prompte justice du conseil de guerre à tout ce que l'initiative privée des citoyens, animés par le patriotisme, voulut tenter pour concourir à la défense.

Au lieu d'occuper, quand il en était encore temps, les forts de Kehl, le chemin de fer de ceinture et les positions ci-dessus indiquées, reliées toutes par ce chemin de fer et commandées, à une demi-portée de canon, par les ouvrages élevés de l'enceinte continue, ils les laissèrent toutes occuper par l'ennemi, et permirent à ses coureurs de rançonner impunément tous les environs et de se montrer jusqu'aux portes de la ville. L'ennemi put même, les 13, 14 et 15 août, se porter à moins de 300 mètres de la porte de Pierre et de la porte Nationale, pour inquiéter et bombarder la ville. Des punitions sévères (15 jours de prison et le paiement du prix de la charge) menaçaient tout soldat qui tirait sans ordre exprès.

Laisser les Allemands s'établir ainsi sous les portes de la ville était leur en donner la clef et amener la place à une reddition nécessaire au bout d'un temps donné. . . . . .

---

1. Proclamations des 6 août, 10 août, 31 août. (Voyez le Journal de M. Fischbach).

. . . .

Les Prussiens, leurs batteries de siège établies et leurs
parallèles commencées à peu près sans que le feu de la
place vînt les déranger, continuèrent leurs parallèles et
établirent de nouvelles batteries, au moyen desquelles
ils détruisirent les faubourgs National, de Saverne, de
Pierre et les bâtiments de la citadelle, et endommagèrent
fortement les remparts situés du côté nord ouest de la
ville, malgré la défense énergique que la garnison fit à
partir du 12 septembre et la vaillante conduite de la
compagnie franche et des francs-tireurs. Par suite de res-
trictions, leur effectif ne s'éleva qu'à deux cents hommes
environ, malgré les nombreuses demandes que firent
pour entrer dans ces corps des jeunes gens que laissait
sans emploi la cessation des affaires commerciales et
industrielles [1]. Ces deux corps occupaient les postes
avancés, et faisaient de fréquentes sorties de nuit . . . . .

. . . .

Une partie de la garde nationale, dès qu'elle fut pourvue
de fusils à tabatière et de quelques munitions, offrit de
coopérer avec les francs-tireurs. Dans bon nombre de
compagnies, près de la moitié des hommes se présentèrent
pour ce service, mais le commandement supérieur n'en
tint pas compte.

C'est ainsi que le commandement de la place agit, dirigé par le général Uhrich, qui reconnut la République
bien malgré lui et suivit jusqu'à la fin les inspirations du
baron Pron, préfet de l'empire, et des jésuites ses conseillers [2].

---

1. Les autorités ne voulurent y admettre que d'anciens militaires ou des personnes qui avaient obtenu des permis de chasse.

2. Il avait caché à la population la défaite de Sedan et la proclamation de la République, le 4 septembre, jusqu'au lendemain

Bien des gens, obéissant à l'habitude française de tout
personnifier, ont attribué au général Uhrich seul le mérite
de la longue défense de Strasbourg ; d'autres font peser
sur lui toute la honte de la capitulation. Il ne mérite ni
tant d'honneur, ni tant d'ignominie ; ce fut tout simplement un homme sans énergie et sans capacité.

La résistance opposée au siège de Strasbourg ne put
longtemps être que passive. La population souffrit énor-
mément, avec constance, et sans se plaindre. Les hommes
firent vaillamment leur devoir dans le service d'incendie ;
on vit jusqu'aux femmes et aux enfants porter l'eau vers
les pompes sans craindre les obus et les boîtes à balles :
d'autres se dévouèrent au soin des blessés et au soulage-
ment des familles ruinées par l'incendie. La partie du personnel médical qui n'avait pas été retenue hors de ville
par l'ennemi fut infatigable dans son service. Les francs-
tireurs, la compagnie franche, l'artillerie de la garde nationale, la mobile et la garnison, toutes les fois qu'elle
put le faire et souvent malgré les ordres de la place, se
distinguèrent à l'envi. Il en eût été de même du reste de
la garde nationale sédentaire, si l'on eût voulu l'employer,
quoique par des raisons de politique on eût écarté une
partie des hommes qui eussent été les meilleurs au feu.

Quant au général Uhrich, il ne fut que l'exécuteur des

---

de l'arrivée des Suisses, 12 septembre. La veille encore, le préfet
avait donné à la commission municipale sa parole d'honneur
qu'il n'avait pas de nouvelles, et cependant il correspondait
chaque jour avec le dehors par le moyen d'un parlementaire.
Depuis un certain nombre de jours, ces nouvelles étaient même
connues en ville de diverses personnes. On trouva aussi à la préfecture des journaux récents, et l'on eût pu y trouver des listes
de proscription comprenant au moins deux cents citoyens appartenant aux partis libéraux, et préparées pour le cas de succès
des armes impériales à Sedan.

ordres du préfet impérial : il fit peu de chose pour achever la défense et beaucoup pour amener la capitulation.
Il ne fit rien pour stimuler le courage de la garnison et de
la population, ni pour assurer le bien-être et la sécurité
des soldats, qui, par moments, se trouvèrent presque sans
vivres et sans abris.

Il ne se fit jamais voir à la population ni à la garde nationale, et rarement sur les remparts . . . .

A l'arrivée de M. Valentin, préfet nommé par le Gouvernement de la Défense nationale, et qui entra en ville
en traversant à la nage deux rivières malgré le feu des
postes allemands et français, les choses changèrent de
face ; la garnison eut liberté de se creuser des abris dans
le rempart et de tirer à volonté. Dès lors elle fit une résistance héroïque ; mais il était trop tard, les Prussiens
avaient déjà brûlé une grande partie de la ville et commencé leur deuxième parallèle, et les bombes arrivaient
jusqu'au milieu de la cité. Des attaques exécutées contre
les barrages de la porte des Pêcheurs furent vaillamment
repoussées par les soldats et par les marins commandés
par l'amiral Exelmans, le seul des officiers généraux dont
le nom fût prononcé par le peuple et les soldats avec
admiration et affection.

Enfin, deux ouvrages situés hors la porte de Pierre
et la porte de Saverne furent pris par les Prussiens sans
qu'on les fît sauter ; ils étaient à la vérité minés, mais les
mines avaient été amorcées avec des mèches et n'étaient
pas parties, comme si l'on n'eût pas connu l'électricité et
qu'on n'eût eu ni fils ni appareils télégraphiques !

Le général continuait à vivre sur le pied le plus intime
avec l'ancien préfet de l'empire, et le 26 septembre [1], à

---

1. C'est le 27 septembre que le drapeau blanc a été arboré, et
non le 26. (*Note de l'auteur.*)

cinq heures du soir, la population et la garnison furent
frappées d'étonnement en voyant le drapeau blanc arboré
aux tourelles de la cathédrale, et en cessant d'entendre le
bruit des projectiles prussiens, auxquels on avait commencé à s'habituer. On crut d'abord à un armistice, mais
lorsqu'on sut que la capitulation avait été signée, l'étonnement se changea en stupeur chez la population, et presque en fureur chez la garnison, qui brisa ses armes et en-
cloua ses canons, malgré les conventions du général,
qui avait promis de les livrer en bon état à l'ennemi. . .

. . . .

N° 28.

La défense de Strasbourg par l'artillerie, par le
capitaine de Bodenhorst.

Nous extrayons de l'important ouvrage publié par
le capitaine d'artillerie de l'armée belge, M. G. de
Bodenhorst, sous ce titre : *Le Siège de Strasbourg
en 1870,* le passage suivant dans lequel l'auteur démontre que la défense de la place par l'artillerie aurait
pu être bien autrement efficace qu'elle l'a été[1].

Pour en revenir à la défense par l'artillerie, voici ce
qu'il aurait fallu faire : dès que le front d'attaque fut déterminé, il fallait y amener, ainsi que sur les fronts voisins, le plus grand nombre de pièces possible. Les lunettes, les deux ouvrages à cornes, le corps de place et
les contregardes devaient être hérissés de canons.

Il n'en fut pas ainsi. Dans chacune des lunettes 52 et
53 il y avait 5 pièces ; il n'y en avait point sur la contre-
garde, sans quoi le pont de tonneaux devant la lunette 42
eût été bientôt détruit. Quand l'emploi du tir direct devint
impossible, circonstance qui se présente finalement dans
tous les sièges, on pouvait se borner à retirer les pièces
qui se trouvaient en danger, mais tout en conservant, sur
les ouvrages attaqués, des bouches à feu qui permissent
d'envoyer pendant la nuit et sur le terrain extérieur, une
pluie de mitraille qui empêcherait l'assiégeant de cons-
truire ses tranchées sans se couvrir. L'artillerie des fronts
collatéraux devait accabler de feu les ouvrages occupés

---

1. G. de Bodenhorst, *le Siège de Strasbourg en 1870.* Paris,
Dumaine, 1876. 1 vol. in-8°, p. 153-155.

par l'ennemi ; au lieu de faire des économies de munitions *et de les abandonner, dans la suite, à l'ennemi,* il aurait fallu entretenir un feu continuel.

Un tir qui ne doit jamais être interrompu et ne peut être réduit au silence, c'est celui des mortiers. Dans la dernière période du siège, quand l'assiégeant est sur les glacis, ces bouches à feu lancent de la mitraille ou des pierres, qui labourent, sans discontinuité, le terrain qu'il occupe.

Il eût fallu au moins trois mortiers dans chacun des ouvrages 52, 53 et 54, dix dans l'ouvrage à cornes 47-49 et une quantité proportionnelle sur le corps de place.

Dans le système bastionné, la courtine doit contribuer au flanquement. Quinze à vingt pièces auraient pu y être placées, complètement soustraites au feu de l'ennemi, et les embrasures pouvaient être bouchées jusqu'au moment du besoin. En fait de bouches à feu placées sur la courtine, il ne s'y trouvait qu'un certain nombre de mortiers.

Enfin, l'artillerie de campagne pouvait faire des sorties, la nuit, et se porter en des points choisis d'avance, pour enfiler, de concert avec la lunette 44, la demi-parallèle et le couronnement. L'artillerie de la défense ne réussit pas une seule fois à réduire au silence le feu des batteries ennemies ; elle démonta à peine une douzaine de canons. C'est ce qui nous amène à dire que *la défense par l'artillerie a été très faible.*

. . . .

La défense avait négligé de couvrir ses pièces par des blindages, qui auraient pu empêcher les Prussiens de les réduire au silence. Du côté de l'attaque, les canons étaient bien couverts, par le seul fait de l'emploi de l'affût surhaussé, dont toutes les pièces de siège sont pourvues.

N° 29.

Le bombardement et la capitulation de Strasbourg,
par le général Thoumas.

Dans un livre très intéressant, intitulé : *Les Capitulations,* étude d'histoire militaire sur la responsabilité du commandement [1], le général Thoumas s'est exprimé en ces termes sur le bombardement et la capitulation de Strasbourg :

Au début de la guerre de 1870, les habitants de Strasbourg, sans qu'il fût besoin d'aider à leur patriotisme par des potences plantées au coin des rues, montrèrent au milieu des plus terribles épreuves un dévouement dont la France, séparée pour un instant de cette héroïque cité, doit à jamais garder le souvenir. Nos ingénieurs avaient, dans de longues et savantes polémiques, proclamé la barbarie et nié l'efficacité des bombardements, en soutenant que le seul moyen de faire tomber une place était d'attaquer les remparts et non les maisons, les soldats et non les femmes et les enfants. M. de Werder et les ingénieurs allemands se firent forts de soutenir la thèse contraire en accablant Strasbourg, cette ville qu'ils disaient allemande, sous le plus impitoyable des bombardements ; 373 bouches à feu de siège tirèrent sur les maisons et sur les édifices publics, du 16 août au 28 septembre, sans autre interruption que quelques heures de nuit pour le repos des canon-

---

1. Paris, Berger-Levrault et Cie, 1886. 1 vol. in-12. — Ch. III : *Les populations civiles,* p. 35-36.

niers. Au point de vue de leur raisonnement, les ingénieurs allemands n'eurent qu'à moitié tort : 193,722 projectiles furent lancés sur la ville, 600 maisons furent incendiées, des rues entières furent comme rasées, 1,110 personnes furent blessées, 300 tuées : la constance et la fermeté des habitants ne furent pas ébranlées ; le général Uhrich capitula parce que les dehors étaient enlevés, parce que deux brèches étaient praticables[1], un peu aussi, il faut le dire, sur l'invitation du conseil municipal, pour empêcher la ruine complète de la ville, mais il capitula au milieu des protestations passionnées de la population strasbourgeoise, qui ne voulait pas devenir allemande.

---

1. Cette assertion est absolument contredite, non seulement par l'Avis motivé du conseil d'enquête français, mais encore par l'ouvrage du grand État-major prussien, et par M. le capitaine de l'état-major autrichien Brunner. (Voir *Troisième partie*, ch. III, §§ 1 et 2, et *Pièces justificatives,* n° 32.)

Nº 3o.

La défense de Strasbourg, par le commandant Rousset.

Nous croyons devoir reproduire ci-dessous quelques passages de la courte étude relative au siège de Strasbourg que l'auteur d'un livre estimé sur la guerre franco-allemande, M. le commandant Rousset, de l'École supérieure de guerre, a publiée dans le tome sixième de son ouvrage (tome III de la deuxième partie consacrée aux armées de province)[1]. Pas plus, d'ailleurs, que M. le général Thoumas, M. le commandant Rousset ne semble avoir connu les importantes publications consacrées au siège de Strasbourg par les écrivains militaires étrangers, en particulier celles de M. le capitaine de Bodenhorst et de M. le capitaine Brunner. A en juger par les notes et les citations qui accompagnent son récit, il paraît s'être inspiré à peu près exclusivement du rapport et des mémoires du général Uhrich, et de la brochure publiée par l'un des subordonnés du général Uhrich, le colonel Du Casse[2]. Or ce dernier, en mainte occa-

---

1. *Histoire générale de la guerre franco-allemande* (1870-1871), par le commandant Rousset, de l'Ecole supérieure de guerre. Paris, Librairie illustrée, s. d., 6 vol. in-8º. — *Les armées de province*, t. III, livre VI, ch. I, § II, p. 229 et suiv.

2. *Journal authentique du siège de Strasbourg,* par le baron Du Casse. Paris, Lacroix, Verboeckhoven et Cie, 1871. 1 vol. in-12.

sion, a témoigné de sentiments hostiles à l'égard de la population strasbourgeoise, et M. le commandant Rousset reproduit malheureusement quelques-unes de ces appréciations de M. le baron Du Casse. Nous aimons à croire qu'il se serait montré plus juste pour cette population si éprouvée et si vaillante, s'il avait lu le récit ému et bien éloquent dans sa simplicité, du capitaine de vaisseau Bergasse du Petit-Thouars, que nous donnons plus loin.

Voici ce que dit M. le commandant Rousset de la défense de Strasbourg :

Strasbourg, ville forte de premier ordre, assise dans une plaine qu'arrose l'Ill, affecte la forme d'un triangle allongé, dont le sommet, tourné vers le Rhin, est occupé par la citadelle. Entourée de terrains plats, protégée par l'inondation de l'Ill, elle présentait, en 1870, une force de résistance relativement sérieuse, d'autant plus que devant ses bastions existaient un certain nombre d'ouvrages avancés reliés au corps de place par des caponnières ; le front nord, en particulier, était couvert par deux fortins. Malheureusement, sous le double rapport de l'armement et des approvisionnements, la place se trouvait dans une situation aussi précaire que toutes les autres, et manquait absolument des éléments indispensables à une résistance quelque peu prolongée.

. . . .

Le gouverneur de la place était le général de division Uhrich, du cadre de réserve [1], qui, dès le 7, constitua son

____

1. Uhrich (Jean-Jacques-Alexis), né en 1802, à Phalsbourg, entra à Saint-Cyr en 1818, combattit en Espagne en 1823, en

conseil de défense, et lui exposa la situation des ressources existantes, consistant en 180 jours de pain, 60 jours de vivres et quelque viande sur pied. On pouvait à ce moment considérer ces ressources comme suffisantes, car si l'éventualité du siège ne paraissait pas douteuse, du moins il était encore permis d'espérer qu'une armée de campagne viendrait, au bout de peu de temps, apporter son secours ; aucun des membres du conseil ne croyait, en effet, à la soudaineté de nos désastres ni à l'irréparable retraite que l'armée du maréchal de Mac-Mahon était alors en train d'accomplir. Néanmoins, certaines précautions furent prises : ordre fut donné d'enfermer les approvisionnements sous des abris blindés, d'occuper les ouvrages avancés, de déraser les abords des glacis et d'établir sur la plate-forme de la cathédrale un observatoire pour éventer la marche de l'ennemi. Malheureusement, c'est à cela que se bornèrent les mesures de défense ; on ne chercha pas à augmenter le périmètre fortifié par l'établissement d'ouvrages du moment ou de batteries avancées ; on s'en tint aux remparts existants, sans songer à se ménager quelque espace pour manœuvrer. La défense se condamna ainsi à la passivité, c'est-à-dire qu'elle se fixa à elle-même la limite qu'il lui était impossible de dépasser.

. . . .

. . . .

Le brave Uhrich, ...

. . . . à vrai dire, avait de la mission des troupes assiégées une intuition trop étroite, en ce sens qu'il ne leur demandait pas autre chose que la constance

---

Afrique jusqu'en 1841, et devint, en 1848, colonel du 3e léger. Général de brigade en 1852, il commanda en Crimée la brigade de la Garde, fit la campagne d'Italie comme général de division et passa au cadre de réserve en 1867.

et la résignation dont il était le premier à donner l'exemple ;
il ne se doutait pas, ou ne paraissait pas se douter que la
passivité ne mène à rien et qu'il faut une activité vigou-
reuse pour tenir tête à un assaillant décidé. Il n'avait pas
suffisamment médité l'exemple de Todtleben, arrêtant pendant de longs mois devant les remparts de Sébastopol
une armée formidable, bousculant chaque jour ses travaux
d'approche, inquiétant sans cesse ses avant-postes, limi-
tant constamment ses progrès. C'est en veillant nuit et
jour, en faisant des sorties fréquentes, en élargissant le
plus possible le cercle d'investissement qu'une place a des
chances de lasser la patience de celui qui l'assiège et de
l'amener peut-être à renoncer à ses projets. Quant à la
bravoure inerte qui ne dépasse point la ligne des remparts,
elle est honorable, rien de plus, et ne suffit point à empêcher, ni même à retarder la catastrophe finale. Cette
bravoure, le général Uhrich en a donné les preuves les
plus éclatantes ; mais il n'a malheureusement pas su faire
plus.

. . . .

Le siège de Strasbourg avait duré cinquante jours,
dont trente-neuf de bombardement incessant. La garnison
comptait 2,500 hommes hors de combat, la population
avait perdu 400 habitants. C'est donc là une défense honorable, à laquelle on ne saurait reprocher que sa passivité
tactique, et aussi, malheureusement, l'oubli regrettable
par lequel le commandant supérieur a permis aux Allemands de s'emparer d'un nombreux matériel qu'il leur a
laissé intact.

N° 31.

Les derniers jours du siège de Strasbourg,
par le capitaine de vaisseau Bergasse du Petit-Thouars.

Au lendemain de la déclaration de guerre, alors que les conseillers de Napoléon III formaient le projet d'envahir l'Allemagne, il avait été décidé qu'une flottille de canonnières partirait de Strasbourg pour seconder, sur le cours du Rhin, les efforts du corps d'armée que commandait le maréchal de Mac-Mahon. Le 6 août, jour de la bataille de Frœschwiller, ces canonnières n'étaient pas encore arrivées. Il n'y avait à Strasbourg que le commandant désigné de la flottille, le contre-amiral Exelmans, son chef d'état-major, le capitaine de vaisseau Bergasse du Petit-Thouars, quatre officiers, un médecin et 117 hommes, sur lesquels 43 seulement étaient des marins proprement dits.

Le capitaine de vaisseau Bergasse du Petit-Thouars a retracé dans la revue *le Correspondant,* du 25 décembre 1871, sous ce titre : *Le siège de Strasbourg, août et septembre 1870,* le récit de la part que les marins ont prise à la défense de la forteresse. Ce n'est point une histoire du siège ; ce sont des notes tracées au jour le jour par un vaillant soldat qui ne s'est préoccupé que de raconter ce qu'il a vu, qui, toujours, s'efface modestement derrière son chef, et qui, sans s'en douter, a écrit sur le siège de Strasbourg des pages vivantes et sincères, et d'une communicative émotion, dignes d'être recueillies par l'histoire.

Nous nous bornerons à extraire du récit du capitaine de vaisseau Bergasse du Petit-Thouars deux passages, l'un relatif aux démarches faites par la commission municipale auprès du général Uhrich en vue de la reddition de la place et qui retrace, en même temps, l'histoire de la capitulation, l'autre, consacré à l'héroïsme des femmes de Strasbourg.

I. — LES DÉMARCHES RELATIVES A LA REDDITION, ET LA CAPITULATION DE STRASBOURG [1].

L'attaque marchait vigoureusement pendant ce temps-là, se dirigeant vers les fronts ouest, tandis que la citadelle était écrasée sans relâche par le tir des batteries de Kehl.

. . . .

Nos matelots supportaient tout avec un entrain admirable, et à mesure que les vides se faisaient parmi eux, les autres se multipliaient de telle sorte qu'on les sentait grandir à mesure que les circonstances devenaient plus critiques.

Autour de ce petit noyau s'étaient groupés de braves jeunes gens de Strasbourg, formant deux compagnies de volontaires, l'une sous le commandement de M. Liès-Bodard [2], qui prit pour théâtre habituel le Contades; l'autre sous le commandement de M. Geisen, qui chaque jour, tombant à l'improviste dans la Robertsau, refoulait vigou-

---

1. Récit du capitaine de vaisseau du Petit-Thouars, § VIII.

2. M. Liès-Bodard était alors professeur à la Faculté des sciences de Strasbourg.

reusement les avant-gardes prussiennes jusqu'au delà de la ligne du canal de la Marne au Rhin.

En même temps, nos hommes du 74e, du 78e, ceux du bataillon Monnigny, avaient pris de l'aplomb, et quand je parcourais nos lignes durant la nuit, je sentais tout ce monde animé de confiance et de résolution.

L'attitude de l'amiral Exelmans avait été si simplement résolue dès le premier moment, qu'il n'avait pas tardé à produire de l'impression sur cette population, qui le voyait passer, à toute heure de la nuit ou du jour, pour se rendre compte par lui-même des événements et faire face au danger.

Bien que les séances du conseil de défense fussent secrètes, il transpirait aussi quelque chose de la part que chacun y prenait, et l'on savait que si l'amiral avait offert son concours pour la défense, c'était en toute sincérité, et *qu'il restait fidèle à son programme.*

Aussi lorsque, après l'arrivée des Suisses, on sentit comme un affaissement [1], y eut-il un mouvement parmi ces gens, qui ne raisonnaient peut-être pas, mais *qui, eux,*

---

1. Dans le paragraphe VII de son récit, le capitaine de vaisseau du Petit-Thouars s'exprime en ces termes au sujet de la démarche des délégués suisses à Strasbourg : « L'entrée des Suisses a marqué dans l'histoire du siège de Strasbourg. Le premier sentiment que chacun éprouva fut celui de l'espérance, et *l'impression qu'ils laissèrent en partant fut celle d'un marasme profond.*

« C'est que, pour subir les épreuves d'un siège sans faiblir, il faut se renfermer en soi-même, *s'absorber dans une pensée unique, celle de la résistance;* ne rien discuter, ne rien voir des souffrances, des misères de ceux qui vous entourent ; vivre dans le passé, en songeant au prix de quels sanglants sacrifices nos pères ont fait la grandeur du pays ; vivre dans l'avenir, en songeant quelles malédictions suivront ceux qui, appelés à l'honneur *n'avaient qu'une pensée,* NE PAS SE RENDRE — *et je dois dire qu'il s'en trouvait beaucoup,* — et à la fois de différents côtés il nous revint qu'on voulait le mettre à la tête de la défense.

Je n'ai pas besoin d'ajouter qu'il mit immédiatement M. le général Uhrich en garde contre l'éventualité d'une sédition, pendant qu'il s'entourait lui-même de quelques marins résolus, pour faire au besoin respecter sa personne.

Durant le mois de septembre, à plusieurs reprises, la question de la reddition fut posée. Une fois entre autres, *le général jugea convenable* d'introduire dans le conseil de défense une délégation de la commission municipale,

---

de défendre les frontières, auront hésité à les couvrir de leurs corps !

. . . .

« On a dit que M. de Werder n'avait laissé entrer les Suisses qu'avec les plus grandes difficultés. Pour moi, je crois qu'il savait mieux son métier ; qu'après les menaces et le bombardement, il a voulu essayer d'une nouvelle épreuve, celle du découragement, et l'expérience montra qu'il n'y avait rien perdu.

. . . .

« Enfin, si grâce à ces pourparlers répétés chaque jour, on avait vu sortir près de deux mille personnes, il restait dans Strasbourg celles qui, après s'être leurrées d'un vain espoir, se voyaient comme renfermées de nouveau par le calcul de l'ennemi, et des milliers de braves gens sentirent dès lors que, parce qu'ils avaient tout perdu, ils étaient encore condamnés à subir, le voulant ou non, les dernières extrémités. Il faut ajouter aussi que, durant ces transactions soi-disant humanitaires, les officiers du génie allemand s'étaient vraisemblablement éclairés sur la nature des approches de la place, tandis que chacun de nous avait acquis la certitude qu'il n'y avait plus de secours à attendre du dehors : considérations qui, toutefois, ne doivent pas empêcher de rendre hommage au sentiment qui a fait battre les cœurs en Suisse, en apprenant les désastres de la ville de Strasbourg. »

pour représenter les souffrances de la population : dans ces diverses circonstances, l'amiral se porta garant de l'attitude des troupes placées sous ses ordres, *représenta vivement l'intérêt qu'il y avait, au point de vue du salut du pays, à retenir le plus longtemps possible l'armée du général de Werder, avec sa formidable artillerie.* Il est donc de ceux qui peuvent dire qu'ils ont tout fait pour garder l'Alsace à la France.

Je dois rendre ici hommage également à deux membres du conseil municipal, qui s'élevèrent contre la démarche qu'allaient faire leurs collègues auprès du général en chef, pour chercher à obtenir de lui la capitulation : ce sont M. Mallarmé, père d'un jeune officier de marine, et M. Lipp. Tous les deux avaient leurs familles dans Strasbourg, et quand le second d'entre eux protesta ainsi, sa maison se trouvait si rapprochée de celles qu'entamait alors le canon des Prussiens, suivant leur œuvre de destruction systématique, qu'en supposant que le tir ne cessât pas aussitôt, elle était vouée à une ruine certaine, ce qui ne manqua pas d'arriver.

Ce fut à cette époque aussi que M. Valentin, nommé préfet par la République, mû par un ardent patriotisme, parvint à se jeter dans la place, en courant les plus grands dangers. Mais, hélas ! il ne dépendait plus des personnes de changer l'ensemble d'une situation qui s'aggravait sans cesse !

Les derniers jours furent rudes.

. . . .

Le 27, le feu de l'artillerie allemande redoubla encore. Ayant été rudement contusionné dans la matinée, j'avais été obligé de rester à la mairie, où logeait l'amiral Exelmans, pour prendre un peu de repos.

La canonnade était furieuse, et, à chaque moment, les murailles étaient ébranlées par les projectiles, tandis que

les éclats tombaient avec un bruit sinistre sur le pavé de
la cour.

Vers trois heures, l'amiral fut appelé au quartier général : nous nous regardâmes sans échanger une parole,
car le même trait nous avait traversé le cœur.

Peu d'instants après il rentra :

Strasbourg et l'Alsace étaient perdus pour la France !

Le général Uhrich avait exposé au conseil la nécessité
de capituler immédiatement pour éviter à la population
civile, déjà si éprouvée, les chances peu douteuses d'un
assaut, et l'amiral Exelmans s'était retiré en disant :
« Qu'ayant offert son concours pour la défense, il n'avait
plus rien à faire alors que le général jugeait qu'elle était
arrivée à son terme ! »

J'envoyai des ordres de cesser le feu sur le front nord,
et, peu à peu, il se fit un grand silence, comme celui
qui suit la mort d'un être qui vous est cher. C'est que
c'était bien la mort qui s'abattait sur cette noble cité, ar-
rachée sanglante et toute palpitante encore de patriotisme des bras mutilés de la France !

Ah ! les spoliateurs du territoire, qu'ils soient maudits
de Dieu, car il n'y a pas de crime comparable à celui qui
consiste à ravir à tout un peuple sa nationalité !

II. — LES FEMMES DE STRASBOURG PENDANT LE SIÈGE
DE 1870

Le général ennemi avait compté sur la frayeur des
femmes de Strasbourg pour lui ouvrir un passage. Les
femmes de Strasbourg ont répondu par le plus admirable
exemple de résolution, de patriotisme qu'ait enregistré
l'histoire : durant tout ce siège, sans que jamais la pluie
de fer et de feu qui tombait de toutes parts dans les rues
les arrêtât, on les a vues, intrépides et tremblantes, se

pressant dans les églises où elles priaient le Dieu tout-
puissant de les sauver par un miracle ; dans les hôpitaux,
où elles se multipliaient auprès des malades et des blessés ;
et lorsque, revenant du Contades, je rentrais en ville, le
matin, maintes fois j'en ai rencontré, la figure pâle et défaite, les traits amaigris, frissonnant de tous leurs membres
à chaque détonation, qui me disaient : « N'est-ce pas, monsieur, on ne se rendra pas [1] ? »

. . . .

Pour moi, au-dessus de ces ruines, de ces débris, le
souvenir de l'héroïsme des femmes de Strasbourg plane et
se confond déjà avec une pensée vivifiante : celle qu'avec
de semblables gardiennes du foyer domestique, les Strasbourgeois ne deviendront jamais Allemands, et, aujour-
d'hui comme durant le siège, mettant ma confiance dans
le Dieu tout-puissant, *j'espère quand même [2] !*

---

1. P. 997.
2. P. 1008.

N° 32.

Considérations sur la capitulation de Strasbourg,
par le capitaine Brunner.

On a lu plus haut, dans la *Troisième partie* de cet ouvrage, le jugement porté par le capitaine à l'état-major du génie autrichien, M. Moriz Brunner, sur la défense de Strasbourg. Nous donnons ici les « Considérations sur la capitulation », qui terminent sa brochure, et dans lesquelles ce militaire étranger rend un éclatant hommage à l'abnégation et à la vaillance de la population de Strasbourg [1] :

CONSIDÉRATIONS SUR LA CAPITULATION.

Après avoir, dans nos recherches critiques, constaté que l'état des ouvrages de fortification et de la brèche n'autorisait pas à capituler, et qu'on ne pouvait pas non plus alléguer le manque de bouches à feu, fusils et munitions, passons en revue les autres circonstances qui pouvaient mettre fin à la durée de la défense.

Au point de vue des vivres, on ne manqua que de viande fraîche ; néanmoins, on possédait encore des vaches pour fournir le lait aux malades, de la viande de cheval pour les gens valides pendant des mois et une grande provision de farines et de légumes secs. Les principales denrées de consommation ne furent ni tarifées ni rationnées.

---

1. *De la Défense de Strasbourg en 1870.* Paris, Tanera, 1875, 1 vol. in-16, p. 40-43.

L'esprit de la garnison était, en général, excellent ; si quelques-uns ne voulaient pas marcher, il fallait leur appliquer les lois de la guerre dans toute leur rigueur. Le feu d'infanterie ne fut jamais aussi violent ni aussi meurtrier que dans les derniers jours : preuve que les hommes tenaient les remparts. D'ailleurs, on n'avait plus alors besoin de beaucoup de soldats ; 3oo à 4oo tirailleurs et les francs-tireurs auraient entretenu le feu pendant le jour, quelques cents autres pendant la nuit ; 200 artilleurs, le 87ᵉ de ligne et les marins auraient encore pu opposer une résistance prolongée derrière la brèche. Les cinq officiers du génie présents suffisaient pour le service du front d'attaque. Plusieurs faits prouvent enfin que la garnison ne partageait pas l'idée de se rendre.

Quant à la population, il est connu de longue date que les Alsaciens, et principalement les habitants des villes, parmi lesquels *les Strasbourgeois, étaient les meilleurs Français*. Ils ne voulaient pas devenir Allemands ; ils voulaient rester Français, bien qu'ils parlassent l'allemand. Lorsque l'ennemi cerna la ville, les bourgeois furent loin de donner des signes de découragement ou de lâcheté. En tout cas, les démonstrations en faveur de la reddition, dont le gouverneur a eu connaissance, furent très restreintes. Les journaux, loin d'écrire le moindre mot dans ce sens, poussèrent au contraire à une résistance énergique. Chaque petit avantage ranimait le courage des Strasbourgeois. Les nuits terribles du bombardement, les incendies ininterrompus, le nombre des victimes, le manque d'asiles, le souci de chacun pour ses biens chaque jour plus exposés, excitèrent bien de temps en temps un cri de désespoir ; mais on se consolait bientôt en pensant que la levée du siège et la fin de la guerre étaient proches ; enfin, on avait confiance dans l'imprenabilité de la place, dont on avait si souvent entendu parler.

Grâce au silence du gouverneur, la population ne sut rien de ce qui se passait à l'extérieur. Ceux qui essayèrent de faire signer des pétitions en faveur de la reddition échouèrent complètement, même le lendemain des journées les plus terribles, *une reddition prématurée étant considérée comme une honte par l'ensemble de la population :* la population fut donc loin d'exercer une influence défavorable quelconque sur le commandant supérieur. Le gouvernement de la Défense nationale décréta que Strasbourg avait bien mérité de la patrie et sa statue fut couronnée par les Parisiens : *les habitants s'en sont rendus dignes par une résignation héroïque,* que l'ennemi lui-même est obligé d'admirer.

Et d'ailleurs, le gouverneur avait-il raison quand il fit valoir des motifs d'humanité et qu'il estima qu'une plus longue défense serait sans influence sur la guerre ? Un général ne doit pas compter avec les faiblesses de cœur. La guerre est avant tout inhumaine ; les victimes peuvent être nombreuses sur un point, plus nombreuses encore sur un autre, et les habitants d'une place forte, d'une grande ville, ne sont pas moins soumis à l'obligation de subir les rigueurs nécessaires de la guerre que les habitants des villages dont on brûle maisons, biens et récoltes dans une bataille. Enfin, un homme isolé, dont l'horizon se trouve restreint par la situation, ne peut savoir si une prolongation de résistance n'influencera pas le cours de la guerre.

Pour un commandant de place, il n'y a que les règlements qui fassent loi ; ceux-ci lui imposent de conserver la place jusqu'à la dernière extrémité et d'attendre l'assaut d'une brèche praticable du corps de place [1].

---

1. Ces lignes sont en italiques dans l'ouvrage du capitaine Brunner.

L'étude du siège de Strasbourg nous permet de conclure que :

Le siège de cette place ancienne, mal préparée, mal défendue, par un ennemi pourvu des moyens d'attaque les plus perfectionnés et placé dans une situation presque exceptionnelle, nous apprend qu'une place n'a rien perdu de sa force tactique et de sa durée de résistance par l'adoption des nouvelles armes, si la défense possède aussi les moyens nouveaux. Ce ne sont pas les murs qui rendent forte une place, mais la garnison qui se trouve derrière eux et le commandant qui a le talent et la volonté de la défendre.

N° 33.

Le général Uhrich et le parti de l'Empire,
au mois d'octobre 1870.

Le 2 juillet 1871, des élections complémentaires
pour l'Assemblée nationale eurent lieu dans la France
entière. Le département de la Seine, à lui seul, avait à
choisir vingt et un représentants. Trois comités principaux se formèrent à Paris à l'occasion de ces élections : celui de « l'Union parisienne de la presse »,
composé des rédacteurs en chef des journaux monarchiques, et deux comités républicains.

Son nom ne figurant sur aucune des listes de ces
trois comités, le général Uhrich se présenta seul au
suffrage des électeurs de la Seine. Un grand nombre
d'affiches furent placardées dans Paris, portant ces
mots : « Le général Uhrich, *candidat républicain.* »
Mais le général ne fut pas élu[1].

Quelques jours plus tard, le 24 juillet 1871, parut
dans le journal *le Républicain d'Indre-et-Loire,* qui
se publiait à Tours, un article intitulé : « Le général

---

1. Il obtint 46,407 voix, sur 280,847 votants. Le dernier élu,
M. Moreau, avait eu 95,821 suffrages.

Uhrich et le général Fleury », dont nous extrayons les passages suivants :

Les affiches écarlates du général Uhrich nous rappellent une entrevue très curieuse qu'il eut après la capitulation de Strasbourg avec le général Fleury [1], à Bâle.

Après son voyage de Tours [2], le général Uhrich, comme l'on sait, était revenu en Suisse et s'était établi à Bâle [3]. A l'hôtel où il était descendu se trouvaient plusieurs réfugiés strasbourgeois, entre autres M. Humann, ancien maire de Strasbourg [4].

Un jour, M. Humann aborda le général Uhrich et lui dit, en désignant un élégant coupé qui stationnait devant la porte de l'hôtel : « Général, vous voyez ce coupé. Il vient d'en descendre un homme qui s'est approché de moi et m'a tendu la main : je lui ai refusé la mienne, et je lui ai tourné le dos sans vouloir l'entendre ; c'est le général Fleury. Quant à vous, général, dans la situation où vous vous trouvez, vous devez agir de même. »

Cette conversation n'était pas terminée, que le général Fleury paraissait sur l'escalier et descendait au jardin. Aussitôt le général Uhrich, laissant là l'ancien maire de

---

1. Le général Fleury avait rempli un rôle important lors du Coup d'État du 2 décembre 1851, et était resté l'homme de confiance de Napoléon III. Il occupait, à la fin de l'Empire, les fonctions d'ambassadeur de France à Saint-Pétersbourg.

2. Dans le courant du mois d'octobre de l'année 1870.

3. Dans son livre intitulé : *Documents relatifs au siège de Strasbourg*, publié en 1872, le général Uhrich parle de son séjour à Bâle au mois d'octobre 1870 et ajoute qu'il habitait l'hôtel même où se trouvait M. Humann (p. 108).

4. M. Humann, maire de Strasbourg sous l'Empire, donna sa démission le 13 septembre 1870.

Strasbourg, se précipite vers le confident de Bonaparte et l'embrasse !

Les témoins de cette scène ne cachaient pas leur indignation. Le général Fleury, toujours hautain et dédaigneux, affecta d'élever la voix pour que tout le monde pût entendre ce qu'il disait. Après quelques paroles de félicitation à l'adresse du général Uhrich, il ajouta : « Je viens de Saint-Pétersbourg ; j'ai passé par l'Autriche et l'Italie, et je me rends à Wilhelmshœhe. Je dirai à l'Empereur avec quelle bravoure vous avez défendu la place de Strasbourg dont il vous avait confié le commandement, et je lui transmettrai en même temps les assurances de fidélité et de dévouement à sa personne que vous me donnez. Adieu, général ! »

Ces dernières paroles, dites d'une voix forte, furent entendues par tous les assistants. Quand le général Uhrich revint auprès de M. Humann, celui-ci le reçut avec un visage glacial : « Comment, s'écria-t-il, vous êtes tout chaud encore des baisers de Crémieux, et vous allez embrasser Fleury ! et vous l'assurez de votre dévouement à la personne de l'Empereur, vous qui avez proclamé la République à Strasbourg ! Votre conduite, général, est inqualifiable ! »

. . . .

Ces détails nous ont été fournis par un de nos amis, qui les tient de la bouche même de M. Humann. Nous avons donc tout lieu de les croire exacts.

Cependant, nous accueillerons volontiers les rectifications et les démentis que le général Uhrich croira devoir fournir à la presse et à l'opinion publique.

Le récit du *Républicain d'Indre-et-Loire* fut reproduit par beaucoup de journaux. Le général Uhrich ne donna ni démenti ni rectification.

On lira plus loin la lettre qu'il écrivit, au mois de
mars 1871, à M. Humann, à l'occasion du discours
que ce dernier venait de prononcer sur la tombe de
M. Küss, et dans lequel il avait qualifié de catastrophe
inattendue la capitulation de Strasbourg.

N° 34.

*Lettre du général Uhrich à M. Humann, ancien maire
de Strasbourg.*

(19 mars 1871.)

M. Humann, ancien maire de Strasbourg sous l'Empire, ayant prononcé sur la tombe de son successeur à la mairie, M. Küss, un discours qu'avait publié le journal *l'Helvétie,* dans son numéro du 17 mars 1871, et dans lequel le général Uhrich était mis en cause, ce dernier adressa, à la date du 19 mars, à M. Humann, une lettre qui a été insérée dans le *Moniteur universel* du 29 mars [1]. Nous reproduisons en son entier cette lettre, curieuse à plus d'un titre, qui confirme entièrement ce que nous avons dit dans notre récit et dans la *Troisième partie,* chapitre Ier, au sujet des pourparlers engagés dès le 16 septembre entre le général Uhrich et la commission municipale pour la capitulation de Strasbourg. La voici :

A M. Humann, ancien maire de Strasbourg.

Paris, le 19 mars 1871.

Monsieur,

Je viens de lire dans le journal *l'Helvétie,* du 17 de ce mois, le discours que vous avez prononcé sur la tombe du

---

1. Le général Uhrich a reproduit cette lettre dans son ouvrage intitulé : *Documents relatifs au siège de Strasbourg.* Paris, Dentu, 1872, 1 vol. in-8°, p. 109-111.

bien regrettable M. Küss, votre successeur à la mairie de Strasbourg.

Je m'associe pleinement et cordialement à l'éloge que vous faites de ce beau caractère, car j'avais pour M. Küss, non seulement une grande estime, non seulement une grande affection, mais une grande vénération : l'expression n'est pas exagérée.

Il vous a plu de me mettre en scène dans deux passages de votre discours, et c'est là l'objet de la lettre que j'ai l'honneur de vous écrire.

Vous dites : « Je puis bien ajouter que j'étais aussi froissé de ne pouvoir vous donner aucune communication de ce que l'autorité militaire qui, nous l'avons su depuis, était parfaitement informée, se gardait de communiquer aux représentants de cette héroïque population. »

Vous n'avez pu savoir depuis, Monsieur, que j'avais été parfaitement renseigné, car je n'ai jamais rien su que ce qui était colporté dans la ville, et publié la plupart du temps par les journaux de Strasbourg, avec lesquels vous aviez, certes, plus de correspondance que moi, qui ne leur ai jamais demandé que l'insertion de mes arrêtés et de mes proclamations.

La chute du gouvernement impérial ne m'a même pas été notifiée. J'ajouterai que j'ai toujours blâmé la propagation de ces fausses bonnes nouvelles qui venaient, périodiquement, leurrer la population d'espérances qui devaient être déçues le lendemain.

Vous avez assisté, Monsieur, à la séance de la commission municipale à laquelle j'ai eu moi-même l'honneur de prendre part[1]. Vous avez entendu le programme que j'y ai tracé de ma règle de conduite dans mes relations avec l'autorité civile, programme qui se résumait en un

---

1. Celle du 16 septembre. (Voir *Troisième partie,* ch. I, § 1.)

seul mot : SINCÉRITÉ. Ce programme, je lui ai été fidèle jusqu'au bout ; j'ai dit tout ce que je pouvais dire, et j'ai toujours dit la vérité.

Plus loin, vous dites : « Ni lui (M. Küss), ni moi, nous ne pouvions supposer une catastrophe si imminente : *douze jours après, le général Uhrich capitulait et rendait Strasbourg.* »

Ici, Monsieur, l'intention injurieuse pour moi ressort pleinement. Oui, j'ai capitulé, j'ai rendu Strasbourg ; mais alors que deux brèches étaient ouvertes au corps de place, et après que le conseil de défense eut déclaré, à l'unanimité, que la résistance ne pouvait pas être prolongée davantage et qu'il y avait lieu d'entrer immédiatement en négociation. Oui, j'ai eu la douleur de capituler et de rendre Strasbourg, après toute satisfaction donnée au devoir et à l'honneur militaire [1], et j'ai agi ainsi, afin d'éviter à cette cité, déjà si à plaindre, les horreurs d'un assaut que sa garnison était impuissante à repousser.

Vous dites que c'est *douze* jours après le 15 septembre (date de l'intronisation du nouveau maire, M. Küss) qu'a eu lieu cette capitulation qui vous a tant surpris et que vous cherchez à flétrir ; mais vous oubliez donc, Monsieur, que, *trois jours après cette même date du 15 septembre,* vous oubliez que, le 18, la commission municipale, composée de 45 membres, prenait, à l'unanimité moins deux voix, une délibération dans laquelle elle m'exposait les malheurs qui avaient frappé la Ville de Strasbourg ; elle

---

1. Voir l'*Avis motivé* du Conseil d'enquête (*Pièces justificatives,* n° 36), l'extrait de la *Guerre franco-allemande de 1870-1871* que nous donnons à la *Troisième partie* (ch. III, § 2), et surtout l'extrait de la *Défense de Strasbourg en 1870,* par M. Moriz Brunner, capitaine à l'état-major du génie autrichien. (*Pièces justificatives,* n° 32).

ajoutait que l'honneur militaire était sauf, que le nouveau gouvernement de la France ne pouvait compter sur l'appui d'aucune puissance étrangère, que je ne pouvais, moi-même, espérer aucun secours extérieur, et qu'elle me priait, au nom de l'humanité, de mettre fin, par une capitulation honorable, aux souffrances de la population strasbourgeoise.

Mais vous oubliez, Monsieur, que vous avez SIGNÉ VOUS-MÊME cette délibération, et, qu'au moment où je vous écris ces lignes, j'ai votre SIGNATURE sous les yeux.

Ainsi, Monsieur, cette catastrophe que vous ne pouviez pas prévoir pour le 27 septembre, dites-vous, dès le 18, vous la provoquiez officiellement !

Convenez qu'il eût mieux valu me laisser étranger à votre discours, dans lequel je n'aurais dû figurer, si vous teniez absolument à parler de moi, que pour affirmer les sentiments que j'ai eus pour M. Küss, sentiments que je conserve à sa mémoire.

En terminant, Monsieur, je dirai que je ne devais pas m'attendre à une agression de votre part ; elle a lieu de m'étonner d'autant plus que rien, de mon côté, ne l'avait provoquée.

J'ai l'honneur de vous saluer.

Signé : Général Uhrich.

IV

LE CONSEIL D'ENQUÊTE

A. — *Avis du Conseil d'enquête.*

N° 35.

Le service dans les places de guerre.

(Décret du 13 octobre 1863.)

Nous reproduisons ci-dessous, d'après le *Bulletin des lois*[1], le texte des articles 254, 255 et 256 du décret impérial du 13 octobre-29 décembre 1863 portant règlement sur le service dans les places de guerre et les villes de garnison :

DE LA DÉFENSE

Art. 254. — Le commandant supérieur défend successivement les ouvrages et les postes extérieurs de la place, ses chemins couverts, ses dehors, son enceinte et ses derniers retranchements. Il déblaye le pied des brèches et

---

1. *Bulletin des lois de l'Empire français*, XIe série, 2e semestre de 1863, tome XXII, n° 1166, p. 918-919.

les défend par tous les moyens usités dans les sièges. Dès que les fronts d'attaque lui sont connus, il commence les retranchements nécessaires pour soutenir, au corps de place, un ou plusieurs assauts. Il y emploie les habitants; il y fait servir les édifices, les maisons et tous les matériaux qu'il a sous la main.

Il ménage sa garnison et ses munitions de guerre et de bouche, de manière à pouvoir soutenir vigoureusement les dernières attaques et à conserver, pour les assauts, la reprise des dehors, et, surtout, pour l'assaut au corps de place, une réserve choisie parmi les vieux soldats de la garnison.

Dans aucun cas, il ne se met à la tête des troupes lorsqu'elles font une sortie; il ne conduit jamais d'attaque lui-même, à moins que le salut de la place n'y soit attaché. Il ne doit s'exposer que dans des circonstances très importantes, sa mort pouvant entraîner la chute de la place.

RESPONSABILITÉ DU COMMANDEMENT

Art. 255. — Le commandant d'une place de guerre ne doit jamais perdre de vue qu'il défend l'un des boulevards de l'Empire, l'un des points d'appui de ses armées, et que, *de la reddition d'une place avancée ou retardée d'*UN SEUL JOUR, *peut dépendre le salut du pays.*

Il doit rester sourd aux bruits répandus par la malveillance et aux nouvelles que l'ennemi lui ferait parvenir, résister à toutes les insinuations et ne pas souffrir que son courage ni celui de la garnison qu'il commande soient ébranlés par les événements.

Il ne doit pas oublier que les lois militaires condamnent à la peine de mort, avec dégradation militaire, le commandant d'une place de guerre qui capitule sans avoir forcé l'ennemi à passer par les travaux lents et successifs des sièges, *et avant d'avoir repoussé au moins un assaut au corps de place sur des brèches praticables.*

DE LA CAPITULATION

Art. 256. — Lorsque le commandant supérieur juge que le dernier terme de la résistance est arrivé, il consulte le conseil de défense sur les moyens de prolonger le siège. Les articles 254 et 255 du présent décret sont lus à haute voix : les opinions des membres du conseil sont ensuite recueillies et consignées au registre des délibérations. Le commandant supérieur, le conseil entendu et la séance levée, prend de lui-même, *en suivant l'avis le plus énergique,* s'il n'est absolument impraticable, les résolutions que le sentiment de son devoir et de sa responsabilité lui suggère. Dans tous les cas, il décide seul de l'époque et des termes de la capitulation.

Jusque-là il a le moins de communications possible avec l'ennemi ; il n'en tolère aucune. Il ne sort jamais lui-même pour parlementer, il n'en charge que des officiers dont la fermeté, la présence d'esprit et le dévouement lui sont personnellement connus.

Dans la capitulation, *il ne se sépare jamais de ses officiers ni de ses troupes,* ET IL PARTAGE LEUR SORT APRÈS COMME PENDANT LE SIÈGE. Il s'occupe surtout du soin d'améliorer le sort du soldat et de stipuler, pour les blessés et les malades, toutes les clauses d'exception et de faveur qu'il peut obtenir.

N° 36.

Avis motivé du conseil d'enquête relatif à la capitulation de Strasbourg.

(8 janvier 1872.)

Cet avis motivé a été publié en ces termes dans le *Journal officiel* du 22 mai 1872 :

CONSEIL D'ENQUÈTE

CONVOQUÉ

En vertu de l'article 264 du décret du 13 octobre 1863.

EXTRAIT DU PROCÈS-VERBAL DE LA SÉANCE DU 8 JANVIER 1872.

Le conseil d'enquête,

Vu le dossier relatif à la capitulation de la place de Strasbourg,

Vu le texte de la capitulation,

Sur le rapport qui lui en a été fait,

Ouï MM. :

Le général de division Uhrich, ex-commandant supérieur de la place de Strasbourg ;

Le général Barral, ex-commandant de l'artillerie de Strasbourg ;

Le baron Pron, ex-préfet du Bas-Rhin ;

Le contre-amiral Exelmans, ex-commandant du secteur nord à Strasbourg ;

Le colonel Maritz, ex-commandant du génie à Strasbourg ;

Le général Du Casse, ex-commandant de la place de Strasbourg ;

Le colonel Sabatier, ex-directeur des fortifications de Strasbourg;

Le général Blot, ex-commandant du 87e régiment d'infanterie à Strasbourg;

Le général Moréno, ex-commandant de la subdivision du Bas-Rhin;

Le colonel Mengin, ex-commandant de l'artillerie de la place de Strasbourg;

Le colonel Rollet, ex-commandant de la citadelle de Strasbourg;

Momy, membre du conseil municipal de Strasbourg;

Après en avoir délibéré,

Exprime comme suit son avis motivé sur ladite capitulation :

Le conseil croit devoir établir qu'au moment où M. le général de division Uhrich prit le commandement supérieur de la place de Strasbourg, la garnison était insuffisante par le nombre et la composition pour la défense de la place.

Plus tard, cette garnison s'augmenta de quelques fractions de corps organisés, de la réserve réunie à Haguenau et d'une foule d'isolés ou fuyards qui, après la bataille de Frœschwiller, se réfugièrent dans la place, et parvint au chiffre de 16,600 hommes; mais ces fuyards y apportèrent des germes d'indiscipline et de lâcheté devant l'ennemi qui se manifestèrent par des faits graves que le commandant supérieur ne réprima pas par des exemples sévères.

La garde nationale sédentaire, qui d'abord avait manifesté la meilleure volonté, se découragea promptement au moment du bombardement et des incendies et abandonna ses postes pour veiller à la conservation de ses propriétés.

L'artillerie avait un nombre suffisant de pièces ou de munitions, mais l'approvisionnement des fusées percutantes, déjà très restreint avant le commencement du siège, fut beaucoup réduit encore par la perte de 3o,ooo de ces fusées, brûlées dans l'incendie de la citadelle; avec plus de prévoyance, on aurait pu les placer dans des locaux où elles eussent été à l'abri. Cette perte a influé puissamment sur la défense de la place par l'artillerie.

Les mesures de défense ne furent pas prises au moment opportun; ainsi, malgré l'insuffisance bien connue des abris voûtés à Strasbourg, on ne s'occupa pas d'en créer par le blindage, et cependant ces abris, déjà si nécessaires antérieurement, le sont devenus bien davantage en raison des progrès de l'artillerie moderne.

Quant aux mines, on ne se procura pas à l'avance le matériel nécessaire pour utiliser les contre-mines permanentes qui existaient en avant de la lunette 53.

Bien qu'il y eût 3o,ooo palissades en magasin à Strasbourg, on ne poussa pas assez activement le palissadement des chemins couverts et des ouvrages avancés des fronts d'attaque, pour que l'opération fût terminée avant l'investissement de la place, et, depuis lors, autant par suite de la mauvaise volonté des ouvriers civils et militaires, que par le manque d'organisation de compagnies auxiliaires du génie qu'il eût été facile de créer avec plus d'initiative et de volonté, ce palissadement, si important pour la défense des chemins couverts, avait été délaissé, d'après l'avis des commandants des quatre arrondissements de défense; aussi les ouvrages avancés furent-ils successivement abandonnés sans qu'on tentât de s'y opposer par la force. Pendant tout le siège, la défense fut plus passive qu'active, et elle permit à l'ennemi de cheminer rapidement, presque sans obstacles, depuis les ouvrages avancés jusqu'au couronnement du chemin couvert des contre-gardes du chemin d'attaque.

Le conseil constate qu'à l'exception de celui du génie, les registres prescrits par les articles 253 et 259 du décret

du 13 octobre 1863 n'ont pas été tenus régulièrement ou
font entièrement défaut ; qu'ainsi le registre du conseil de
défense, sur lequel doivent être inscrites toutes les délibérations, qui permet de suivre les opérations du siège et
constate, pour ainsi dire, la part de responsabilité de chacun dans la défense, n'existe pas ; on n'a que le journal du
chef d'état-major, journal ni paraphé ni signé par personne.
Le registre du commandant de place, non plus que ceux
de l'artillerie et de l'intendant militaire, n'ont été tenus,
malgré les prescriptions formelles du règlement précité ;
en cela, comme en bien des choses, il faut constater qu'il
y a eu manque de direction, de surveillance, d'impulsion.

Le conseil, considérant que si, du 11 au 17 août, l'ordre
fut donné par le commandant supérieur de faire dispa-
raître les couverts de la place, il y apporta la restriction
de ménager autant que possible les propriétés particulières ; que, sur le front de l'ouest surtout, les maisons
n'ont pas été abattues et ont donné ainsi des abris aux tirailleurs ennemis ;

Considérant que si, dans la séance du conseil de défense
tenue le 19 septembre, la demande du conseil municipal
de traiter avec l'ennemi a été repoussée à l'unanimité,
parce que la question d'humanité devait être séparée de
celle du devoir militaire et de l'intérêt de la patrie, il est
à regretter que les mêmes sentiments n'aient pas prévalu,
quand, huit jours après, et sur l'exposé qu'il fit au conseil
de défense de la situation de la place, après avoir demandé l'avis de chacun des membres, le général commandant supérieur, en opposition formelle avec le règlement, fit la proposition d'entrer en négociations pour la
reddition de la place, vu l'impossibilité de pousser la résistance à outrance avec chance de succès ;

Le conseil, considérant qu'à cette époque, les brèches
faites aux bastions 11 et 12 n'étaient pas praticables et

étaient, en outre, défendues par un fossé très large, très profond, plein d'eau; qu'elles étaient couvertes et défendues par des contre-gardes encore intactes, précédées également de fossés pleins d'eau;

Qu'ainsi le commandant supérieur a manqué aux prescriptions de l'article 254 du décret du 13 octobre 1863, qui n'admet de capitulation qu'après avoir soutenu un ou plusieurs assauts au corps de place; qu'avant de se rendre il n'a pas donné l'ordre d'incinérer les drapeaux, et s'en est rapporté sur ce point aux sentiments des chefs de corps, qu'il n'a pas fait enclouer les canons, détruire les munitions, les armes, noyer les poudres, qui, après la reddition de la place, furent utilisés par l'ennemi dans les autres opérations du siège;

Qu'il a eu tort de ne pas exiger pour la garnison les honneurs de la guerre, et de ne pas stipuler que les officiers conserveraient leur épée, les officiers et soldats leurs propriétés particulières;

Qu'il est blâmable d'avoir admis cette exception pour les seuls officiers qui rentreraient dans leurs foyers, après avoir pris l'engagement d'honneur de ne pas servir contre l'ennemi pendant la guerre, ainsi que pour les autres faits précités;

Le conseil ne peut le blâmer trop sévèrement d'avoir profité lui-même de cette exception, sous le spécieux prétexte de se rendre à Tours pour y appuyer les propositions qu'il avait faites en faveur des officiers, sous-officiers et soldats de la garnison de Strasbourg, propositions qui eussent eu non moins de valeur s'il les eût adressées des prisons de l'ennemi où il aurait partagé le sort de ses soldats.

Pour extrait conforme :

Le Président du conseil d'enquête,

Signé : BARAGUEY-D'HILLIERS.

Il n'est pas sans utilité, peut-être, de reproduire ici les réflexions par lesquelles M. le commandant Rousset commence et termine le chapitre IV, intitulé : *Les places fortes,* de son *Histoire abrégée de la guerre franco-allemande de 1870-1871* [1], chapitre dans lequel il ne mentionne que les sièges de Lichtemberg, de Phalsbourg, de Bitche et de Belfort : « La France, pendant la guerre de 1870-1871, dit M. le commandant Rousset, a vu tomber entre les mains de l'ennemi 24 de ses places fortes. Le conseil d'enquête devant lequel, conformément à la loi, ont été traduits les officiers qui les commandaient, s'est montré rigoureux, et s'appuyant sur une interprétation très stricte des règlements militaires, a prononcé des blâmes sévères contre ceux d'entre eux qui n'avaient pas, avant de capituler, épuisé tous les moyens qu'ils avaient de se défendre.

« En cela, le conseil d'enquête a bien fait, parce que les conditions, si déplorables qu'elles aient été, où se trouvaient en 1870 la plupart de nos forteresses, sous le triple rapport des fortifications, de l'armement et des garnisons, ne sauraient excuser la faiblesse montrée par certains commandants de place, même si l'on tient compte de leur grand âge et de leur usure morale et physique.

. . . .

« Nous n'ajouterons qu'un mot. Les soldats d'au-

---

1. Le commandant Rousset, *Histoire abrégée de la guerre franco-allemande de 1870-1871,* Paris, Librairie illustrée s. d. 1 vol. in-16, p. 91-92, et 117-118.

jourd'hui, ceux de demain, sont de même sang que les défenseurs de Bitche, de Belfort, de Lichtemberg, du même sang que les défenseurs de Tuyen-Quan ! Ayons donc confiance ! La prochaine fois, *tous* nos commandants de place seront des Taillant, des Teyssier et des Denfert, et nos forteresses seront bien gardées. »

B. — *Protestations contre l'Avis motivé du conseil d'enquête.*

N° 37.

Observations présentées par le général Uhrich contre l'Avis du conseil d'enquête relatif à la capitulation de Strasbourg.
(28 mai 1872.)

Il nous a paru équitable de donner ici les principaux passages de la protestation adressée, le 28 mai 1872, par le général Uhrich aux journaux[1] contre l'Avis motive du conseil d'enquête relatif à la capitulation de Strasbourg.

Cette protestation débute par les lignes suivantes :

Gravement et publiquement attaqué dans mon honneur militaire, il me semble juste que ma défense soit également publique, et je demande que ma réponse soit mise à la connaissance de tous.

Le général rappelle qu'il était au cadre de réserve depuis trois ans et demi lorsque la guerre éclata en 1870, et qu'il reprit du service à l'âge de soixante-huit ans et demi. Il expose ensuite quelle était, au

---

1. Cette protestation a été reproduite par le général Uhrich dans son livre intitulé : *Documents relatifs au siège de Strasbourg*, p. 159-170. Nous avons adopté la version de ce livre, laquelle, sur quelques points, diffère de la version des journaux.

début de la guerre, la situation de la place de Strasbourg et quelle était sa garnison. Puis il ajoute :

Je vais aborder la longue série des reproches que le conseil d'enquête a mis à ma charge.

Mais je dirai d'abord que la balance, emblème de la justice, a deux plateaux : un pour le bien, l'autre pour le mal. Celle dont le conseil s'est servi à mon égard n'avait qu'un seul plateau : celui du mal. Rien n'a trouvé grâce à ses yeux ; tout a été mal conçu, mal conduit, mal terminé. A qui fera-t-on croire cependant qu'un homme, qui a de l'expérience, une certaine habitude du métier, qui, je crois pouvoir le dire, avait sa part d'estime dans l'armée ; à qui fera-t-on croire que cet homme n'a rien fait de bien dans ce poste si tourmenté, qu'il avait sollicité comme une faveur, comme devant être le couronnement d'une longue vie militaire ? Il eût mieux fait peut-être de ne pas prendre part à la guerre. Qui sait ? peut-être ferait-il aujourd'hui partie d'un conseil d'enquête chargé de juger les travailleurs.

Et il termine ces réflexions en disant :

J'ai parlé devant le conseil d'enquête comme je l'aurais fait devant un conseil de guerre : sous la foi du serment, j'ai dit la vérité, peut-être pas toute la vérité [1].

---

1. Nous appelons l'attention du lecteur sur ces derniers mots. Dans une lettre datée de Bâle, le 14 octobre 1870, et que le journal *le Salut public,* de Lyon, a publiée, le général Uhrich s'est exprimé ainsi : « J'aurais pu, dit-il, vous parler de l'incurie avec laquelle on a abandonné Strasbourg, sans garnison, sans troupes d'artillerie suffisantes, sans le plus petit détachement du génie ; j'aurais pu vous dire bien d'autres vérités encore, mais il me faudrait sortir du terrain de la défense personnelle où je désire rester. »

Le général Uhrich répond successivement au reproche d'avoir toléré l'indiscipline dans la garnison, et à ce qu'avait dit le conseil d'enquête au sujet de l'incendie des fusées d'artillerie, des blindages, des galeries de mines, du palissadement, des registres, de l'abattage des arbres et des constructions extérieures. En ce qui concerne le reproche d'avoir rendu la défense plus passive qu'active, reproche qui a été formulé non seulement par le conseil d'enquête, mais par le grand État-major prussien, par plusieurs écrivains militaires étrangers, et, en dernier lieu, par le commandant Rousset, le général Uhrich croit se tirer d'affaire en disant qu'il a été condamné à ce rôle « par les circonstances, par la faiblesse numérique et la composition de la garnison ». Il ajoute qu'il a, du reste, « été fait cinq sorties ou reconnaissances d'une certaine importance, sans compter les petites sorties très fréquentes que faisait la garnison de la citadelle, et celles des francs-tireurs ».

Puis il aborde l'examen des derniers griefs relevés par l'Avis du conseil d'enquête. Nous citons textuellement :

9° *Demande de capitulation faite par le conseil municipal le 19 septembre et reddition de Strasbourg le 27.* — Le rapprochement entre ces deux dates laisse percer une pensée malveillante pour moi, et ce n'est pas la seule qui se soit manifestée pendant ma comparution devant le conseil.

Le 27, à midi, je ne me doutais pas encore que la red-

dition de la ville était aussi prochaine. Ne sait-on pas qu'à
la guerre, non pas huit jours, mais un seul jour, mais
quelques heures suffisent pour changer du tout au tout les
positions des armées ennemies? Le maréchal de Mac-
Mahon n'était-il pas en droit de dire, le 5 août, qu'il es-
pérait battre l'armée allemande, et, cependant, le 6, il était
vaincu, bien honorablement vaincu !

Est-ce justice au rapport de dire que j'ai exposé au conseil de défense la situation de la place et pris l'avis de
chacun des membres, sans ajouter que la réponse fut *unanime* en faveur de la capitulation immédiate? Un seul
membre, le général Barral, a ajouté que, peut-être, on
pourrait tenir un jour de plus ; et, encore, m'a-t-il dit plus
tard que le cœur lui battait en parlant ainsi, car il craignait de voir son avis adopté et la ville enlevée, peut-être,
avant vingt-quatre heures.

C'est, dit le rapport, en opposition formelle avec le
règlement, que je suis entré en négociations pour la reddition de la place.

Comment ! Strasbourg est la seule place forte devant
laquelle la tranchée de siège a été ouverte, la seule qui
ait eu deux brèches à son corps de place, brèches dont
l'une, quoi qu'on dise, était praticable ; Strasbourg a vu
anéantir son artillerie, détruire ses remparts, raser et incendier sa citadelle ; Strasbourg a perdu plus du quart de
sa garnison ; près de 1,200 de ses habitants ont été atteints
par les projectiles ennemis, et plus de 10,000 étaient sans
abri ; ses monuments, un tiers de ses maisons ont été brû-
lés ; elle n'avait aucun secours à attendre de l'extérieur ;
dans ces terribles conditions, elle a résisté pendant près
de deux mois, sous une pluie de 200,000 projectiles d'une
puissance inconnue jusqu'ici, et *l'honneur ne serait pas
satisfait !* En quoi donc réside l'honneur ?

. . . .

10° *Brèches*. — Ainsi que vinrent m'en rendre compte le colonel et le lieutenant-colonel du génie, le 27 septembre, vers deux heures de l'après-midi, la brèche du bastion 11 était praticable, et nous pouvions être assaillis dès le 28 au matin. Nous n'avions pas une chance sur mille de repousser l'assaut. Avant de le livrer, l'ennemi aurait fait converger tout le feu de sa puissante artillerie sur la brèche et ses abords. Il aurait anéanti ou dispersé les colonnes destinées à repousser l'assaut, et serait entré dans la place sans coup férir.

Devais-je exposer Strasbourg aux horreurs d'un assaut, à un sac peut-être ? Devais-je me rendre coupable d'un semblable acte d'inhumanité ? Je ne l'ai pas cru, et, à mon lit de mort, je me féliciterai encore de ne pas avoir commis cette coupable et monstrueuse folie.

Quant à la praticabilité contestée de la brèche, j'ai, pour l'affirmer, le récit écrit du capitaine de cavalerie Liston, demeurant actuellement au n° 31 de l'avenue de la Motte-Piquet. Cet officier sortit le 29 au matin, alla jusqu'à Schiltigheim et revint librement, en suivant les tranchées allemandes, traversant les fossés sur des planches disposées déjà, et rentra à Strasbourg en escaladant la brèche, sans être obligé, ajoute-t-il, de faire aucun effort gymnastique.

En ce qui concerne le reproche de non-incinération des drapeaux, le général Uhrich objecte qu'il n'y avait à Strasbourg que deux drapeaux, et que tous les deux ont été « lacérés et partagés ». Au sujet du reproche de n'avoir pas fait enclouer les canons, ni noyer les poudres, l'ancien commandant supérieur de la 6e division militaire demande si le règlement y oblige. Il poursuit en disant que la situation du commandant

d'une citadelle n'est pas celle du commandant d'une
place forte qui contient une population de 80,000 habitants; qu'avant la convention arrêtée « il n'est pas
possible de détruire ses munitions », et que, dès que
la capitulation est consentie, « le commandant de
la place assiégée est engagé d'honneur à remettre la
ville dans l'état où elle se trouvait au moment de la
signature ». Pour ce qui est des honneurs de la guerre,
le général Uhrich dit que la garnison est sortie de la
ville avec armes et bagages, que les officiers ne se sont
séparés de leurs épées qu'au moment d'entrer en Allemagne, que, d'ailleurs, le texte de la capitulation de
Strasbourg a été calqué sur la capitulation de Sedan.

Voici comment s'exprime le général Uhrich au sujet
du dernier reproche qui lui a été adressé par le conseil
d'enquête :

14° *Acceptation du revers prussien.* — Ainsi que je l'ai
dit au conseil d'enquête, jamais je n'aurais accepté le
premier un tel article dans une capitulation; mais, lorsque
j'ai appris que la convention de Sedan avait été longue-
ment discutée par le haut conseil de guerre et en présence
du chef de l'État, je ne me suis pas cru le droit, je l'avoue,
de priver les officiers de la garnison de Strasbourg d'une
faculté qui avait été laissée à ceux d'une armée entière[1].

---

1. Voici ce que dit le conseil d'enquête au sujet de cette clause
de la capitulation de Sedan : « Le conseil blâme vivement le général de Wimpffen d'avoir admis cette exception (celle relative
aux officiers qui, en se retirant dans leurs foyers, donneraient
leur parole d'honneur de ne pas servir contre l'ennemi pendant

Telle est, je ne dis pas l'excuse, mais l'explication que je puis donner, en me soumettant au jugement des hommes compétents. Il serait équitable, en appréciant tous les faits de cette guerre, de tenir compte de cette situation sans précédents, dans laquelle nous nous sommes trouvés ; de ce tourbillon, de cette tempête qui nous ont enveloppés et qui ne nous ont pas toujours donné le temps de la réflexion.

15° — J'ai moi-même profité du revers pour aller à Tours rendre compte de la perte de Strasbourg et demander pour ma garnison des récompenses bien méritées.

Le rapport dit que c'est là un prétexte spécieux. Il se trompe, car si j'étais allé en Allemagne, je n'aurais pas pu correspondre avec le ministre de la guerre français, et, après la captivité, je n'aurais pas eu le quart de ce que j'ai obtenu. C'est là ma consolation, en présence d'un jugement sévère, quoique peut-être mérité.

Au demeurant, quel est l'homme qui peut étaler sur le volet les deux mois les plus tourmentés de sa vie, et dire : « Prenez vos lampes, messieurs, examinez en détail, vous ne trouverez rien de négligé, rien d'omis, rien qui aurait pu ou dû se faire autrement. »

Je ne suis pas cet homme, moi qui n'ai d'autre prétention que celle d'avoir fait de mon mieux, dans la mesure de mes forces et de mon dévouement au devoir.

---

la guerre) contraire à l'article 256 du décret du 13 octobre 1863, lequel prescrit aux officiers de ne jamais séparer leur sort de celui de leurs soldats, exception qui tend à affaiblir, chez les officiers, le sentiment du devoir et de résistance à l'ennemi, et n'est qu'une prime à la faiblesse. » (Avis motivé du conseil d'enquête sur la capitulation de Sedan. — *Les Capitulations des places fortes*, Paris, Librairie centrale, 1872, 1 vol. in-16, p. 18-23.)

Je crois pouvoir dire, sans immodestie, que Strasbourg a résisté autant que cela a été possible.

. . . .

Voici quelles ont été les réponses du général Uhrich. Au lecteur de dire si elles sont suffisantes. Le général avait pris deux fois déjà la plume pour se défendre des accusations dirigées contre lui : une première fois, au lendemain même de la capitulation de Strasbourg, le 14 octobre 1870, il avait adressé à l'un de ses parents une lettre qui fut publiée dans les colonnes du journal *le Salut public,* de Lyon; ensuite il avait envoyé au journal *la France* une réponse à un article très vif paru dans ce journal sous la signature du capitaine du génie Thilers[1]. Dans l'une et l'autre de ces lettres, de même que dans l'ouvrage qu'il a publié en 1872[2], le général Uhrich a invoqué les mêmes arguments qui figurent dans ses observations contre l'Avis du conseil d'enquête.

---

1. Cette réponse du général Uhrich a paru dans le journal *la France* (édition de Tours) du 24 octobre 1870.

2. *Documents relatifs au siège de Strasbourg.* Paris, Dentu, 1872, 1 vol. in-8°.

N° 38.

Protestation du conseil municipal de Strasbourg contre l'Avis du conseil d'enquête.

(29 mai 1872.)

Dans sa séance du 29 mai 1872, le conseil municipal de Strasbourg[1] a approuvé à l'unanimité le texte de la protestation suivante, qui a été transmise à M. le maréchal Baraguey-d'Hilliers, président du conseil d'enquête, par les soins du maire de la ville[2] :

Le conseil municipal de Strasbourg,

Après avoir pris connaissance de l'Avis exprimé par le conseil d'enquête sur la capitulation de cette ville;

Sans s'arrêter autrement aux considérations émises dans ce document, que pour déplorer que Strasbourg, ce boulevard de la France, ait été, dès les premiers jours de l'invasion, abandonné par l'Empire, sans troupes et sans moyens sérieux de défense;

Considérant que le conseil d'enquête, indulgent pour ceux qui ont si honteusement trahi leur devoir de pourvoir à la défense de nos frontières, réserve toutes ses rigueurs pour les victimes de cette coupable incurie, et blâme notamment l'attitude de la garde nationale de Strasbourg pendant le siège de cette ville;

---

1. Les élections pour le renouvellement des conseils municipaux ont eu lieu en Alsace-Lorraine les 29 et 30 juillet, et les 5 et 6 août 1871.

2. Elle a été publiée dans le journal *le Temps,* du 1er juin 1872.

Considérant que ce jugement s'appuie sur des renseignements que le conseil municipal, représentant légal de la population, repousse comme contraires à la vérité et qu'aurait certainement démentis le préfet républicain de Strasbourg, M. Valentin, s'il avait été appelé à déposer devant le conseil d'enquête ;

Considérant que, dès le lendemain de la bataille de Frœschwiller, la population valide, comprenant entre autres un grand nombre d'anciens militaires, a demandé énergiquement et à plusieurs reprises à prendre une part active à la défense de la place, mais que ce mouvement patriotique a été enrayé et étouffé par les autorités qui, bien à tort, s'obstinèrent à y découvrir des manifestations anarchiques ; qu'en effet, obligées de céder à la pression de l'opinion publique, les autorités n'ont fait procéder qu'à une organisation incomplète de la garde nationale, choisissant elles-mêmes et les hommes et les officiers, et se laissant souvent guider dans leurs choix par des considérations politiques plutôt que par l'intérêt de la défense de la forteresse [1] ;

Considérant que les autorités n'ont mis à la disposition de cette garde nationale improvisée que deux mille fusils ancien modèle, arme dérisoire si elle devait servir à la défense de la place, et qu'elles n'ont d'ailleurs jamais songé à régler sérieusement le service dont cette garde nationale serait chargée ;

---

1. Il convient d'indiquer, comme venant à l'appui de cette assertion du conseil municipal de Strasbourg, les avis des 14 et 16 août relatifs à la formation de compagnies franches et de francs-tireurs, et surtout la proclamation du 22 août, adressée aux habitants de Strasbourg par le général Uhrich, le préfet, M. Pron, et le maire, M. Humann. (Voir *Pièces justificatives,* nᵒˢ 10, 11 et 12.)

Considérant que, malgré cette méfiance imméritée, dont la population civile a été l'objet de la part de l'autorité, et dont la responsabilité incombe surtout à l'administrateur du département, M. Pron, alors préfet, aucun citoyen n'a jamais quitté le poste qui lui a été régulièrement assigné ; que les corps spéciaux surtout, exclusivement composés de volontaires, tels que les pompiers, dont l'effectif fut doublé, les compagnies d'artilleurs, les francs-tireurs et la compagnie franche, se sont exposés jusqu'au dernier moment aux feux de l'ennemi, et ont fait de nombreuses et cruelles pertes sur les lieux d'incendie, sur les remparts ou dans les sorties ;

Considérant que les autres citoyens faisant partie de la garde nationale ont spontanément contribué, aux lieu et place de la garnison, au maintien de la police intérieure, et qu'il est absolument faux qu'ils aient, à quelque époque que ce soit, refusé les services commandés ;

Considérant, d'un autre côté, que, pendant toute la durée d'un bombardement de quarante jours, de nombreux habitants, hommes et femmes, ont été constamment sur pied, sans crainte des projectiles, les uns pour suppléer à l'insuffisance absolue de l'intendance, en organisant et soignant de nombreuses ambulances, les autres pour loger dans des abris improvisés dix mille personnes sans asile, d'autres enfin pour installer des restaurants populaires pour toutes ces familles sans pain ;

Que, sans doute, les citoyens, que leurs devoirs militaires ou les autres missions d'intérêt général ne mettaient pas en réquisition, ont organisé des mesures pour sauver leurs propriétés ou celles de leurs voisins de l'incendie qui sans cesse menaçait tous les quartiers de la ville ; mais qu'on ne comprend pas que par là ils aient mérité l'espèce de blâme ou le reproche de lâcheté que semble leur infliger le conseil d'enquête, à plus forte raison qu'en s'occupant de ces mesures ils exposaient leur vie et empêchaient la ville de devenir un énorme brasier ;

Considérant que tous ces faits sont notoires et peuvent au besoin être prouvés par des documents authentiques et par des témoins dignes de foi ; que notamment le rapport officiel, si simple et si vrai, de l'honorable général Uhrich sur la capitulation de Strasbourg, rend hommage « au patriotisme des habitants, à leur abnégation, à leur dévouement qu'on ne saurait trop louer » ; qu'il est dès lors étrange que le conseil d'enquête n'en ait pas eu connaissance et qu'il ait cru devoir, dans un acte de procédure rendu public, et sans avoir entendu toutes les parties intéressées, stigmatiser une population qui a bravement rempli son devoir pendant et après le siège, et qui, rançon malheureuse de la France, ne devait pas s'attendre à voir un tribunal d'honneur français troubler sa patriotique douleur par un verdict aussi injuste qu'immérité ;

Par tous ces motifs,

Le conseil municipal,

Proteste de toutes ses forces, au nom des habitants, contre le jugement porté par le conseil d'enquête sur l'attitude de la garde nationale et par conséquent sur celle de la population civile, et exprime le vœu qu'une contre-enquête soit ouverte, dans laquelle on reçoive les dépositions de toutes les personnes qui possèdent à ce sujet des renseignements précis et authentiques.

Présents : MM. Ernest Lauth, maire ; Imlin, Hueber, Weyer et Goguel, adjoints ;

Barth, Bergmann, Brunswick, Burger, Dietrich, Eissen, Flach, Grouvel, Hatt, Henry, Huck, Kablé, Klein, Krafft, Levy, Lichtenberger, Petiti, Rœthlisberger, Ruhlmann, Schneider, Schützenberger, Schweighæuser, Seyboth, Stromeyer, Sohn, Touchemolin et Wolff.

Quelques jours après la publication de cette protestation, le 7 juin 1872, M. Keller, représentant du territoire de Belfort, déposait sur le bureau de l'Assemblée
nationale le rapport présenté au nom de la commission, que présidait le général Chanzy, et qui avait eu
pour mission d'examiner la proposition de loi de
M. Bamberger et plusieurs de ses collègues ayant pour
objet la publication des travaux du conseil d'enquête
chargé de l'examen des capitulations pendant la dernière guerre. Ce rapport concluait à l'adoption de la
résolution suivante :

L'Assemblée nationale ordonne la publication au *Journal
officiel* des rapports qui ont résumé les travaux et servi
de base aux Avis motivés du conseil d'enquête sur les
capitulations de Sedan et de Strasbourg.

L'assemblée ne discuta pas les conclusions du rapport de M. Keller. Elle estima, sans doute, que le passage de ce rapport relatif à Strasbourg donnait aux
habitants de cette ville la satisfaction à laquelle ils
avaient droit. Voici ce passage :

Strasbourg était la clef de l'Alsace. C'est après Metz la
plus grande place de guerre qui soit tombée entre les
mains de l'ennemi. Elle est l'exemple le plus saisissant de
l'état d'abandon où l'on avait laissé, jusqu'à la veille de la
lutte, la défense de nos frontières. Nous vous proposons
d'ordonner également la publication du rapport détaillé
qui résume les travaux du conseil d'enquête sur cette
place. Ce document mettra certainement fin aux interpré-

tations fâcheuses auxquelles l'Avis motivé pouvait donner lieu dans son laconisme, et si le texte de cet Avis nous avait été communiqué avant sa publication, nous aurions demandé que le rapport y fût immédiatement joint. En effet, nous tenons à ce que les habitants de Strasbourg sachent bien que *rien ne saurait porter atteinte aux sentiments de sympathie et d'admiration auxquels ils ont droit. Il est impossible d'oublier l'héroïque résignation et le ferme courage avec lesquels ils ont supporté une série de périls et de souffrances* que les lois de la guerre n'avaient jamais infligés à la population d'une place assiégée.

N° 39.

*Protestation de M. A. Saglio, ancien colonel de la garde
nationale de Strasbourg, contre l'Avis du conseil d'enquête.*

(25 mai 1872.)

M. A. Saglio, qui a été pendant le siège colonel
commandant la garde nationale sédentaire de Strasbourg, a adressé, à la date du 25 mai 1872, au journal
le Temps, qui l'a publié dans son numéro du 28 mai,
une protestation contre la partie de l'Avis du conseil
d'enquête relative à la conduite de la garde nationale.
Nous la reproduisons presque en entier :

Monsieur le rédacteur,

En lisant dans le journal *le Temps* du 23 mai courant
l'extrait du procès-verbal de la séance tenue par le conseil
d'enquête au sujet de la capitulation de Strasbourg, j'ai
ressenti l'émotion la plus douloureuse.

Cet extrait renferme un paragraphe ainsi conçu :

« La garde nationale sédentaire, qui d'abord avait manifesté la meilleure volonté, se découragea promptement
au moment du bombardement et des incendies, et abandonna ses postes pour veiller à la conservation de ses propriétés. »

Je proteste de toute mon énergie contre cette alléga-
tion, et je ne crains d'être démenti par aucun de mes
compatriotes en disant que le bombardement a, au contraire, fortifié le courage de la population tout entière et

raffermi ses idées de résistance par une irritation qui a
creusé un abîme entre le vainqueur et le vaincu.

Qu'il y ait eu quelques actes de faiblesse, je ne le nie
pas, mais ce sont des actes isolés qui ne sauraient enta-
cher le courage et le patriotisme de la légion, et qui s'ex-
pliquent par la précipitation avec laquelle elle a été formée[1].

Si j'avais eu l'honneur d'être entendu dans l'enquête, la
commission n'eût pas été exposée à commettre une erreur

---

1. Dans le rapport qu'il a adressé à M. le ministre de la guerre,
le 31 juillet 1872, au sujet de la part prise par la garde nationale
sédentaire de Strasbourg à la défense de cette place en 1870,
M. Saglio a indiqué les cas de défaillance qui se sont produits :
« Le 1er septembre, dit-il, commence l'échange des fusils à piston
contre des fusils dits à tabatière ; chaque homme reçoit 18 cartouches, et le soir même un fort piquet se réunit sous les Ar-
cades avec ordre de faire des patrouilles de 7 heures du soir à
5 heures du matin, pour arrêter les rôdeurs et les malfaiteurs qui
se livrent au pillage des maisons embrasées.

« Ces patrouilles ont lieu chaque jour jusqu'à la fin du siège,
malgré la pluie de projectiles, et travaillent avec efficacité au
maintien de la sécurité publique.

« Si quelques hommes ont quitté le poste de la mairie le 24 août,
c'est que l'état-major de la place, chassé par l'incendie de sa résidence habituelle, est venu s'y réfugier, en établissant un poste
de ligne à côté de celui de la garde nationale, et porter ainsi om-
brage à sa susceptibilité.

« Lorsque, le 7 septembre, la mairie et la commission municipale se sont installés à l'Hôtel du commerce, la garde nationale
a repris son poste jusqu'au dernier jour.

« Vers la fin du siège, d'autres hommes ont abandonné le poste
de la prison. J'ai immédiatement ouvert une enquête, d'où il est
résulté que ce poste était devenu intenable, que deux gardiens
de la prison avaient été blessés. Les hommes appartenant à un
quartier ravagé par le feu avaient, vers le milieu de la nuit, volé

qui pèse d'une manière si cruelle et si imméritée sur le corps de la garde nationale sédentaire. Ce n'est que le 7 août, c'est-à-dire le lendemain du jour de la bataille de Frœschwiller, qu'il fut procédé à une première et imparfaite formation du cadre de la garde nationale sédentaire. Le 8, elle reçoit 2,000 fusils à percussion; le 9, l'ennemi se présente devant la ville; le 13, les cadres sont formés de manière définitive; le 15, le bombardement commence. Quelques jours après, pour concourir d'une manière plus

au secours de leurs familles; mais le sergent et le caporal étaient restés jusqu'au matin cachés sous les décombres de la prison. Le poste était vraiment dangereux.

« J'ajouterai qu'il était presque inutile, car les prisonniers avaient été mis en liberté, sauf quatre qui avaient refusé de sortir, n'ayant aucun moyen d'existence. »

De son côté, le général Uhrich s'exprime ainsi, dans sa réponse à l'Avis du conseil d'enquête, sur le rôle de la garde nationale sédentaire et des corps francs :

« La garde nationale sédentaire était chargée de maintenir l'ordre dans la cité; elle occupait le poste de la mairie et celui de la prison civile. Un jour où le bombardement était plus serré qu'à l'ordinaire, les gardes nationaux de service abandonnèrent leurs postes qu'il fallut faire réoccuper par la garnison. Cette faiblesse, bientôt réparée, ne se reproduisit pas.

« Disons à l'honneur de la garde nationale, qu'elle a fourni une batterie d'artilleurs volontaires qui ont noblement occupé leur place au bastion 12, le plus maltraité de tous, et ensuite au bastion 4. C'est dans cette même garde que se formèrent successivement : une compagnie de francs-tireurs, commandée par le brave Liès-Bodard, professeur à l'Académie de Strasbourg et âgé de cinquante-cinq ans, puis une compagnie franche, composée d'anciens soldats; et enfin une troisième compagnie, qui était en formation au moment de la capitulation.

« Ces corps de volontaires ont pris une part glorieuse à la défense de la place... »

active à la défense de la place, il est créé au sein de la
garde nationale une batterie d'artillerie, puis deux compagnies de francs-tireurs ; ces corps ne cessèrent de combattre jusqu'à la dernière heure et payèrent de leur sang
leur dévouement à la patrie.

Pendant qu'ils remplissaient ainsi leur devoir, soit sur
les remparts, soit aux avant-postes, le reste de la garde
nationale répondait aux exigences du service en fournis-
sant les postes commandés par l'autorité militaire [1].

C'est ici le lieu de rappeler le courage et le dévouement
de la population tout entière durant les jours néfastes du
bombardement. Pour qui en a été le témoin, il est impossible de l'oublier jamais. Pas une plainte en présence de
tant de désastres ! 10,000 âmes erraient par la ville, sans
asile, sans pain, relancées par le fer et le feu jusque dans
leurs refuges provisoires ; elles trouvent dans les administrations de la cité, chez leurs concitoyens, assistance à
toutes leurs infortunes. La ville rendue, un sentiment général s'empare de toutes les âmes et pousse notre jeunesse à rejoindre nos armées pour courir à de nouveaux

---

1. Dans le rapport que nous avons déjà cité, M. Saglio indique
que la légion qu'il commandait, comprenant 4 bataillons de
5oo hommes, ne comportait à son effectif que 2,000 hommes,
*tandis que plus de 4,000 citoyens s'étaient fait inscrire sur les
registres ouverts à la mairie.* Ainsi le conseil municipal de Strasbourg a eu raison d'affirmer, dans sa protestation du 29 mai
1872, que le mouvement patriotique de la population strasbourgeoise, au lendemain de la bataille de Frœschwiller, a été « enrayé
et étouffé par les autorités », qui commandaient au nom de l'Empire. M. Saglio ajoute que les trois corps pris dans la garde nationale sédentaire (artilleurs, tirailleurs volontaires, chasseurs volontaires), sur un effectif d'environ 4oo hommes, ont eu pendant
le siège : 1 officier, 3 sous-officiers, 17 soldats tués ; 2 officiers,
2 sous-officiers, 59 soldats blessés.

combats. Quand nos soldats malheureux reviennent de captivité, ils retrouvent dans nos murs les soins et l'accueil de la patrie.

Et la garde nationale fournie par une telle population aurait faibli et abandonné ses postes pour veiller à ses propriétés !...

N° 40.

Protestation du journal « les Affiches de Strasbourg »
contre l'Avis motivé du conseil d'enquête.

(29 mai 1872.)

Le 29 mai 1872, parut dans le journal *les Affiches de Strasbourg,* une véhémente protestation contre l'Avis motivé du conseil d'enquête. Nous en extrayons les lignes suivantes :

Nous protestons, au nom de nos concitoyens, contre une enquête mal dirigée, mal instruite. Mal instruite, oui, car on n'a à peu près écouté aucune voix impartiale. La liste de ceux qui ont été entendus ne porte que les noms des officiers supérieurs qui ont pris part au siège, celui du préfet Pron, et celui d'un citoyen de Strasbourg qu'on avait sans doute trouvé sous la main, par hasard, et qui, en tout cas, a déposé sans délégation officielle [1]. . . . . .

. . . .

Pourquoi n'a-t-on pas interrogé quelques membres de l'administration municipale de cette époque ? Pourquoi M. Charles Bœrsch, délégué pendant quelques jours aux fonctions de préfet ; pourquoi M. Edmond Valentin, nommé par le gouvernement de la Défense nationale préfet de notre département, et qui fonctionna pendant quelques jours aussi dans notre cité ; pourquoi nos médecins civils n'ont-ils pas été appelés à déposer ? Pourquoi n'y

---

1. M. Momy, notaire, ancien membre de la commission municipale.

a-t-il sur cette liste de témoins aucun officier de la garde
nationale sédentaire ? Il eût pu dire, celui-là, ce qu'il en
coûta d'énergie, d'insistances, de réclamations pour obtenir, pour cette garde nationale, des fusils à piston d'abord,
des fusils à tabatière ensuite ; il eût pu dire que la garde
nationale a demandé plusieurs fois d'être admise à l'honneur de prendre part aux sorties, et nous en appelons ici
à M. Humann, ancien maire de Strasbourg, qui, le 25 août
1870, debout sur le socle de la grille de l'hôtel de ville,
répondit à la foule assemblée que l'autorité militaire refu-
sait le concours de la garde nationale dans la défense
active.

V

DOCUMENTS CONCERNANT LA PÉRIODE DE 1871 A 1879

A. — *Dernières années de Valentin (1871-1879).*

N° 41.

Arrêté nommant Valentin préfet du Rhône.

(4 février 1871)[1].

Le membre du Gouvernement de la Défense nationale, ministre de l'Intérieur et de la Guerre, en vertu des pouvoirs à lui délégués par le Gouvernement de la Défense nationale par décret en date, à Paris, du 1er octobre 1870,

Arrête :

M. Edmond Valentin, ancien représentant du peuple, préfet du Bas-Rhin, est nommé préfet du département du

---

1. Le texte de cet arrêté, que nous avons vainement cherché dans le *Moniteur universel,* édition de Bordeaux, dans les Recueils de lois, décrets et arrêtés, ainsi que dans le *Bulletin officiel du Ministère de l'intérieur,* a été donné par le journal *le Progrès,* de Lyon, dans son numéro du 8 février 1871.

Rhône, en remplacement de M. Challemel-Lacour, démissionnaire pour cause de santé.

Fait à Bordeaux, le 4 février 1871.

Signé : Léon GAMBETTA.

Pour copie conforme :

Le Préfet du Rhône,
Signé : Edmond VALENTIN.

N° 42.

Lettre de Valentin en faveur de la candidature de M. de Rémusat.

(3 avril 1873.)

Le journal *le Temps,* du 21 avril 1873, a publié la note et la lettre qui suivent :

Au commencement d'avril, M. Ed. Valentin fut invité, avec tous les candidats dont les noms avaient été mis déjà en avant, à une réunion électorale préparatoire. C'est même, si nous ne nous trompons, dans cette réunion que les autres candidats désignés, MM. Ranc, Martin Nadaud, Dupont de Bussac et Lockroy se rallièrent à la candidature Barodet. L'ancien préfet de Lyon s'excusa par la lettre suivante :

« Versailles, 3 avril 1873.

« Citoyens,

« Je regrette de me trouver empêché par une indisposition de me rendre à la réunion électorale à laquelle vous avez bien voulu me convoquer pour le 6 courant.

« J'aurais d'ailleurs considéré comme un devoir d'engager les citoyens représentés à cette réunion à porter leurs suffrages sur M. de Rémusat, ministre des affaires étrangères.

« Cette candidature, sans imposer le moindre sacrifice d'opinion à aucune des nuances du parti républicain, lui permet de payer un légitime tribut de reconnaissance aux patriotiques efforts du Président de la République et de son gouvernement pour arriver à une libération anticipée du territoire.

« Salut fraternel.

« *Signé :* Edm. Valentin,

« *Ancien préfet de Strasbourg et de Lyon.* »

N° 43.

Circulaire de Valentin aux électeurs de Seine-et-Oise.

(21 janvier 1875.)

Le comité départemental républicain de Seine-et-Oise ayant, à l'unanimité, choisi Edmond Valentin comme son candidat à l'élection du 7 février 1875, ce dernier adressa aux électeurs la circulaire suivante :

Mes chers concitoyens,

Le département de Seine-et-Oise est appelé à élire un député en remplacement de l'honorable M. de Pourtalès. Le comité départemental républicain me fait l'honneur de me désigner à vos suffrages, et je vous dois un exposé de mes sentiments, dans les circonstances critiques que la France traverse.

Républicain de vieille date, je considère plus que jamais la République comme le gouvernement nécessaire des démocrates. Vous comptez sur moi pour aider à l'asseoir et à l'affermir ; la confiance que vous me témoignez ne sera point déçue.

L'Assemblée nationale a confié pour sept années le pouvoir exécutif à M. le maréchal de Mac-Mahon ; il faut aujourd'hui, dans l'intérêt du pays et pour sa sécurité, que le mode de transmission de cette magistrature suprême soit définitivement réglé, de telle façon que le chef de l'État soit, comme on l'a dit si justement, non pas le

Président d'une République de sept ans, mais bien pour sept ans le Président de la République.

Il faut donc que cette magistrature soit entourée d'institutions propres à la sauvegarder contre les entreprises des factions, de celle, en particulier, qu'un vote solennel des représentants de la nation a flétrie en décrétant la déchéance de la dynastie des Bonaparte.

Tel est, à mon avis, l'unique moyen d'arriver à l'établissement du seul gouvernement définitif, qui, mettant un terme aux anxiétés de l'industrie et du commerce, saura satisfaire aux besoins, aux désirs du pays.

Ma vie entière a été consacrée à la République.

Représentant du peuple en 1851, je l'ai défendue à l'heure du péril, et j'ai payé par vingt années de proscription l'attachement que je lui ai voué.

Préfet de Strasbourg en 1870, j'ai tout fait pour disputer à l'envahisseur la province qui se trouvait le plus directement menacée, et à laquelle me rattachent les liens les plus chers.

Préfet de Lyon sous la présidence de M. Thiers, j'ai défendu au nom de la République et avec la même résolution, la cause de l'ordre aux jours les plus difficiles.

A ces titres, je crois avoir justifié la confiance dont m'a donné des témoignages éclatants et multiples l'homme illustre que son ardent patriotisme a rallié à la République comme au seul gouvernement capable de réparer nos désastres [1].

Le département de Seine-et-Oise, si ferme et si constant dans ses opinions républicaines, viendra les affirmer une fois de plus. Je serai fier de lui servir d'organe et profondément reconnaissant envers ceux qui, les pre-

---

1. M. Thiers.

miers, auront ainsi voulu proclamer l'adoption d'un fils
de l'Alsace, banni par la conquête prussienne.

Signé : Edmond VALENTIN,

Ancien député de l'Alsace,
Ancien préfet de Strasbourg et de Lyon,
Commandeur de la Légion d'honneur.

Versailles, 21 janvier 1875.

N° 44.

*Rapport de Valentin
sur l'enseignement de la gymnastique.*

(1ᵉʳ avril 1879.)

L'une des préoccupations de Valentin était de préparer, dès l'école, des défenseurs à la patrie. Il fut chargé, par la 3ᵉ commission d'initiative parlementaire du Sénat, dont il était membre, de présenter un rapport sommaire sur la proposition de loi de M. George, sénateur des Vosges, au sujet de l'enseignement de la gymnastique. Ce rapport, déposé par lui sur le bureau du Sénat, à la séance du 1ᵉʳ avril 1879[1], était ainsi conçu :

Messieurs, la proposition qui vous est soumise a pour but de rendre l'enseignement de la gymnastique obligatoire dans tous les collèges et dans toutes les écoles publiques de garçons.

Votre commission d'initiative a été unanime à reconnaître l'utilité de la mesure proposée. Mais, avant de lui donner son approbation, elle a dû se préoccuper du côté pratique de la question. L'exécution de la loi proposée n'entraînerait-elle pas des dépenses trop considérables pour notre budget ? Sera-t-il possible de trouver un

---

1. Sénat, annexe n° 132, séance du 1ᵉʳ avril 1879.

nombre suffisant de maîtres ou moniteurs pour les écoles primaires ?

L'examen du programme d'enseignement gymnastique pour les écoles normales primaires de garçons, annexé au décret du 3 février 1869, nous a convaincus que l'enseignement peut se donner d'une façon complète avec un très petit nombre d'appareils et une installation matérielle fort peu coûteuse : ce programme pourrait même, au besoin, être simplifié encore. Dût-il être réduit aux exercices corporels sans appareils et aux exercices militaires élémentaires, les résultats que l'on est en droit de s'en promettre, n'en auraient pas moins une importance sur laquelle il est superflu d'insister.

L'objection tirée de la dépense à faire doit donc être écartée.

Quant à la question des maîtres, il convient d'abord de rappeler que le décret du 3 février 1869 a rendu l'enseignement de la gymnastique obligatoire dans toutes les écoles normales primaires. Si ce décret n'a pu recevoir son exécution immédiate, il paraît aujourd'hui appliqué d'une façon générale, de telle sorte que, depuis plusieurs années déjà, les instituteurs qui sortent de nos écoles normales sont en état de donner l'instruction gymnastique élémentaire dans les écoles qu'ils dirigent.

Mais, à côté de ces instituteurs, il existe un autre personnel nombreux dont le concours, peu coûteux, serait assuré jusque dans la plus humble de nos communes. Il n'est pas, en effet, un seul sous-officier sortant des rangs de notre armée qui ne soit en état de donner une instruction gymnastique et militaire allant bien au delà de celle qui peut s'adapter aux écoles primaires ; et il n'existe certainement pas un seul village où l'on ne puisse rencontrer d'anciens sous-officiers et même, au besoin, d'anciens militaires non gradés qui, moyennant une modeste indemnité, ne fussent disposés à consacrer une ou deux heures par semaine à enseigner aux élèves de l'école communale les principes de la gymnastique et les mouvements militaires élémentaires.

Aucune des objections que l'on eût ainsi pu soulever ne nous paraissant de nature à ne pas trouver sa solution, et le projet se présentant avec un caractère d'incontestable utilité, votre commission d'initiative vous propose, à l'unanimité, de le prendre en considération.

PROPOSITION DE LOI.

Article 1er. — L'enseignement de la gymnastique est obligatoire dans tous les collèges et dans toutes les écoles publiques de garçons.

Art. 2. — Cet enseignement sera donné dans les conditions et suivant les programmes arrêtés par le ministre de l'instruction publique.

Art. 3. — Il sera, au moins une fois par an, procédé par des délégués du ministre de l'instruction publique à la vérification de l'état de l'enseignement de la gymnastique dans tous les établissements publics d'instruction secondaire ou primaire.

Art. 4. — Les dispositions de loi du 13 mars 1850 sont abrogées en ce qu'elles ont de contraire à la présente loi.

Disposition transitoire. — La présente loi entrera en vigueur dans le délai de deux ans à dater de sa promulgation.

Cette proposition de loi, après avoir subi quelques modifications dans sa forme, devint la loi du 27 janvier 1880.

Ainsi le nom de Valentin demeure attaché à l'importante réforme par laquelle l'enseignement de la gymnastique a été rendu obligatoire dans tous les établissements d'enseignement public de garçons dépendant de l'État, des départements et des communes en France.

B. — *Mort et obsèques de Valentin.*

N° 45.

Acte de décès de Valentin.

(2 novembre 1879.)

PRÉFECTURE DU DÉPARTEMENT DE LA SEINE

EXTRAIT DES MINUTES

DES ACTES DE DÉCÈS DU 6ᵉ ARRONDISSEMENT DE PARIS

ANNÉE 1879

Du deux Novembre, mil huit cent soixante-dix-neuf, à dix heures du matin, acte de décès dûment constaté de Marie, Edmond Valentin, sénateur, commandeur de la Légion d'honneur, décédé en son domicile, à Paris, rue Madame, n° 43, le trente-un octobre dernier, à six heures et demie du soir, à l'âge de cinquante-sept ans, natif de Strasbourg, Bas-Rhin.

Marié à Félicie Faudel; fils de Georges, Benoit Valentin, et de Marie-Rose Hodel, son épouse, décédés; sur la déclaration faite par MM. Marie, Victor Valentin, propriétaire, âgé de cinquante-trois ans, demeurant à Fontainebleau, Seine-et-Marne, frère du défunt, et Louis, Alexis

Boy, employé à la Préfecture de police, âgé de trente-un ans, demeurant à Paris, rue de Buci, 17, qui ont signé après lecture avec nous, Ernest Fouineau, chevalier de la Légion d'honneur, adjoint au maire du 6ᵉ arrondissement de Paris, officier de l'état civil. Signé : V. Valentin, Louis Boy, E. Fouineau.

Délivré par le greffier du Tribunal civil de première instance du département de la Seine, collationné.

Au greffe séant au Palais de justice, ce quinze mai, mil huit cent quatre-vingt-dix-sept.

Signé : Illisible.

N° 46.

Lettre de faire part du décès de Valentin.

(1ᵉʳ novembre 1879.)

M

Nous avons la douleur de vous faire part de la mort de Monsieur Edmond VALENTIN, ancien Représentant du Bas-Rhin à l'Assemblée législative, ancien préfet du Bas-Rhin et du Rhône, ancien Député de Seine-et-Oise, Sénateur du Rhône, Commandeur de la Légion d'honneur, décédé en son domicile, rue de Madame, n° 43, le vendredi 31 octobre 1879, à 6 heures du soir, à l'âge de 57 ans.

La famille du défunt.

Paris, 1ᵉʳ novembre 1879.

N° 47.

Obsèques d'Edmond Valentin (3 novembre 1879). — Discours prononcé sur sa tombe par M. Victor Chauffour, ancien représentant du peuple.

Nous empruntons au journal *le Siècle* [1] (n°ᵈ des 4 et 5 novembre 1879) le compte rendu des obsèques d'Edmond Valentin et le texte du discours prononcé par M. Victor Chauffour, ancien représentant du Bas-Rhin aux Assemblées constituante et législative, sur la tombe du dernier préfet français du Bas-Rhin :

Hier (3 novembre 1879), à midi, ont eu lieu les obsèques de notre regretté ami Valentin, sénateur. Une foule compacte se pressait autour de la maison mortuaire. Bien des larmes ont coulé, et tout le monde déplorait la perte de cet homme de bien, du républicain éprouvé, qui, dans la bonne ou la mauvaise fortune, ne sut jamais que se créer des admirateurs et des amis.

Derrière le char étaient portés ses croix et ses insignes de sénateur. Les cordons du poêle étaient tenus par un chef de bataillon, parent de la famille, le général Pélissier, MM. Sadi-Carnot, Antonin Dubost, Chauffour et Engelhard. Les deux frères du défunt conduisaient le deuil. Le Président de la République s'était fait représenter par un capitaine d'état-major, un de ses officiers d'ordon-

---

1. Le *Siècle* comptait alors parmi ses rédacteurs deux compatriotes et amis de Valentin, MM. Eugène Seinguerlet et Lucien Delabrousse.

nance. Les ministres Le Royer, Lepère, Ferry, Tirard, ainsi que les sous-secrétaires d'État Goblet, Girerd, Martin-Feuillée, et M. Andrieux, préfet de police, étaient en tête du convoi. A côté de M. Martel, président du Sénat, venaient tous les sénateurs et les députés présents à Paris.

On remarquait aussi la plupart des conseillers d'État, M. Herold, préfet de la Seine, la délégation officielle du Conseil municipal de Paris, composée, outre M. Engelhard, de MM. Liouville, Delabrousse et Sick, un grand nombre de conseillers municipaux, MM. Huriot, chef du cabinet, et Emmanuel Arène, secrétaire du ministre de l'intérieur. Tous les journaux républicains y étaient représentés par leurs directeurs et leurs rédacteurs. Une compagnie du 48ᵉ régiment de ligne, sous les ordres d'un capitaine, rendait les honneurs militaires.

Trois discours ont été prononcés sur la tombe.

M. Chauffour, ancien représentant du Bas-Rhin aux Assemblées constituante et législative, a pris la parole au nom des Alsaciens-Lorrains ; il a rappelé les principaux traits de la vie de l'héroïque citoyen dont le parti républicain pleure la perte. Après M. Chauffour, MM. le docteur Pellerin et de Saint-Jean ont pris la parole.

Le cercueil était couvert de fleurs et de couronnes ; nous avons remarqué la couronne envoyée par la ville de Strasbourg « à Valentin, son dernier préfet français », la couronne de l'Association d'Alsace-Lorraine, celle de la Loge d'Alsace-Lorraine.

Voici le texte de l'éloquent discours prononcé par M. Victor Chauffour :

« Messieurs,

« A défaut d'autres, une voix doit se faire entendre ici : la voix des malheureuses provinces que le sort de la guerre a arrachées à leur mère-patrie.

« Au nom de l'Association générale d'Alsace-Lorraine, dont Valentin fut l'un des fondateurs et l'un des membres les plus dévoués, je viens déposer sur cette tombe notre hommage et nos regrets.

« Je n'ai pas à vous dire ce que fut Valentin. Je ne prends dans sa vie qu'un seul jour, le jour qui le fait immortel. Quand Strasbourg, investi, bombardé, incendié, vit surgir tout à coup, sous le feu de l'ennemi et sous le feu de la place, le préfet de la République, qui pourrait dire l'émotion qui saisit tous les cœurs ? On crut voir l'image même de la patrie venant partager les derniers efforts de la défense. Hélas ! il était déjà trop tard : Strasbourg tomba. Et son dernier préfet, ce vaincu, sacré par l'héroïsme, fut traîné dans une forteresse et gardé comme un prisonnier de guerre, hommage involontaire et d'autant plus glorieux pour ce grand patriote dont l'énergie, même à cette heure funèbre, paraissait encore redoutable.

« Rendu à la liberté après la signature des préliminaires de paix, Valentin reçut le seul honneur qui fût digne de lui. Le glorieux organisateur de la Défense nationale, par l'un de ses derniers actes, le nomma préfet de Lyon. Vous savez que le malheur des temps fit bientôt de ce poste un poste de combat. Vous savez aussi ce que fut Valentin dans une lutte plus douloureuse encore que celle dont la France sortait à peine, saignante et mutilée. Ce jour-là, du moins, son héroïsme ne fut pas inutile. Au prix de son sang, il contribua pour une large part au salut de la patrie et de la République.

« D'un désintéressement absolu, dédaigneux, tout pauvre qu'il fût, des avances de la fortune, Valentin ne voulut jamais d'autres honneurs que ceux qui étaient surtout une charge. Député de Seine-et-Oise, sénateur du Rhône, il apporta dans les deux assemblées son rare bon sens, son jugement droit, armé de longues et fortes études et de l'enseignement, plus fructueux encore, d'une mûre expérience. Il eut la joie d'assister et de concourir au triomphe définitif de la République : joie immense, mais qui lui laissait au cœur une plaie toujours saignante.

« Par les devoirs éminents qu'elle lui a imposés, par les honneurs qu'elle lui a décernés, par ce concours de population qui se presse autour de cette tombe, la France a noblement payé sa dette à l'un de ses enfants les plus vaillants, les plus dévoués.

« Les Français d'Alsace-Lorraine vous confient ce précieux dépôt. Paris, la grande et noble ville qui nous a accueillis comme les enfants de son adoption, veillera, avec nous, sur notre cher mort. Et puisse cette tombe, comme la statue en deuil de la place de la Concorde, nous rappeler sans cesse qu'au-dessus de nos dissidences d'opinions, de nos misérables questions de partis, une idée, une passion doivent planer toujours : c'est l'idée, la passion dont a vécu Valentin, l'amour de la patrie et de la République. »

N° 48.

*Concession de la ville de Paris pour la sépulture
d'Edmond Valentin.*

(4 novembre 1879.)

Nous empruntons au procès-verbal de la séance du
conseil municipal de Paris, du 4 novembre 1879, le
texte de la proposition de M. Engelhard et de vingt-
sept de ses collègues relative à la concession gratuite
d'un terrain dans le cimetière du Montparnasse pour
la sépulture d'Edmond Valentin :

CONCESSION GRATUITE D'UN TERRAIN DANS LE CIMETIÈRE MONT-
PARNASSE POUR LA SÉPULTURE DE M. EDMOND VALENTIN.

M. ENGELHARD donne lecture du projet de délibération
suivant :

« Le Conseil,
Considérant que M. Edmond Valentin, sénateur, décédé
à Paris le 31 octobre dernier, par sa conduite héroïque
pendant la guerre contre la Prusse, a bien mérité de la
France et de la République, et qu'il y a lieu d'honorer sa
mémoire,
« Délibère :
« Une concession perpétuelle au cimetière Montparnasse

est accordée gratuitement pour recevoir le corps de M. Edmond Valentin.

« *Signé :* Engelhard, Delabrousse, Liouville, Sick, Hattat, Thulié, Jules Roche, Hovelacque, Cernesson, Darlot, Quentin, Jacques, Delpech, Delattre, Braleret, Masse, Deligny, Murat, Lamouroux, Cadet, Germer-Baillière, Thorel, Antide Martin, Aristide Rey, Prétet, Martial-Bernard, Level, Vauzy. »

M. Engelhard prie le conseil de vouloir bien se prononcer d'urgence sur sa proposition.

L'urgence, mise aux voix, est adoptée.

M. le Préfet de la Seine (Herold) dit que l'administration s'associe en la personne de son chef et de tous ceux qui la composent à la proposition de M. Engelhard, qu'il demande au conseil de voter par acclamation.

La proposition de M. Engelhard est adoptée [1].

---

1. Aux archives du cimetière du Montparnasse, la concession de la Ville de Paris pour la sépulture d'Edmond Valentin porte le n° 992 *bis,* année 1880.

N° 49.

Communication au Sénat relative au décès de Valentin.

(27 novembre 1879.)

Le Sénat, convoqué en session extraordinaire, reprit ses travaux le 27 novembre 1879. Au début de la séance, M. le comte Rampon, vice-président, qui occupait le fauteuil de la présidence, fit une communication à l'assemblée au sujet du décès de trois de ses membres, parmi lesquels était Valentin. Il s'exprima en ces termes :

Messieurs, j'ai à remplir un pénible devoir. C'est avec une profonde tristesse que j'adresse un suprême adieu et l'hommage des regrets unanimes du Sénat, à trois collègues que la mort nous a enlevés depuis notre dernière réunion.

. . . .

M. Valentin avait aussi commencé très jeune sa carrière politique. Député à la Législative en 1849[1] alors qu'il avait trente ans à peine[2], il avait subi durement le contre-coup des événements de décembre 1851, et il avait connu les tristesses et les difficultés de l'exil. (*Mouvement.*) Il y était resté jusqu'à la fin[3] et n'avait pas même obtenu la permission d'en sortir pour venir prendre une place qu'il

---

1. C'est en 1850 qu'il faut lire.

2. Il avait vingt-huit ans.

3. Après l'amnistie de 1859, tout en continuant de résider en Angleterre, Valentin avait pris l'habitude de passer une partie de ses vacances en France.

sollicitait ardemment au premier rang des défenseurs de la patrie [1]. (*Nouveau mouvement.*)

Il eut bientôt l'occasion de la servir glorieusement. L'histoire conservera le souvenir du courage héroïque montré par Valentin pour pénétrer dans Strasbourg, dont il avait été nommé le préfet, et qui était déjà [2] investi par les troupes prussiennes. (*Très bien! très bien! applaudissements à gauche.*)

Au lendemain de la guerre étrangère, le préfet de Strasbourg était devenu, par le choix personnel de M. Thiers [3], le préfet de Lyon. On sait quelle fermeté inébranlable il montra contre l'insurrection dont il faillit être la victime. (*Très bien! très bien!*)

Relevé de ses fonctions en 1872, M. Valentin se retira pour toujours de la vie administrative et borna désormais son rôle aux délibérations de l'Assemblée nationale et du Sénat, où sa parole était écoutée avec respect et avait un grand poids. Il laisse parmi nous l'exemple de la fidélité aux convictions politiques, du dévouement à la chose publique et de l'amour de la patrie poussé jusqu'au sacrifice du repos, de la fortune et de la vie. (*Marques très vives d'approbation à gauche.*)

---

1. C'est de Paris, où il était accouru, que Valentin a adressé au ministre de la guerre de l'Empire la lettre à laquelle M. le comte Rampon fait allusion ici.

2. Le 19 septembre 1870, Strasbourg était non seulement investi, mais bombardé sans trêve ni merci depuis un mois.

3. On sait que c'est Gambetta, ministre de l'intérieur du gouvernement de la Défense nationale, qui, le 4 février 1871, a nommé Valentin préfet du Rhône. M. Thiers s'est borné à le maintenir dans ces fonctions.

C. — *Monument de Valentin et hommages rendus
à sa mémoire.*

N° 5o.

*Souscription publique pour l'érection d'un monument
à la mémoire de Valentin.*

(10 février 1881.)

La *Revue alsacienne* du mois de février 1881 a publié la circulaire suivante :

Paris, le 10 février 1881.

M...,

Valentin, l'héroïque préfet de Strasbourg, a été enlevé,
il y a plus d'un an déjà, à l'affection de ses amis.

Ses compatriotes de l'Alsace, ses frères de la franc-ma-
çonnerie, ses collègues du Sénat et de la Chambre des députés ont eu la pensée d'élever sur sa tombe un monument
qui perpétuât son souvenir.

C'est dans ce but qu'ils font appel à tous ceux qui l'ont
aimé, à ceux qui savent honorer le dévouement, le patriotisme et le courage.

Signé : Le Blond, sénateur, *président du comité ;* Devès,
député ; Engelhard, conseiller municipal ; Le Royer, sénateur ; Peyrat, sénateur, *vice-présidents ;* Kastler, adjoint
au maire du VIIIe arrondissement ; Ch. Risler, chimiste,
secrétaires ; Ch. Goudchaux, banquier, *trésorier.*

Bozérian, sénateur ; Chauffour, conseiller d'État ; Claude,
sénateur ; Cordier, sénateur ; Dalsace, négociant ; Feray,
sénateur ; George, sénateur ; Gilbert-Boucher, sénateur ;

général Guillemaut, sénateur ; Humbert, sénateur ; Lauth,
administrateur de la Manufacture de Sèvres ; Lenoël, sénateur ; Malens, sénateur ; Pabst, artiste peintre ; Philip-
poteaux, député ; G. Périn, député ; Ribière, sénateur ;
Scheurer-Kestner, sénateur ; Schœlcher, sénateur ; Spul-
ler, député ; Woirhaye, avocat à la cour d'appel.

Le total des souscriptions recueillies par les soins du
comité et par les journaux qui lui avaient donné leur
concours, s'éleva à la somme de 23,000 francs.

N° 51.

*Inauguration du monument de Valentin au cimetière du
Montparnasse (29 avril 1883). — Discours de MM. Le
Blond et Scheurer-Kestner ; poésie de M. Louis Ratis-
bonne.*

Nous reproduisons ici le compte rendu de l'inauguration du monument d'Edmond Valentin au cimetière
du Montparnasse, que nous avons publié dans le
journal *le Siècle,* du 30 avril 1883 :

L'inauguration du monument élevé à la mémoire de
Valentin, représentant du peuple à l'Assemblée législative,
préfet de Strasbourg en 1870, sénateur du Rhône, mort en
1879, a eu lieu hier (29 avril) à trois heures, au cimetière du
Montparnasse. Le comité de la souscription avait convoqué
les Alsaciens-lorrains et les amis de Valentin présents à
Paris au jardin du Luxembourg.

Le cortège, composé d'un millier de personnes, parmi
lesquelles se trouvaient un certain nombre de dames, et
où l'on remarquait des députés, des sénateurs, des conseillers municipaux de Paris, des hommes politiques, des
journalistes, des membres des cercles républicains, s'est
encore augmenté en route. Au cimetière, sur un signe
du président du comité, le voile qui couvrait le buste a
été enlevé, et les traits du héros de Strasbourg sont ap-
parus à tous les yeux.

L'œuvre de M. Millet est digne de tous les éloges. L'art

du statuaire a fait revivre la mâle et énergique figure de celui que M. Le Blond a appelé si justement un « soldat-citoyen ».

M. Le Blond, sénateur, président du comité de la sous-cription, a pris le premier la parole, et, dans un langage empreint d'une sincère et communicative émotion, émaillé de fines remarques, toujours élevé, souvent éloquent, il a fait le portrait de l'homme politique et de l'homme privé ; il a rappelé que, chez Valentin, la bonté était unie à l'énergie, la modestie au courage. Il a terminé par un chaleureux appel à l'union des républicains.

Un murmure d'approbation a accueilli les dernières paroles de l'éminent et sympathique orateur. M. Scheurer-Kestner a ensuite retracé à grands traits la vie de Valentin ; et, en terminant, il a montré l'Alsace et la Lorraine qui attendent, avec une inébranlable fidélité, l'heure de la justice et de la réparation.

Cette fière harangue a été accueillie aux cris de : Vive la République ! vive l'Alsace ! vive la Lorraine ! Puis M. Louis Ratisbonne a lu une remarquable poésie consacrée à Valentin, et un délégué de la Ligue des patriotes, revêtu de ses insignes, a salué, par quelques paroles émues, le monument qui renfermait les restes du préfet de Strasbourg.

Une nouvelle acclamation en l'honneur de la République s'est fait entendre, et l'assistance s'est écoulée lentement, en jetant un dernier regard à l'image de bronze qui, du haut du monument, semblait inviter à la concorde et à l'espoir.

Le nom de Valentin appartient à l'histoire. Aux jours de la défaite, il a été prononcé avec orgueil et respect par la France entière. Ceux qui viendront après nous, et qui auront la garde de l'honneur français, l'invoqueront au moment des grandes résolutions nationales.

Le journal *la République française,* du 1ᵉʳ mai 1883, complète en ces termes les renseignements du *Siècle :*

Plusieurs centaines de personnes assistaient à la cérémonie. Citons : MM. Le Blond, Scheurer-Kestner, Millaud, Le Royer, Laurent-Pichat, Claude, George, Munier, Malens, sénateurs ; Docteur Chavanne, Devès, Georges Perin, Barodet, Greppo, Desmons, députés ; Laferrière et Castagnary, conseillers d'État ; Jacques et Delabrousse, membres du conseil municipal de Paris ; Kastler, Édouard Siebecker, Alfred Blech, Théodore Karcher, Charles Goudchaux, Eugène Lavieille, Dalsace, Pabst, Woirhaye, avocat à la Cour d'appel ; Zopff, adjoint au maire de Strasbourg pendant la guerre ; Fritsch, président de la Société de gymnastique l'Alsace-Lorraine ; Hickel, administrateur de la *République française ;* Docteur Onimus, Risler, maire du 7ᵉ arrondissement ; Caubet, chef de la police municipale.

On remarquait encore des représentants du conseil de l'ordre du Grand-Orient, dont Valentin faisait partie, et des membres de l'Association générale d'Alsace-Lorraine, de la loge *Clémente-Amitié,* de la Société de secours mutuels des Alsaciens et de diverses sociétés chorales, de gymnastique et de tir.

. . . .

Deux couronnes d'immortelles ont été déposées au pied du monument. Sur l'une on lisait : *la Loge d'Alsace-Lorraine à Valentin ;* sur l'autre : *A Valentin, l'Association générale d'Alsace-Lorraine.*

Le monument de Valentin, au cimetière du Montparnasse, se trouve à la 26ᵉ division (avenue Thierry), première ligne Est, nº 1 par le Nord. Il est tout à côté du monument des défenseurs de la patrie, et à quelques pas de celui des sapeurs-pompiers de la ville de Paris morts au feu.

Il est formé d'un haut bloc de granit des Vosges. A la corniche, un cartouche en bronze, composé d'une épée romaine supportant une plaque sur laquelle se détache le mot : PATRIE. Plus bas, une niche, qui contient la figure en bronze du héros, modelée par le sculpteur Aimé Millet. Au-dessous, encadrée dans une couronne de bronze, d'où émerge une branche de palmier également en bronze, l'inscription suivante :

A VALENTIN,
Représentant du peuple,
Préfet de Strasbourg,
Sénateur,
Ses amis,
1823 [1]
1879.

Et un peu plus bas :

Défense de Strasbourg
contre l'invasion allemande.
M DCCCLXX.

Enfin, tout à fait en bas du monument, un bas-relief en bronze, représentant Valentin, la gourde au côté, au moment où il sort du fossé de Strasbourg, au

----

1. C'est 1822 qu'il faut lire.

milieu des herbes et des roseaux, et où il essuie la décharge des soldats français.

Voici, d'après la *Revue alsacienne*, les deux seuls passages du discours de M. Le Blond qui aient été recueillis :

L'image que nous avons sous les yeux reflète les qualités du grand citoyen et de l'ami que nous regrettons unanimement. Bon entre tous, bon même à ceux qui auraient pu lui être indifférents, Valentin ne savait rien garder pour lui et se montrait prodigue envers les autres. Il fut, j'ose le dire, noble et simple comme un héros de Plutarque. Grand par le cœur, il fit son devoir presque avec humilité.

Après avoir rappelé quel fut l'héroïsme de Valentin, M. Le Blond conclut en ces termes :

Valentin, Messieurs, aura place dans la grande légende française. Il a vécu pour la République, rien que pour elle. Inspirons-nous de cet exemple. Foulons aux pieds tout esprit de dissentiment et groupons-nous autour de la République.

Nous donnons, d'après le *Siècle* et la *Revue alsacienne*, le texte intégral du discours prononcé, à cette cérémonie, par M. Scheurer-Kestner, sénateur, qui fut l'un des amis d'Edmond Valentin. Le voici :

Messieurs,

Il est rare chez un peuple, même aux époques glorieuses de son histoire, d'avoir à honorer une mémoire aussi héroïque.

Tout ce qu'un patriotisme ardent peut suggérer à un grand cœur, Edmond Valentin l'a accompli. Sa noble àme s'est formée sous le ciel d'Alsace, dans cette région qui a donné à la France tant d'ardents défenseurs.

Né à Strasbourg, le 27 avril 1822, ses premières années se sont passées dans un village du Haut-Rhin, à Blodelsheim, où son père avait établi sa résidence.

A l'extrême frontière de l'Est, en face de cette chaîne de la Forêt-Noire qui rappelle constamment que la patrie a des limites et que le voisin est son ennemi, les enfants apprennent, dès l'âge le plus tendre, à aimer et à haïr. C'est là que Valentin grandit sous les yeux d'un père, homme attaché à la royauté et fervent catholique.

Mais il ne tarda pas à s'affranchir des entraves que cette première éducation apportait au développement naturel de ses facultés.

Son instinct sûr, dû à une constitution remarquable et à un tempérament supérieur, lui fit abandonner les voies étroites dans lesquelles son esprit avait été conduit pendant les premières années de sa vie, et il se prépara à devenir ce que la nature avait voulu qu'il fût : un patriote et un homme de lutte.

Jeune encore, Valentin, travaillé par les généreux tourments des questions sociales, prenait part au mouvement qui, dès cette époque, a entraîné des esprits distingués à chercher, dans la mutualité et l'association, la régénération de notre vieille société. Un moment même il a appartenu à une école ; mais son esprit positif et la sincérité de sa pensée politique ne le laissèrent pas s'égarer dans les détours d'un socialisme basé sur l'utopie ; et il ne tarda pas à reconnaître que la direction politique imprimée à une nation emporte avec elle la négation ou la solution des questions sociales.

La carrière militaire, dans laquelle il venait de faire ses

débuts, lui offrit l'occasion de donner les premières preuves de son indomptable énergie. A Metz, en mars 1848, il maîtrisa une sédition militaire de la garnison qui, depuis trois jours, s'étalait impunément dans les rues de la ville.

Mis en disponibilité pour avoir manifesté trop hautement ses opinions républicaines, il fut immédiatement adopté et vengé par la population de Strasbourg qui l'envoya à l'Assemblée législative pour défendre la République menacée. Il prit rang parmi ses plus chauds défenseurs et lui resta fidèle jusqu'à la fin de ses jours, au milieu d'épreuves cruelles qui ne lui furent pas épargnées.

A la veille du Coup d'État, il avait été écarté du service actif pour avoir publiquement dénoncé l'embauchage pratiqué dans les casernes de Paris, aux portes mêmes de l'Assemblée nationale, dans le but trop bien atteint, hélas ! d'ameuter l'armée contre elle, au bénéfice de la néfaste faction bonapartiste.

L'exil eut pour lui toutes les amertumes. Mais son caractère fortement trempé le protégea contre les découragements.

Vous connaissez, Messieurs, l'histoire de notre grand citoyen, réfugié en Irlande, puis en Angleterre, la situation honorée qu'il sut s'y faire à l'École militaire de Woolwich ; mais on sait moins au prix de quels efforts. Sa détresse était souvent affreuse ; jamais il ne la laissait paraître devant ses compagnons d'exil, qui le virent toujours d'humeur vaillante. Partout où il y avait à entreprendre une œuvre contre l'Empire, on le trouvait sur la brèche.

Fermé aux discussions personnelles, il agissait en homme dévoué à la cause de la justice qu'il faisait sienne, confiant dans l'avenir et rempli d'une espérance que rien n'a jamais ébranlé.

Cet homme indomptable pendant les dix-huit années

d'Empire est resté indompté pendant la guerre de 1870. Dès qu'elle fut déclarée, il offrit ses services au gouvernement français, demandant à rentrer dans les rangs du 6e bataillon de chasseurs à pied, où il servait comme officier au moment de son élection ; mais il dut attendre que la République fût proclamée.

Le gouvernement de la Défense nationale, par un de ses premiers actes, le nomma préfet du département du Bas-Rhin. Gambetta, promoteur de cette mesure, avait reconnu dans Valentin l'homme capable d'accomplir cette périlleuse mission jusqu'au bout. Valentin n'eut pas d'hésitation. Conquérir matériellement son poste lui parut la seule manière de répondre à la confiance que la République avait placée en lui.

C'est alors que commença cette lutte héroïque d'un homme seul contre toute une armée d'investissement.

Parti de Thann le 7 septembre, il disait aux amis qui l'entouraient : « J'entrerai à Strasbourg, il le faut, je le veux. » Ce qu'il a fallu de courage, de résolution, d'adresse pour accomplir une pareille entreprise, on peut s'en rendre compte en en mesurant les difficultés sans nombre et les dangers immenses.

L'histoire enregistrera ce gigantesque effort comme un des plus beaux exemples de patriotisme qui aient été donnés aux hommes. La France et l'Alsace n'oublieront pas que lorsqu'une nation voit naître chez elle de pareils enfants, tous les relèvements sont possibles, tous les espoirs lui sont permis.

A la préfecture du Rhône, à l'Assemblée nationale, au Sénat, on retrouve Valentin, fidèle à son passé. Souffrant du mal cuisant dont nous souffrons tous, de la mutilation ou de l'absence de la patrie, il a conservé jusqu'à la mort cette sérénité confiante qui est le lot des forts et qui l'a soutenu pendant toute sa vie. Il entrevoyait, dans l'avenir, le jour de la réparation due à notre pays régénéré, et le triomphe de la justice succédant à celui de la force.

Quand des hommes pareils disparaissent, les peuples se doivent d'honorer leur mémoire et de la transmettre à leurs descendants. C'est ce que nous avons fait en élevant cette pierre au grand patriote qui a eu le rare privilège de réunir en lui tous les courages, à celui qui a été soldat-citoyen dans sa plus haute et sa plus complète expression.

Que cette tombe lui soit consacrée au nom de la Patrie, de l'Alsace et de la République.

Voici enfin les beaux vers de M. Louis Ratisbonne :

C'est ici qu'il est endormi
L'héroïque Français d'Alsace,
Dont l'œil bleu regardait en face
Le danger comme son ami !

Quand de la ville alsacienne
L'Allemand n'osant approcher
Crachait de loin sur son clocher
L'obus chargé de haine ancienne ;

Quand la bombe traçait, dans l'air silencieux,
Sa parabole sépulcrale,
Et que l'altière cathédrale
Contre ces attentats protestait dans les cieux,

Un homme, — est-il assez de lauriers pour sa cendre ? —
A travers l'ennemi, vint devant les remparts,
Et les balles, sur lui, pleuvant de toutes parts,
Tout seul il prit d'assaut Strasbourg — pour le défendre.

N° 52.

*Vote par le conseil municipal d'une proposition tendant
à l'attribution du nom d'Edmond Valentin à une rue
de Paris.*

(29 avril 1885.)

Nous empruntons au procès-verbal de la séance du
conseil municipal de Paris, du 29 avril 1885, le texte
de la proposition de M. Delabrousse tendant à donner
le nom de Valentin à une rue de Paris.

ADOPTION EN PRINCIPE D'UNE PROPOSITION DE M. DELABROUSSE
TENDANT A DONNER LE NOM DE VALENTIN A UNE RUE DE
PARIS.

M. DELABROUSSE. — J'estime qu'il est du devoir du conseil de se souvenir du nom du préfet qui est entré, en
1870, au péril de sa vie, dans Strasbourg. Aussi j'ai l'honneur de déposer la proposition suivante :

« Les soussignés,
« Considérant qu'Edmond Valentin, représentant du
peuple à l'Assemblée législative, a été arrêté, le 2 Décembre 1851, et proscrit par le gouvernement du Coup d'État ;
« Que, nommé préfet du Bas-Rhin, le 5 septembre 1870,
par le gouvernement de la Défense nationale, il a pénétré
dans Strasbourg assiégé, au péril de sa vie, et que cette
action héroïque a eu pour effet de prolonger de huit jours
la résistance de la forteresse ;
« Ont l'honneur de proposer au conseil municipal de
donner le nom d'Edmond Valentin à une des rues de Paris,

et demandent le renvoi à la 3e commission pour la désignation de la rue.

> *Signé :* Delabrousse, Jobbé-Duval, Michelin, Mayer, Navarre, Hubbard, Pichon, Dreyfus. »

Je rappelle que, lorsque Valentin mourut en 1879, le conseil tint à honneur d'accorder une concession perpétuelle au cimetière du Montparnasse pour sa sépulture.

Je vous prie donc, Messieurs, de vouloir bien adopter en principe la proposition que je viens de lire et de la renvoyer à la 3e commission pour la désignation de la rue.

M. Vaillant. — M. Valentin n'était-il pas préfet du gouvernement de Versailles, ou même préfet de police en mai 1871 ?

M. Delabrousse. — Non, Edmond Valentin n'a jamais été préfet de police. Vous ignorez l'histoire.

M. Amouroux. — Ce n'est pas le même.

La proposition de M. Delabrousse est adoptée en principe et renvoyée à la 3e commission pour la désignation de la rue.

C'est seulement à la séance du 19 juin 1885 que la désignation prescrite par la délibération du 29 avril 1885 fut faite. Le rapporteur de la 3e commission, M. Mesureur, proposa de donner le nom d'Edmond Valentin, le héros de Strasbourg, à une rue nouvelle du treizième arrondissement. Cette dénomination, mise aux voix, fut adoptée sans discussion. (Procès-verbal de la séance du 19 juin 1885, p. 874.)

Depuis, par une délibération en date du 19 mai 1897, le conseil municipal de Paris a transféré le nom d'Edmond Valentin à une rue nouvelle, ouverte sur l'emplacement de l'hôpital du Gros-Caillou, entre les numéros 21 et 23 de l'avenue Rapp, et les numéros 14 et 14 *bis* de l'avenue Bosquet. Par contre, l'ancienne rue Edmond-Valentin, dans le 13ᵉ arrondissement, a reçu la dénomination de rue Henri-Papé.

TABLE DES MATIÈRES

DEUXIÈME PARTIE

ENTRÉE DE VALENTIN DANS STRASBOURG ASSIÉGÉ EN 1870

TROISIÈME PARTIE

LES DERNIERS JOURS DU SIÈGE DE STRASBOURG

PIÈCES JUSTIFICATIVES ET DOCUMENTS HISTORIQUES

I. — DOCUMENTS ANTÉRIEURS A 1870

II. — DOCUMENTS RELATIFS A L'ANNÉE 1870

A. — *Siège et Bombardement de Strasbourg.*

B. — *Entrée de Valentin dans Strasbourg assiégé.*

C. — *Capitulation de Strasbourg.*

III. — OPINIONS SUR LA DÉFENSE DE STRASBOURG

IV. — LE CONSEIL D'ENQUÊTE

A. — *Avis du conseil d'enquête.*

B. — *Protestations contre l'Avis motivé*
du conseil d'enquête.

V. — DOCUMENTS CONCERNANT LA PÉRIODE DE 1871
A 1879

A. — *Dernières années de Valentin (1871-1879).*

B. — *Mort et obsèques de Valentin.*

C. — *Monument de Valentin et hommages rendus à sa mémoire.*

Nancy, imprimerie Berger-Levrault et Cⁱᵉ.

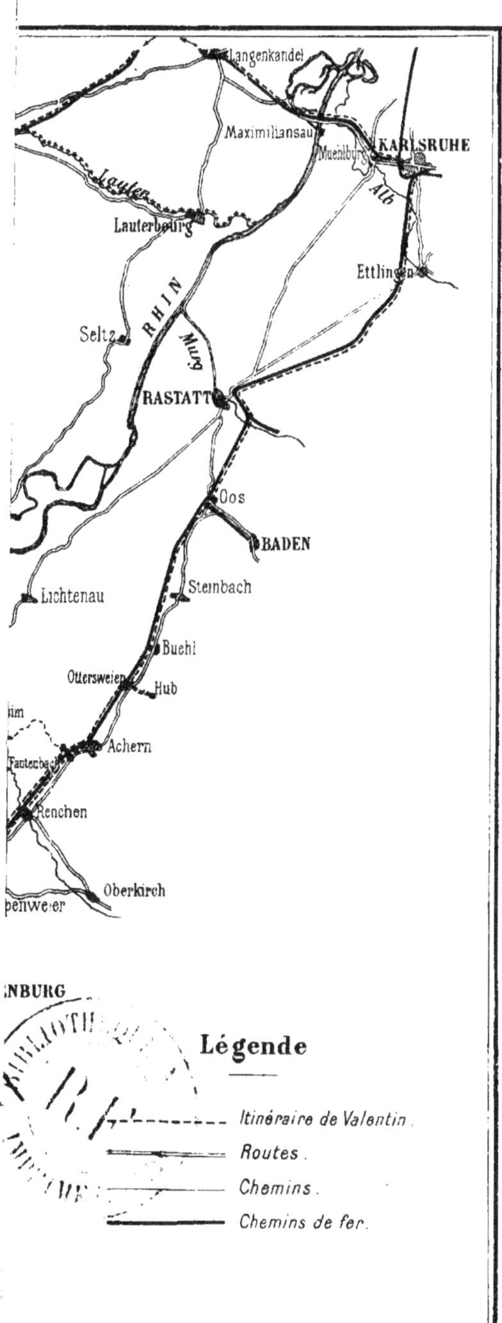

ALENTIN DU 9 AU 19 SEPTEMBRE 1870

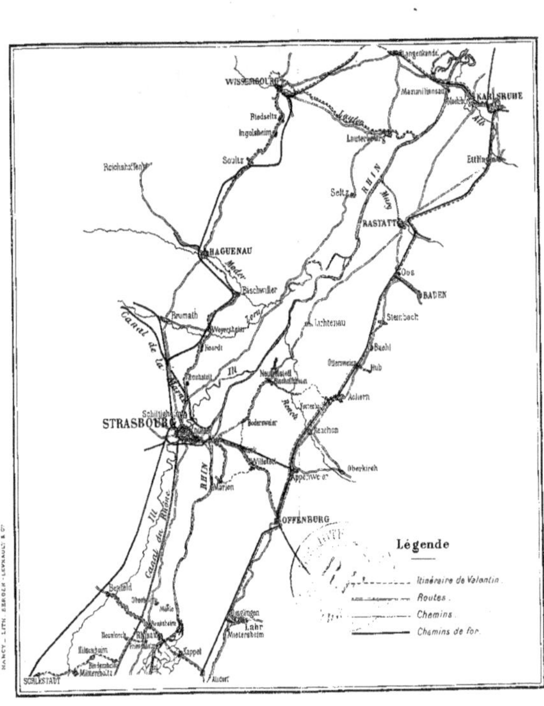

CARTE INDIQUANT L'ITINÉRAIRE SUIVI PAR VALENTIN DU 9 AU 19 SEPTEMBRE 1870

CARTE DE LA RÉGION DE . . . ET DU BASTION 56
dressée conformément à l'atlas de l'*Histoire du S* . . . année *1870*, par M. Reinhold Wegner . . .
major dans l'état major du corps des i . . . dications de M. Fruhinsholz

Revue alsacienne, organe des intérêts alsaciens et lorrains. Littérature, histoire, sciences, poésie, beaux-arts. Publication mensuelle. 1877-1889. 12 forts volumes grand in-8, avec gravures. Chaque volume, br. **10 fr.** Prix réduit. **5 fr.**
Prix réduit de la collection complète (au lieu de 120 fr.) **50 fr.**

Le 30 septembre 1681. Étude sur la réunion de Strasbourg à la France, par Armand WEISS. (Extrait de la *Revue alsacienne*.) 1881. Grand in-8, avec 1 figure, broché. . . . . **2 fr.**

Un Mot d'histoire sur l'Alsace et Strasbourg. 496-1681, 1789, 1870-1884, par Edmond OTT. In-8, broché . . . . **1 fr.**

Strasbourg. Temporis acti, par A. BURCK. (Extrait de la *Revue alsacienne*.) 1886. Grand in-8, avec 2 dessins de Ch. LALLEMAND, broché . . . . . . **2 fr.**

La Tribu des bateliers de Strasbourg et les collèges de Nautes gallo-romains, par Ed. ENGELHARDT, ministre plénipotentiaire. (Extrait de la *Revue alsacienne*.) 1888. Grand in-8, avec 1 gravure, broché. . . . . . . **1 fr. 50 c.**

Une Découverte alsatique : Les Joies du mariage. Caquets rimés en dialecte strasbourgeois, 1687. Publiés avec une notice et une traduction par J. FRŒLICH. 1889. Grand in-8, avec 1 planche de costumes et les 3 pages du texte original en photogravure, br. 190 exemplaires sur papier vélin. **2 fr. 50 c.**

Jean-Daniel Schœpflin, étude biographique, par Ch. PFISTER, professeur à la Faculté des lettres de Nancy. 1 volume grand in-8, broché . . . **3 fr. 50 c.**

Les Schweighæuser, par Ch. RABANY. Biographie d'une famille de savants alsaciens, d'après leur correspondance inédite. 1 volume in-8, avec 4 portraits, titre rouge et noir, broché. **3 fr. 50 c.**

Lettres de Guillaume de Humboldt et Caroline de Humboldt à Geoffroy Schweighæuser, traduites et annotées sur les originaux inédits par A. LAQUIANTE. Beau volume in-8, avec 3 portraits, 2 vues et 1 autographe, broché. . . . . **6 fr.**

Le Conseil souverain d'Alsace, par de NEYREMAND père. (Extrait de la *Revue alsacienne*.) 1882. Grand in-8, broché. . . . . **1 fr. 25 c.**

Entre Aubure et Dambach, août 1886, par Lorédan LARCHEY. (Extrait de la *Revue alsacienne*.) 1888. Grand in-8, avec 8 gravures, broché . . **1 fr. 25 c.**

Souvenirs de mission. Metz, Strasbourg et Colmar. 1859-1860, *par le même.* (Extrait de la *Revue alsacienne*.) 1889. Grand in-8 avec 9 gravures, br. . **2 fr.**

Histoire de la Seigneurie de Tanviller en Alsace, par Maurice DE CASTEX. 1 volume in-8, avec 2 eaux-fortes, broché. . . . . **6 fr.**
200 exemplaires numérotés, avec 8 eaux-fortes. . . . . **12 fr.**

Pierre de Hagenbach et la Domination bourguignonne en Alsace, 1469-1474, par Ch. NERLINGER, archiviste paléographe, attaché à la Bibliothèque nationale. 1 volume grand in-8, broché. . . . . **3 fr. 50 c.**

Correspondance politique adressée au Magistrat de Strasbourg par ses agents à Metz (1594 à 1683), tirée des Archives municipales de la ville de Strasbourg, avec notes explicatives et table, publiée pour la première fois par E. DE BOUTEILLER et Eug. HEPP. 1882. 1 beau volume de 482 pages in-8, broché . . . . **10 fr.**

Les Artistes de l'Alsace pendant le moyen âge, par Ch. GÉRARD. 1873. 2 forts volumes grand in-8, brochés . . . . **12 fr.**

Essai d'une faune historique des mammifères sauvages de l'Alsace, *par le même.* 1871. 1 fort volume grand in-8, broché. . . . . **5 fr.**

La Société des sciences, agriculture et arts du Bas-Rhin, par Paul MULLER. (Extrait de la *Revue alsacienne*.) 1887. Grand in-8, broché . . **1 fr.**

* 9 7 8 2 3 2 9 4 3 2 4 3 4 *